21世纪经济管理新形态教材·工商管理系列

Marketing Management

营销管理
理论与数据实践

刘霖 编著

清华大学出版社
北京

本书封面贴有清华大学出版社防伪标签，无标签者不得销售。
版权所有，侵权必究。举报：010-62782989，beiqinquan@tup.tsinghua.edu.cn

图书在版编目（CIP）数据

营销管理：理论与数据实践 / 刘霖编著. -- 北京：清华大学出版社, 2025.4.
(21 世纪经济管理新形态教材). -- ISBN 978-7-302-69095-5

Ⅰ. F713.56

中国国家版本馆 CIP 数据核字第 20254WN709 号

责任编辑：吴　雷
封面设计：李召霞
责任校对：王荣静
责任印制：丛怀宇

出版发行：清华大学出版社
　　　　　网　　址：https://www.tup.com.cn，https://www.wqxuetang.com
　　　　　地　　址：北京清华大学学研大厦 A 座　　邮　编：100084
　　　　　社 总 机：010-83470000　　　　　　　　　邮　购：010-62786544
　　　　　投稿与读者服务：010-62776969，c-service@tup.tsinghua.edu.cn
　　　　　质 量 反 馈：010-62772015，zhiliang@tup.tsinghua.edu.cn
　　　　　课 件 下 载：https://www.tup.com.cn，010-83470332
印 装 者：三河市天利华印刷装订有限公司
经　　销：全国新华书店
开　　本：185mm×260mm　　　　　印　张：15.25　　　　字　数：351 千字
版　　次：2025 年 6 月第 1 版　　　　　　　　　　　印　次：2025 年 6 月第 1 次印刷
定　　价：59.00 元

产品编号：101764-01

目 录

第 1 篇 认识与理解营销管理

第 1 章 营销管理的重要性 ... 3
- 1.1 市场营销概述 ... 3
- 1.2 营销的核心概念 ... 4
- 1.3 进行营销管理的原因 ... 8
- 1.4 市场营销的范畴 ... 9
- 1.5 营销管理的思想维度 ... 9

第 2 章 新世纪的市场营销 ... 11
- 2.1 人工智能对市场营销的影响 ... 11
- 2.2 大数据时代下的营销管理 ... 12
- 2.3 量子计算影响营销管理 ... 14
- 2.4 生物科技在市场营销领域的应用 ... 16

第 2 篇 洞察消费者

第 3 章 认识消费者 ... 21
- 3.1 消费者价值、消费者满意与消费者忠诚 ... 21
- 3.2 消费者终身价值及其测算与最大化 ... 23
- 3.3 消费者关系管理 ... 25

第 4 章 分析消费者 ... 29
- 4.1 消费者心理与行为 ... 29
- 4.2 影响消费者购买行为的因素 ... 29
- 4.3 购买决策过程与模型 ... 32
- 4.4 行为决策与模型 ... 34

第 3 篇 了解市场竞争

第 5 章 市场竞争与价格战 ... 41
- 5.1 什么是市场竞争：Rivian 与特斯拉的对决 ... 41

- 5.2 价格战 ... 42
- 5.3 价格战的诱因以及后果 ... 43
- 5.4 伯川德悖论 ... 44

第6章 市场竞争与产品差异化 ... 46
- 6.1 华为 Mate XT 的竞争对手 ... 46
- 6.2 竞争的本质 ... 46
- 6.3 产品属性和差异 ... 47
- 6.4 消费者需求异质性 ... 47
- 6.5 消费者的自由选择 ... 48

第7章 市场竞争与霍特林模型 ... 50
- 7.1 霍特林模型 ... 50
- 7.2 消费者认为的产品差异与产品实际差异的区别 ... 52

第4篇 创新与市场竞争

第8章 创新与颠覆 ... 59
- 8.1 ChatGPT 让谷歌按下红色警报 ... 59
- 8.2 竖直属性 ... 60
- 8.3 进行产品或服务创新的原因 ... 60
- 8.4 微创新也可以很重要 ... 62

第9章 创新与竞争优势 ... 63
- 9.1 出人头地的重要性：特斯拉的市值 ... 63
- 9.2 创新在竞争中的溢出效应 ... 64
- 9.3 竖直市场竞争模型：霍特林改进模型 ... 64

第10章 大势与创新 ... 68
- 10.1 SpaceX：马斯克的大棋局 ... 68
- 10.2 大势与风口的区别 ... 69
- 10.3 借势创新的方法 ... 69
- 10.4 创新型消费者与创新敏感度的异质性 ... 70
- 10.5 梯若尔模型 ... 70
- 10.6 创新弱势的公司应该怎么办？ ... 74

第 5 篇　数字平台市场

第 11 章　双边市场理论：什么是数字平台？ ···································· 77
11.1　双边市场理论 ·· 77
11.2　数字平台的核心研究问题 ·· 77
11.3　ChatGPT 的平台化 ··· 79

第 12 章　数字平台与策略 ·· 81
12.1　为什么总找不到合适的对象？ ·· 81
12.2　为什么推送的产品可能并不符合消费者的利益？ ······················· 82
12.3　数字平台产品品质筛选问题 ··· 83
12.4　数字平台产品品质筛选问题、基于霍特林改进模型 ···················· 84

第 6 篇　消费者与产品信息搜索

第 13 章　消费者信息行为 ·· 89
13.1　消费者信息不确定性与信息过载 ··· 89
13.2　退货条款与保险 ·· 89
13.3　消费者信息搜索与评估 ·· 90

第 14 章　消费者信息搜索建模分析 ·· 92
14.1　消费者信息搜索模型 ··· 92
14.2　商家不愿意消费者"货比三家"的原因 ······································· 93
14.3　产品差异化导致激烈竞争的原因（霍特林模型的边界）················ 94

第 7 篇　市场细分和目标市场

第 15 章　STP 框架与基础 ·· 99
15.1　STP 框架 ··· 99
15.2　5C 模型 ·· 99
15.3　SWOT 分析 ··· 101
15.4　4P 模型 ·· 103

第 16 章　市场细分与目标市场 ·· 105
16.1　市场细分与目标市场：耐克的创新之旅 ··································· 105

第 17 章 市场细分的定量方法 112

17.1 市场细分的定量方法：奈飞的数字革命 112

第 8 篇 品牌资产、产品和服务设计、价格策略

第 18 章 品牌资产 121

18.1 品牌资产的定义 121
18.2 建立和管理品牌资产 122
18.3 制定品牌战略 130

第 19 章 产品和服务 132

19.1 产品特征和分类 132
19.2 服务特征和分类 133
19.3 产品和服务的区别 134
19.4 产品和品牌的关系 135
19.5 新产品开发面临的挑战 136
19.6 提升服务的方法 137
19.7 实现产品和服务相互赋能的策略 138

第 9 篇 价 格 策 略

第 20 章 理解价格 143

20.1 价格概述 143
20.2 价格是最特殊属性的原因 144
20.3 价格和价值的区别 145
20.4 价格的种类 146
20.5 理解和调整价格 147
20.6 应对价格变化的相关策略 150

第 21 章 定价：艺术与智慧 153

21.1 百思买如何摆脱亚马逊"体验店"的困局？......153
21.2 频繁打折：激化了竞争？弱化了竞争？......154
21.3 囚徒困境与价格迷惑 155
21.4 消费者锁定与沉没成本：非理性无处不在 156

第 22 章 定价模型：盲盒 158

22.1 盲盒产品的逻辑 158

22.2　盲盒产品设计与定价模型 ··· 159

第10篇　渠　道　策　略

第23章　了解营销渠道 ·· 167
23.1　营销渠道概述 ··· 167
23.2　渠道管理的作用 ··· 168
23.3　渠道设计与管理 ··· 169
23.4　电子商务营销渠道与智能终端营销渠道的区别 ························· 170
23.5　数字平台 ·· 171
23.6　全渠道和新零售 ··· 172

第24章　传统渠道模型 ·· 175
24.1　渠道上下游模型 ··· 175

第11篇　整合营销传播和渠道策略

第25章　认识营销传播 ·· 185
25.1　营销传播概述 ··· 185
25.2　营销传播的有效途径 ·· 186
25.3　营销信息设计与效果评估 ··· 187
25.4　营销传播组合决策 ··· 189
25.5　管理传播过程 ··· 190

第26章　大众传播和人际传播 ·· 192
26.1　营销传播：Facebook 和 Twitter 的区别 ································· 192
26.2　广告的开发与管理 ··· 193
26.3　媒体选择与效果评估 ·· 195
26.4　口碑与互动 ·· 196

第12篇　营销管理与可持续发展

第27章　人工智能与科技伦理 ·· 201
27.1　营销与社会责任 ··· 201
27.2　人工智能与市场营销 ·· 206
27.3　科技伦理 ·· 208

第 28 章　可持续消费行为 ... 211

28.1　营销与企业 ESG 可持续性发展 ... 211
28.2　绿色节能消费 ... 214
28.3　选择正确的绿色营销模型："一刀切的策略并不存在" ... 215

第 13 篇　全球化的营销管理：顺与逆

第 29 章　顺全球化过程的营销 ... 221

29.1　全球范围的竞争 ... 221
29.2　顺全球化下的营销管理 ... 223
29.3　如何决定是否进入某个市场？ ... 224
29.4　市场进入模式 ... 225

第 30 章　逆全球化过程的营销 ... 228

30.1　国际产业链弹性与营销 ... 228
30.2　国内产业链韧性与营销 ... 230
30.3　未来展望 ... 232

第 1 篇

认识与理解营销管理

在本篇中,我们将会探讨什么是市场营销、为什么要进行营销管理、消费者满意和忠诚、消费者终身价值、购买决策过程与模型等核心概念和理论。

百度通过搜索引擎营销、移动广告、视频广告、显示广告网络、商业解决方案和品牌营销活动等多种方式,成功推广了自己的产品和服务。百度的广告平台为广告商提供了一个强大的工具,通过精准的广告投放和竞价机制,帮助广告商在百度搜索结果页面中展示他们的广告,从而定位目标受众并实现有效的营销效果。在小红书平台上,品牌可以通过高质量的内容营销和KOL(关键意见领袖)合作,吸引年轻消费者群体,实现品牌故事的深度传播和产品的有效推广。小红书的社区氛围和用户生成内容,为品牌提供了一个与消费者建立深层次联系的机会。抖音则以其强大的短视频内容生态和创新的互动形式,为品牌提供了一个展示创意和吸引用户注意力的舞台。通过抖音挑战赛、品牌滤镜和原生广告等多样化的营销工具,品牌可以迅速提升知名度和用户参与度。这些市场营销策略不仅推动了小红书和抖音等平台的持续增长,也帮助众多企业在中国市场取得了显著的品牌影响力和商业成功。通过这些平台的整合营销,品牌能够实现从提高品牌认知度到促进销售转化的全链路营销目标。

什么是市场营销?怎样进行营销管理?百度能够成为中国最大的搜索引擎,究竟靠的是什么秘诀?

第1章

营销管理的重要性

1.1 市场营销概述

1.1.1 市场的定义

市场是指供求双方进行商品、服务、资源和信息交换的场所、机构或环境。它是买方和卖方相互作用的地方，使他们能够进行交易和互动。市场与商品经济紧密联系，是一种以商品交换为核心的经济联系形式，是社会生产和社会分工的产物。伴随着商品经济的发展，市场的概念也在不断地发展变化，因此，人们在不同时期或不同场合对市场的界定和理解有所不同。

首先，从商品流通学视角来看，市场是指商品交换的场所或地点。从早期人类社会生产力水平低下时期的物物交换，发展到以货币为媒介的商品交换，体现了市场的狭义概念，即"市"代表"买卖"，"场"代表"场所或地点"。例如，现代社会中广泛存在的集市、商场甚至街头摊位。

其次，从经济学视角来看，市场是指以交换过程为纽带的经济关系的总和。这种市场的概念随着人们对社会经济关系认识的深入而出现。市场并不简简单单地指具体的交易场所，而是指买卖双方在一定条件下实现的商品让渡交换关系的总和。随着社会生产力水平的不断提高，便于实现商品交换的商品流通出现，而随着商品流通的范围不断扩大，人们发现，商品交换关系不仅存在于买卖双方之间，还存在于买方、卖方与中间商三者不同组合之间，并包括在流通过程中促进或发挥辅助作用的一切机构、部门（例如银行等）与买卖双方之间的关系。经济学意义上的市场侧重于一般经济关系分析，关注的是买卖双方在达成交换关系时互相博弈的过程。

最后，从市场营销学视角来看，市场是指某种产品实际和潜在的购买者的需求集合。营销学大师菲利普·科特勒认为市场是一个动态变化的组合概念，用公式表达则为"市场＝购买者＋购买欲望＋购买力"。其中，购买者是构成市场的基本因素，从根本上决定了市场的规模和容量；购买欲望是消费者购买商品的动机、愿望和要求，既包含现实需求，又包含潜在欲望；购买力是指消费者可以将购买欲望转化为实际购买行为的能力和条件。这三个要素缺一不可，只有这三个要素同时存在，企业才能够拥有市场。

1.1.2 市场营销的定义

20世纪初,经济学和行为科学蓬勃发展,在此背景下,市场营销学在美国创立。自营销学诞生以来,对于市场营销概念的理解也经历了一个发展过程。市场营销是一个动态发展的概念,市场营销学者从不同角度对市场营销下了不同的定义,被人们广泛认可的主要有以下几种定义:

(1)1960年,美国市场营销协会(American Marketing Association,AMA)提出:市场营销是引导货物和劳务从生产者流转到消费者过程中的一切企业活动。

(2)1960年,麦卡锡提出:市场营销是企业经营活动的职责,它将产品及劳务从生产者直接引向消费者或使用者,以便满足消费者需求及实现公司利润。

(3)1985年,AMA提出:市场营销是指关于构思货物和服务的设计、定价、促销和分销等方面的规划与实施过程,目的是创造能实现个人和组织目标的交换。

(4)1990年,格隆罗斯提出:市场营销是在利益驱动下,通过相互交换和承诺,建立、维持、巩固与消费者及其他参与者的关系,实现各方目的。

(5)2006年,科特勒提出:市场营销是个人和集体通过创造产品和价值,并同别人自由交换产品和价值,获得其所需所欲之物的一种社会过程。

(6)2007年,AMA提出:市场营销是一种全组织范围内的活动,是一组制度的集合,同时也是为了消费者、客户、合作伙伴以及社会的整体利益而创造、传播、传递、交换价值的一系列过程。

(7)2013年,AMA提出:市场营销就是创造、沟通、交付和交换对消费者、客户、合作伙伴以及社会有价值的市场供应物的活动、系列制度和过程。

(8)2017年,AMA提出:市场营销是创建、交流、提供和交换对消费者、客户、合作伙伴甚至整个社会有价值的供给物的活动、机构和过程。

以上定义表现了随着社会科学的不断发展,市场营销的概念也在不断丰富和完善。营销主体从企业逐渐转变为一切面向市场的个人和组织;营销客体从货物转变为价值和关系;营销对象从单一的消费者转变为整个过程中的全体利益相关者;营销内容从销售转变为社会和管理过程;营销目标从通过提高销量增加主体利益,转变为从价值创造、沟通及消费者关系的管理中获取利益。总之,我们在理解市场营销的概念时,应把握一个基本原则,即应站在现代市场经济的角度来理解和考察其概念。

1.2 营销的核心概念

要对市场营销进行深入细致的研究,需要掌握一些基本的核心概念,包括需要、欲望和需求,产品、服务和体验,交换、交易和关系,价值和满意,营销者和潜在消费者。营销的核心概念如图1-1所示。

图1-1 营销的核心概念

1.2.1 需要、欲望和需求

需要是指人们某种不足、缺乏或者不平衡的感觉，这些需要都不是社会和企业所能创造的，而是人类自身本能的基本组成部分。例如，人们在生活中普遍需要的空气、住所、食物以及感情等。心理学家亚伯拉罕·马斯洛的需要层次理论把需要分成生理需要、安全需要、社交需要、尊重需要和自我实现需要五类，依次由较低层次到较高层次，人们只有前一层次的需要被满足之后，才会产生对下一层次的需要。从企业经营消费者满意（Consumer Satisfaction，CS）战略的角度来看，每一个需要层次上的消费者对产品的要求都不一样，即不同的产品满足不同层次的需要。将营销方法建立在消费者需要的基础之上，不同的需要即产生不同的营销手段。根据五个需要层次，可以划分出五个消费者市场：①生理需要，满足最低需要层次的市场，消费者只要求产品具有一般功能即可；②安全需要→满足对"安全"有要求的市场，消费者关注产品对身体的影响；③社交需要，满足对"交际"有要求的市场，消费者关注产品是否有助于提升自己的交际形象；④尊重需要→满足对产品有与众不同要求的市场，消费者关注产品的象征意义；⑤自我实现需要，满足对产品有自己判断标准的市场，消费者拥有自己固定的品牌。需要层次越高，消费者就越不容易被满足。在市场营销中，营销者不能创造需要，只能通过一定的方式满足现有需要或刺激潜在需要来吸引消费者，实现利益最大化。

欲望是个体对特定物品或者服务的强烈愿望或渴望，追求某种对象、状况或体验的心理状态，也是需要的一种表现形式。例如，两个同样饥饿的人，可能一个人想吃汉堡，而另一个人想吃米饭。两个人解决饥饿、补充能量的需要是一样的，但是表现为不同形式的获取欲望。人的需要是有限的，但是人的欲望是无限的。在市场营销中，营销者无法创造人们的需要，但是可以通过不同形式刺激人们的欲望，并通过对应的产品和服务满足这份欲望。当前一种需要被满足之后，人们就会产生一种需要对应的欲望形式，欲望是产生需要的必要条件。

需求是有意愿并有能力购买某个产品，该指标与消费者购买力密切相关。需求是一定条件下的欲望，欲望是需求的具体化。企业不仅要发掘并满足消费者的现实需求，还要利用一定的营销手段刺激消费者的潜在需求，将隐性的潜在需求转化为现实需求并满足。百度通过其搜索引擎和广告平台，满足用户的信息需求和欲望。用户在百度上搜索特定的内容，表达了他们的需求和欲望，而百度则通过提供相关的搜索结果和广告，满足用户的需求和欲望。

1.2.2 产品、服务和体验

产品是指企业或组织开发、制造或提供给消费者的物品、服务或想法，包括一切用来满足人们需要和欲望的商品。产品可以是有形的物理实体，如电子设备、汽车、衣服等，也可以是无形的服务，如银行服务、旅游服务、咨询服务等。此外，产品还可以是一种概念、想法或设计，如软件、品牌形象、广告创意等。例如，消费者在选择餐厅时可以选择提供高级服务的餐厅或者性价比高的小吃店；在看电视节目时可以选择什么样的表演者。产品是企业或组织的核心业务之一，产品的开发、生产和销售对于企业的盈利和市场竞争至关重要。成功的产品通常能够满足消费者需求、创造客户价值，并与市场竞争对手区分开来。例如，谷歌提供各种产品和服务，如搜索引擎、广告平台、云计算、移动操作系统等。这些产品和服务通过提供高质量的体验，满足用户的需求，并帮助用户达到他们的目标。

服务是指企业或组织向消费者提供的一种无形的、非物质的价值交付。与产品不同，服务的提供主要是基于经验、专业知识、技能或时间，旨在满足消费者的需求、解决问题或提供特定的服务体验。服务的特点包括以下几个方面：

（1）无形性：服务是无形的，无法触摸或拥有。它是通过体验和互动来提供的，消费者主要体验服务过程和服务质量。

（2）可变性：服务的特点和质量可以因提供者、环境、交互等因素而变化。每次服务交付都可能存在差异。

（3）不可分割性：服务通常是在提供和消费的过程中同时发生的，无法分割为生产和消费的两个独立阶段。

（4）不易复制性：服务往往难以复制和标准化，因为它与提供者和消费者之间的互动和经验有关。

服务的质量和客户的满意度对于企业的发展至关重要。良好的服务能够提高客户忠诚度，建立口碑和竞争优势，同时也能够满足消费者的需求和期望，提供积极的服务体验。

体验是指个体在与产品、服务或事件进行互动时所获得的感知、情感和认知的综合体验。它涵盖了个体在特定环境下的感觉、情绪、思维和行为反应。体验不仅是单纯地使用产品或接受服务，更是一个更广泛的概念，强调个体与环境之间的互动和情感连接。理想的体验应该由一系列超越产品或服务本身的事件构成，以使消费者感到舒适、欣赏、惊叹和难以忘怀，从而满足他们的需求，提高他们对企业的认可度，并促使他们重复购买。例如，许多人喜欢在网络视频网站上观看电视连续剧，他们沉浸在精彩剧情带来的喜怒哀乐中，将追剧过程视为一种放松的方式，甚至会购买视频网站的会员以抢先观看剧集。体验包括以下四个方面：

（1）感知体验：个体通过感官获得的感知体验，包括视觉、听觉、触觉、味觉和嗅觉等。例如，产品的外观设计、声音效果、触感质量等可以影响个体的感知体验。

（2）情感体验：个体在体验过程中所产生的情感和情绪反应。这可能包括快乐、满足、兴奋、愤怒、失望等情感状态。产品或服务的质量、服务态度、品牌形象等因素都可以影响个体的情感体验。

（3）认知体验：个体对于体验过程中的认知和思考。这包括对产品特点、功能、性能的评估，对服务质量、效果和效益的认知等。个体的知识、期望、价值观等也会影响认知体验。

（4）行为体验：个体在体验过程中的行为和互动。这可能包括购买决策、使用行为、与他人的互动、参与活动等。产品或服务的便利性、易用性、互动性等因素可以影响个体的行为体验。

1.2.3 交换、交易和关系

交换是指个体之间互相给予物品、服务、信息或权益的过程。市场营销学的核心是"交换",因为需要和欲望只是整个市场营销活动的开端,只有通过交换,营销活动才会真正发生。交换是指人们用某种物品或服务与他人换取所需物品或服务的行为,它需要满足以下五个条件:

(1)有两个或者两个以上的买卖者或者交换者。
(2)交换双方拥有对方想要的物品或服务。
(3)交换双方都有沟通及向对方运送物品或服务的能力。
(4)交换双方都有自由选择的权利。
(5)交换双方都认为对方是值得交易的。

从根本上来看,交换是一个价值创造的过程,也就是说,交换双方都会因为这个过程而变得更好,交换有助于满足个体的需求和实现互利共赢。通过交换,个体可以通过出售自己拥有的物品或提供自己的专业服务来获得收入和利润。同时,个体也可以通过交换获得他们所需的物品、服务或信息。

交易是指买方和卖方之间的交互行为,涉及购买和销售产品或服务的过程。交易是市场营销活动的核心,旨在促成双方的交易关系,并满足双方的需求。关于交易与交换之间的关系,我们可以看到,交易是双方之间的价值交换,是交换过程的结果,从某种角度可以看作是交换的测量单位。在交易中,参与双方必须经历一系列的步骤,从寻找合适的商品或服务开始,然后进行谈判,讨论产品的要求、定价、交货时间和地点等交换条件。一旦达成一致的交换协议,交易便得以成立。谷歌的广告平台 Google Ads 提供了广告主和潜在消费者之间的交换和交易机会。广告主可以通过投放广告与潜在消费者建立联系,展示他们的产品和服务,并促使消费者进行购买或采取其他行动。这种交换和交易建立了谷歌与广告主和潜在消费者之间的商业关系。

关系是指企业与消费者、合作伙伴和其他利益相关者之间的互动和合作关系。这些关系是长期的、互利的,并基于信任、互惠和共同价值的基础构建。建立和维护这些关系对于企业的成功和可持续发展至关重要。通过关系营销,企业可以获得更多的市场份额、提高客户忠诚度、提高品牌知名度,并通过客户口碑和推荐获得更多的业务机会。同时,良好的关系也可以为企业提供更多的合作伙伴和资源支持,促进业务的拓展和创新。

1.2.4 价值和满意

当消费者面临多种商品选择时,他们通常会考虑商品所提供的价值。这里所说的价值是指消费者在购买某个商品时,所得到的利益与其所付出的成本之间的比率。消费者通过综合考虑价格、功能、用户评价、个人偏好和试用体验等因素,评估和比较不同商品的价值,从而做出更明智的购买决策。消费者所得到的利益包括功能利益和情感利益,而付出的成本则包括金钱成本、时间成本、精力成本以及体力成本。因此,价值可以用以下公式来表示:

$$价值 = \frac{利益}{成本} = \frac{功能利益 + 情感利益}{金钱成本 + 时间成本 + 精力成本 + 体力成本}$$

企业可以通过以下几种方法来提高购买者所得到的价值：①增加利益；②降低成本；③增加利益的同时降低成本；④利益增加幅度比成本增加幅度大；⑤成本降低幅度比利益降低幅度大。

如果我们将满意度定义为消费者对使用某一产品后感知效果与其价值期望之间的比较所产生的愉悦或失望感受，那么满意度水平可以用以下公式表达：满意度水平＝感知效果－价值期望。换言之，当消费者对产品的感知效果超过其价值期望时，满意度水平将为正值，意味着消费者感到愉悦和满意。相反，当感知效果低于价值期望时，满意度水平将为负值，表示消费者感到失望。通过这种函数关系，我们可以量化消费者的满意度水平，并从中了解他们对产品的感知效果和价值期望之间的差异。这有助于企业了解消费者的需求和反馈，从而改进产品、提升消费者体验，并提高消费者整体的满意度水平。

1.2.5 营销者和潜在消费者

营销者是指从事营销活动的个人或组织，他们负责制定和执行市场营销策略，以促进产品、服务或品牌的销售和推广，并实现商业目标。在市场营销过程中，对于交换双方，营销者是更主动、更积极地寻求交换的一方。营销者的角色和职责包括：市场分析和研究、目标市场定位、品牌管理、市场营销策略制定、市场传播和推广、销售和客户关系管理等。营销者的最终目标是为消费者创造价值，满足消费者的各种需要和欲望，并且通过市场完成现实交换活动。营销者需要具备市场洞察力、创造力、沟通能力、分析能力，以及对市场趋势和消费者行为的敏锐观察力。他们需要不断学习和适应市场的变化，以保持竞争力并取得商业成功。

潜在消费者指的是具有购买某种产品或服务的潜在意愿和能力的个人或组织。他们可能对企业的产品或服务感兴趣，但尚未进行购买行为。潜在消费者是市场营销的关键目标对象，因为他们代表了潜在的销售机会和业务增长的潜力。通过有效吸引潜在消费者并转化为实际购买者，企业可以实现销售增长和市场份额提升。

1.3 进行营销管理的原因

市场营销管理是指为创造达到个人和机构目标的交换，而规划和实施理念、产品和服务的构思、定价、分销和促销的过程，包括分析、规划、执行和控制。市场营销管理的对象包含理念、产品和服务。市场营销管理的基础是交换，目的是满足各方需要，主要任务是刺激消费者对产品的需求，但不能局限于此。它还帮助企业在实现其营销目标的过程中，影响需求水平、需求时间和需求构成。因此，市场营销管理的任务是刺激、创造、适应及影响消费者的需求。从此意义上说，市场营销管理的本质是需求管理，本质目的是在这些需求上获得消费者满意，只有消费者满意，企业才能长久地生存并且不断发展下去，这就涉及提高消费者让渡价值。

消费者让渡价值是指企业转移的，消费者感受到的实际价值，一般表现为消费者购买总价值与购买总成本之间的差额。消费者让渡价值是菲利普·科特勒在《营销管理》一书中提出来的，他认为，消费者让渡价值是指消费者总价值（Total Customer Value）与消费者总成本（Total Customer Cost）之间的差额。消费者总价值是指消费者购买某一产品与服务所期望获得的一组收益，包括产品价值、服务价值、人员价值和企业形象价值等。消费者总成本是指消费者为购买某一产品所耗费的时间、精神、体力以及所支付的货币资金等，包括金钱成本、时间成本、精神成本和体力成本等。

企业想在竞争中战胜对手，吸引更多的潜在消费者，就必须向消费者提供比竞争对手具有更多消费者让渡价值的产品，这样才能使自己的产品为消费者所注意，进而购买本企业的产品。提高消费者让渡价值的方法有两种：第一种是提高消费者总价值；第二种是降低消费者总成本。提高消费者总价值可以提高产品价值（提高产品质量、增加样式等）、提高人员价值（招募人才等）、提高服务价值（提供各种附加服务）、提高企业形象价值（选择产品代言人）。降低消费者总成本可以降低金钱成本（直营或推出团购）、降低时间成本（减少等待时间）等。

1.4 市场营销的范畴

市场营销学的研究对象为以市场为导向的企业市场营销活动及其规律性，重点研究企业如何把其产品或服务转移到消费者手中的全过程。具体来说，市场营销学的全部研究都是以产品适销对路、扩大销售市场为中心而展开的，并为此提供理论、思路和方法，其核心思想是企业必须面向市场、面向消费者，适应不断变化的环境并及时作出正确的反应。企业必须发挥自身的优势，比竞争者更好地为消费者提供各种令人满意的商品或服务，并且要用最少的费用、最快的速度将产品送到消费者手中，企业应该在满足消费者需求的同时实现自己的各项目标。

1.5 营销管理的思想维度

产品导向是一种以产品为中心的商业战略，强调通过产品的创新、质量和用户体验来赢得市场份额和客户忠诚度。它需要企业在产品开发、品牌建设和市场运作等方面持续投入资源和努力，以实现企业的长期增长和竞争优势。产品导向的企业通常将其核心竞争力和差异化战略建立在产品创新和卓越质量之上。他们通过深入了解客户需求和市场趋势，不断推出具有独特特点和高附加值的产品，以满足和超越客户的期望，这可能涉及技术研发、设计创新、制造流程的优化以及产品功能和性能的不断提升。企业还注重建立良好的产品品牌形象和声誉，他们致力于提供卓越的用户体验，并通过品牌营销和市场推广来增强产品的市场知名度和认可度，他们还会投入大量的资源和精力来提供全面的售前和售后服务，以确保客户的满意度和忠诚度。此外，产品导向的企业还需要具备灵活性和敏捷性，以适应不断变化的市场需求和竞争环境。他们持续监测市场动态，并及时调整产品策略和产品组合，以满足不同客户群体的需求并保持竞争优势。

消费者导向强调以消费者为中心来驱动企业的发展和成功。在消费者导向的战略中，企业将满足消费者需求和提供优质体验置于最重要的位置，以建立持久的客户关系并实现盈利增长。消费者导向的企业致力于深入了解消费者的需求、偏好和行为，并将这些洞察用于产品开发、服务设计和营销策略。他们不仅关注消费者的基本需求，还努力理解消费者的情感需求和体验期望，以提供与消费者价值观和目标相契合的解决方案。此外，消费者导向的企业注重建立良好的客户关系，注重客户体验，并将消费者视为合作伙伴而非仅仅是交易对象。他们积极倾听消费者的反馈和建议，不断改进产品和服务，以满足消费者的期望并超越其期望。他们重视客户满意度和忠诚度，并通过个性化的沟通和关怀来建立长期稳固的客户关系。

市场导向强调以市场为导向来驱动企业的发展和成功。在市场导向的战略中，企业将市场需求、竞争环境和客户洞察置于最重要的位置，以实现持续的增长和竞争优势。企业通过持续的市场研究和数据分析，了解市场趋势、竞争态势和消费者反馈，以及时调整策略和创新产品，满足不断变化的市场需求。市场导向需要企业在市场研究、产品创新、市场定位和品牌建设等方面持续投入资源和努力，以赢得市场份额、客户忠诚度和业务增长。

价值导向强调以价值创造为核心来驱动企业的发展和成功。在价值导向的战略中，企业将把价值传递给消费者、股东和其他利益相关方置于最重要的位置，以实现可持续发展和共赢。企业注重理解和满足利益相关方的各种需求和期望，通过深入了解消费者需求、市场趋势、社会变化和环境问题等，以确定如何创造有意义的价值。企业不仅关注经济价值，还注重社会责任和环境可持续性，以推动可持续发展和强调企业公民责任。

价值观与共创导向相辅相成。价值观在企业营销中起着指导作用，而共创导向的营销则通过与消费者和其他利益相关方的合作和互动，共同创造价值并建立长期关系。这种营销方式能够帮助企业更好地满足消费者需求、提供卓越的产品和服务，并实现可持续的商业成功。

即测即练

第 2 章

新世纪的市场营销

2.1 人工智能对市场营销的影响

在当今数字化时代，人工智能（Artificial Intelligence，AI）技术的迅猛发展已经深刻影响了市场营销的各个方面。其中，AI 技术的核心在于其对大数据的处理能力和学习能力，使企业能够更加精准地分析消费者行为和市场趋势。以 ChatGPT 为例，这种基于大数据和机器学习的对话系统不仅能提供客户服务，还能辅助内容创作和市场研究，显示出了 AI 在理解复杂客户需求和提供定制化解决方案方面的强大能力。这一进步不仅提高了营销活动的效率和效果，还为企业带来了前所未有的市场洞察力。在这个背景下，理解和应用 AI 技术成为当下市场营销的关键竞争优势。更进一步地讲，我们可以发现 AI 不仅是一个技术工具，更是成了市场营销的一种全新思维方式。通过 AI 强大的分析能力，企业可以从巨量的数据中提取出有价值的信息，从而从单向思维模式的传统营销转变为以数据为指导的数字营销。例如，AI 系统通过分析消费者的在线行为、购买历史，甚至是社交媒体上的互动，帮助企业描绘出消费者的详细画像。这种深度的理解使得企业不仅能够更准确地预测市场趋势，还能够精确地满足不同客户群体的需求。

基于算法的个性化机器学习技术，语言驱动 AI 在自动化客户服务中也同样应用广泛。以 AI 驱动的聊天机器人为例，它们不仅能够提供 24 小时不间断的服务，还能通过学习和适应来不断提高服务质量。例如，汉堡王就利用 Facebook 平台研发了一款在线聊天机器人，让客户可以通过聊天的方式在附近的分店订购食物，并在 Facebook Messenger 应用程序内付款。这样的聊天方式让客户与平台，即服务提供商，进行更直接和自然的对话，且顾客可以通过询问了解更多关于商品的信息。这些机器人能够处理大量的常见问题，不仅释放了人力资源，同时也提高了客户的满意度和忠诚度。

在个性化营销方面，AI 的应用更是带来了历史性的变革。相比过去海量但不精确的营销信息，AI 的出现使得企业能够根据消费者的历史行为定制个性化的产品推荐，还能在适当的时刻通过适当的渠道传达这些推荐，大大增强了营销信息的吸引力和说服力。同时，这样的机器学习技术还使得用户浏览窗口时，浏览会话中可以实时动态地调整网站。例如，当计算出某个用户放弃购物的概率，或者关闭浏览窗口的概率达到某个阈值时，就会驱动某个流程，从而动态地向该用户提供折扣来挽留客户。这种精细化的市场细分和个性化策略，极大地提高了营销活动的效率。例如，Spotify、Amazon、Netflix 等都很早采用了 AI 系统分析消费者浏览行为以实现个性化的产品推荐和提高搜索效率，从而提高用户黏性。

以 Netflix 为例，作为 AI 在市场营销领域应用的一个典范，其策略和成效颇具启示性。Netflix 利用 AI 分析大量的用户数据，包括观看历史、搜索习惯、评分反馈等，以此来构建精准的个性化推荐系统。比如，它可以根据用户过往喜欢的电影类型、观看的电视剧集数，甚至是特定演员的作品来推荐类似内容。这种深度个性化的推荐系统为其带来了显著的商业成效。据报道，Netflix 的推荐系统为其节省了数亿美元的营销费用，同时提高了用户满意度和留存率。更有趣的是，Netflix 甚至会根据用户的喜好来调整影视作品的封面图案，以增加点击率。除此之外，Netflix 还使用 AI 来分析市场趋势和观众反馈，决定哪些类型的节目或电影值得投资和制作。这种基于数据的内容创造策略，不仅提高了原创内容的成功率，也让 Netflix 在竞争激烈的流媒体市场中保持领先。Netflix 的这些策略展示了 AI 在提升用户体验、优化产品推广和指导内容创作方面发挥的关键作用，而通过对用户行为的深入理解和分析，Netflix 也成功地将 AI 技术转化为实实在在的商业价值（见图 2-1）。

图 2-1　Netflix

再比如 ShopperTrak 和 RetailNext 等公司正在推进的图像识别技术。这项技术使得实体店铺能通过商铺内的摄像头进行视觉零售分析。它可以从商店的监控视频中提取关键信息，比如顾客行为模式和商品摆放效率，从而优化商店运营，提高实体店铺的销售量与运营效率。

随着消费者数据积淀的不断增加，AI 将更加精准地识别用户需求，更加理解消费者的内心，从而更加精准地提高广告覆盖率，帮助企业作出更明智的商业决策。可以说，在市场营销领域，AI 技术已成为不可或缺的核心力量。因此，为了在竞争日益激烈的市场中保持优势，企业必须适应并抓住这一趋势，投资于 AI 技术和相关人才。但与此同时，也要关注 AI 应用中的伦理和隐私问题，确保可持续发展。

2.2　大数据时代下的营销管理

在不同的时代背景下，市场营销的核心理念和手段也会不同。传统的荧屏时代注重品牌形象的构建和传递,而随着互联网门户时代到来,数字化媒介购买成为营销的关键,但品牌与消费者的互动仍然多为单向传播,例如通过电视广告宣传特定卖点。但在移动互联网和社交媒体主导的时代,营销开始转向"大规模个性化互动",如淘宝等购物平台根据用户喜好展现不同内容。在这个过程中,"数据"正在变得越发重要。

大数据,顾名思义,指的是庞大且复杂的数据集合,这些数据因其规模大、多样性和生成速度快而难以用传统的数据处理方法进行有效处理。在市场营销领域,大数据使企业能够从各种渠道获取广泛的消费者信息,包括购买历史、在线行为、社交媒体互动等,为企业提供前所未有的市场洞察力。凭借这些数据,企业可以更准确地分析消费者行为、预测市场趋势,并据此制定营销策略。例如,通过分析大数据,企业可以发现特定客户群体的购买模式,从而实现更加精准的市场细分和目标营销。此外,大数据还能帮助企业实时调整营销策略,快速响应市场变化。可以说,大数据技术的出现不仅改变了企业收集和分析信息的方式,也重新定义了企业与消费者互动和沟通的形式。

接下来我们将结合具体的例子,讲述大数据营销在消费者行为分析、市场趋势预测和产品定价策略三个方面的具体应用。

大数据在营销管理中最重要的应用,是通过完成消费者行为分析,实现个性化营销。以咖啡品牌星巴克为例,星巴克会根据顾客在星巴克应用上的购买历史、时间、地点以及购买频率等数据来分析顾客偏好。这种分析并非局限于推荐顾客可能喜欢的饮品,还扩展到了调整菜单和店内音乐等。举个具体的例子,如果数据显示某个地区的顾客更偏爱低糖或健康饮品,星巴克就可能在该地区的门店推出更多此类选项。通过这种深入的数据分析,星巴克能够提供更加个性化的顾客体验,从而提高顾客满意度和忠诚度,最终转化为销售增长。这些策略的实施得益于星巴克对大数据的深入挖掘和应用,显示了其在市场营销方面的先进思维。

随着数据挖掘等技术的飞速发展,大数据在市场趋势预测中也显现了无比关键的作用。如 Inditex 集团,即快时尚品牌 ZARA 的母公司,在近些年快时尚行业整体衰退的情况下,逆势实现了显著的业绩增长。2022 年上半年,Inditex 销售额同比上涨 24.5%,达到 148 亿欧元,净利润上涨 41%,达到 18 亿欧元。这一成绩部分得益于大数据营销在其市场趋势预测中所起的重要作用。而 ZARA(见图 2-2)利用大数据营销进行市场趋势预

图 2-2　ZARA

测的方式涉及多个方面。例如，通过收集和分析各个门店的销售数据，ZARA 能够追踪哪些款式、颜色或材料在特定地区受欢迎；ZARA 还通过分析社交媒体和网络趋势，及时捕捉流行元素，并迅速将这些元素融入新的设计中，以连续不断地推出适合当下潮流的当季新品。同时，ZARA 还运用大数据来优化其库存管理，确保高需求产品的充足供应，同时减少过时产品的积压。通过这种灵活的市场响应策略，ZARA 不仅能迅速适应市场变化，还能预测并领导时尚趋势，从而保持其在快时尚行业中的领先地位。

而在产品定价策略方面，大数据的出现更是让价格的动态变化与快速响应成为可能。其中最著名的便是亚马逊的动态定价策略，又称重新定价策略。亚马逊利用大数据对产品定价策略进行了革命性的改变。通过动态定价策略，亚马逊每 10 分钟就可以更新价格，每天可能进行高达 250 万次的价格更改，波动幅度可达 20%。这种策略基于大量数据，如用户行为（包括浏览历史和购买记录）、市场需求、供应情况、节日和假期的影响以及竞争对手的定价。亚马逊的定价模型会综合这些因素，实时调整价格，以保持市场竞争力并为消费者提供最优惠的价格（见图 2-3）。例如，如果一款产品在晚上或午休时间的需求量大，其价格可能会上涨。这种定价策略的目标是平衡市场需求和供应，同时确保产品始终有库存。亚马逊的动态定价策略是其保持市场领先地位和高客户满意度的关键因素之一，展现了大数据在电子商务领域中的强大潜力。

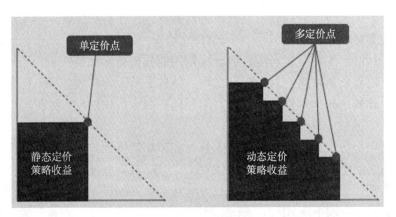

图 2-3 亚马逊定价模型

大数据营销管理仍然面临诸多挑战，如数据隐私问题、安全问题以及相关的伦理影响。随着企业收集越来越多的消费者数据，如何保护这些信息免遭未授权访问或滥用变得尤为重要。企业必须确保遵守相关法律法规，如欧盟的一般数据保护条例（General Date Protection Regulation，GDPR）。此外，伦理上的考虑也不容忽视，企业需要确保其数据收集和应用方式公正合理，不侵犯消费者权益。这些挑战要求企业在追求效益的同时，也要重视消费者的隐私，不辜负消费者的信任。

2.3　量子计算影响营销管理

"量子计算"一词看起来是近几年的新兴概念，但实际上其历史可以追溯到 20 世纪初马克斯·普朗克提出量子理论之时。普朗克的理论为后来的量子力学奠定了基础，而量子力学则是量子计算的核心科学原理。量子计算的概念最早在 20 世纪 80 年代由理论物理学家 Paul Benioff 提出。Benioff 构想了这样一种新型计算机，它使用量子力学的原理而非传统的二进制逻辑。而后 Richard Feynman 和 David Deutsch 也对量子计算机的理论作出了重要贡献。Feynman 指出，量子计算机能够有效模拟量子系统，这是传统计算机无法做到的。20 世纪 90 年代初，量子计算的研究开始取得实质性进展。1994 年，数学家 Peter Shor 提出了著名的"Shor 算法"，这是一种利用量子计算机高效解决大整数分解问题的算法。Shor 算法显示了量子计算机在处理某些特定任务时远超传统计算机的潜力，引起了科学界和技术界的广泛关注。

　　随后的几年里，量子计算领域取得了一系列突破。例如，1996 年，Lov Grover 发明了 Grover 算法，这是一种大幅提高未排序数据库搜索效率的量子算法。这些理论上的突破激励了更多科学家和工程师投入量子计算的研究和实验中。时至今日，量子计算已经成了一种革命性的计算技术。一些大型科技公司，如 IBM、Google、微软和 Intel，也纷纷开始投资建立自己的量子计算研究项目。

　　量子计算机与传统计算机的最大不同就在于其摒弃了传统的二进制逻辑，而是利用量子力学的原理来处理信息。这种方法的核心在于量子位，不同于传统计算机中的比特只能表示 0 或 1 的状态，量子位能够通过量子叠加同时代表 0、1 或两者的任意组合。这种能力意味着量子计算机可以在同一时刻探索多种可能的计算路径，极大地扩展了其处理复杂问题的能力。如果一个传统计算机在解决问题时是沿着一条道路前进，那么量子计算机则是在一个多维的网络中自由穿梭。

　　量子计算的这些独特性质也就使它在处理大量数据和变量的问题上显示出极大的潜力，尤其是在需要执行复杂计算的领域，如量子物理模拟、密码学以及某些类型的人工智能应用。虽然目前量子计算机还处于发展的早期阶段，但它所展现的潜力已经引起了科学界和工业界的极大兴趣。

　　在前一小节，我们讨论了大数据在营销管理中的重要作用。而了解了量子计算在处理大数据中的极大潜力，我们不难想象到量子计算将在营销管理领域创造一幅充满创新和变革的景象。由数据驱动的消费者行为的分析、营销策略的个性化和广告投放都会因为量子计算的出现而迎来里程碑式的革新。例如，通过量子算法，营销团队能够快速解析复杂的消费者数据，设计出更加精准、更具吸引力的营销方案。这不仅提升了消费者体验，也增强了品牌与消费者之间的联系。再如在广告投放领域，传统广告投放策略常常依赖经验判断和试错方法，但量子计算引入了一种更为精确和高效的解决方案。利用量子算法，营销团队可以在极短的时间内分析和预测最佳的广告投放时机和地点，这种方法不仅提高了广告效果，还实现了广告预算的最大化利用。由于量子计算技术本身还在发展阶段，目前在商业应用上尚未广泛普及。然而，有一些前瞻性的公司已经开始探索量子计算在营销领域的潜在应用。例如 Google、IBM、微软等领头公司都在量子技术领域投入了大量资源，并已经在多个行业探索量子计算的应用。

　　虽然量子计算在营销领域的应用前景令人瞩目，但在实现这一潜力的道路上，仍然还面临着多重挑战。技术成熟度是其中最为关键的一个问题。虽然量子计算的发展步伐迅速，但现今的量子计算机仍处于发展的早期阶段，其稳定性和可靠性尚未达到商业化应用所需的水平。且量子位极易受到外部环境的干扰，维持它们的稳定状态需要极端的条件，如极低温度，这也就对实际的应用构成了极大的障碍。在量子算法和应用的开发方面，尽管已经有了一些初步的量子算法，但针对营销特定需求的算法和应用仍然处于起步阶段。要开发适用于营销的量子算法，需要对量子计算原理及营销数据的特性有深入的理解，这不仅需要时间，还需要跨学科的合作。此外，在处理营销相关的大量复杂数据时还面临着数据处理和集成的挑战。将大量的营销数据有效转化为量子计算机可以处理的格式，以及将量子计算结果有效地集成到现有的营销系统中，是实现量子计算在营销领域应用的关键。同时，量子计算的研究和开发需要大量的资金和专业知识，量子计算机的运行和维护成本也相对较高，这增加了企业在探索量子计算应用时的经济负担。

总而言之，尽管量子计算在营销领域具有巨大的潜力，但其实际应用仍需克服一系列技术、成本、教育和安全等方面的挑战。随着技术的不断进步和市场的逐渐成熟，这些挑战有望逐步得到解决。

2.4 生物科技在市场营销领域的应用

在 21 世纪的科技浪潮中，生物科技以其独特的力量和潜能，正日益成为推动各行各业发展的新兴因素。生物科技，这一涵盖生物学、工程、化学、计算机科学等多个领域的交叉科学，旨在通过应用生物学知识和技术来解决实际问题和创造新的产品。从医疗健康到农业，再到环保和制药，生物科技已在多个领域展现了其巨大的影响力和应用价值。而在市场营销领域，生物科技也在逐渐显现其潜力。

生物科技在市场营销中的应用涉及多个方面。例如，通过生物识别技术，如眼动追踪和面部表情分析，可以帮助营销人员理解消费者在看到广告或产品时的真实反应，从而提供比传统调研方法更准确细致的数据。而利用基于个体的生物信息也可以提供给消费者比传统产品或服务更加个性化的体验，这在健康和营养行业尤为明显。此外，生物科技在产品开发方面同样拥有潜力，如通过生物工程技术开发环保材料，不仅符合可持续发展的需求，也迎合了现代消费者的环保意识。

虽然生物科技在市场营销领域的应用还不普及，但已有许多企业开始了创新性的探索。例如，Neuro-Insight 和 MindLab International 就在积极探索如何通过"神经市场营销技术"改变广告策略的制定。通过利用脑电波扫描和眼动追踪技术来实时捕捉消费者对广告和媒体内容的真实反应。而后，通过分析消费者的脑电波活动和视线移动，就能够揭示消费者的无意识偏好和反应。相比传统通过显性数据来分析消费者偏好的方法，生物识别技术无疑能够捕捉到更多未被营销人员乃至消费者自身所意识到的行为与偏好，而这往往是制定广告策略的关键。此外，面部识别技术在市场营销中也拥有着类似的作用。Emotient（被苹果公司收购）和 Affectiva 作为两家专注于开发和应用面部识别技术的科技公司，通过精确识别消费者的面部表情，实时分析消费者观看广告时的情感反应，评估广告内容的情感影响力和吸引力。这种技术的应用不仅提高了广告的有效性，还帮助企业更好地理解其目标受众的情感需求和偏好。基因测试技术目前也被用于创建高度个性化的产品和服务。例如，23andMe 和 Ancestry 通过提供基因测试服务，使消费者能够探索自己的遗传背景。这些公司不仅帮助个人了解自己的祖源和健康倾向，还将这些宝贵的基因数据与其他企业合作，共同开发个性化的产品和服务。例如，根据个人的基因资料，它们可以提供量身定制的健康和营养计划，甚至推荐适合个人肤质和健康状况的护肤品，从而使市场营销更加个性化和精准。

生物科技虽然为市场营销注入了新的活力，但长期以来也饱受争议。其中，数据隐私和安全是一个主要挑战。例如，23andMe 在过去曾面临争议，原因是它与制药公司分享了客户的遗传信息。虽然这种分享有助于医药研究，但也引发了关于个人数据隐私权的重要问题。生物识别技术如面部识别和眼动追踪也可能被视为侵犯个人隐私。例如，消费者可能不知道他们的生物数据被用于市场研究，或者他们的面部表情和视线追踪数据如何被分析和应用。此外，生物科技在营销中的应用还可能引发诸多伦理问题。例如，基于消费者基因的个性化营销策略可能导致某些人群被刻板化或歧视。这种基于遗传特征的市场细分可能会加剧社会不平等，尤其是当这些信息被用来推销特定的健康产品或服务时。生物科技在营销中使用时，最大的负面影响便是引起消费者的不信任。当消费者意识到他们的个人数据被用于营销目的时，可能会对品牌产生负面看法。这不仅关系到个人隐私的问题，也关系到企业的信誉。

但随着生物科技在市场营销领域的不断成熟和发展，未来我们可以期待一系列创新和技术进步将进一步丰富这一领域。未来的市场营销将可能见证生物科技与人工智能的深度融合，这种结合将为分析和预测消费者行为提供更加强大的工具。例如，结合人工智能的算法和生物识别数据，能够帮助企业精确地定制个性化营销策略，并提供更为定制化的消费体验。虚拟现实和增强现实技术与生物科技的结合同样是一个有潜力的交叉方向。想象一下，在一个虚拟现实的购物环境中，消费者的每一个反应都被精确捕捉并分析，这将极大地优化产品展示和广告内容，为消费者带来沉浸式的购物体验。此外，可穿戴生物科技设备的进步也将在市场营销中扮演更重要的角色。智能手表和健康监测器等设备将能够实时收集有关消费者健康和生活习惯的数据，从而帮助企业更深入地了解其目标客户群，以提供更贴合消费者需求的产品和服务。但随着公众对生物科技应用中伦理和隐私问题的日益关注，未来也需要有更多关注保护消费者隐私和数据安全的新法规和标准出台。这就要求企业在追求技术创新的同时，也必须重视消费者的隐私保护，以建立起消费者的信任并确保可持续的商业成功。

即测即练

第 2 篇

洞察消费者

第3章

认识消费者

3.1 消费者价值、消费者满意与消费者忠诚

消费者价值（Customer Value）是指消费者对产品或服务所感知到的利益与成本之间的差异。它是消费者对于购买和使用产品或服务所期望获得的好处与所付出的代价之间的综合评估。消费者价值是由消费者主观感受和个人偏好所决定的，因此它因人而异。它涵盖了消费者在购买产品或服务时所获得的满足感、利益和体验价值，以及消费者对企业的忠诚度和口碑的影响力。

消费者价值对于企业的成功至关重要，因为它是消费者购买决策的重要因素，直接影响企业的销售额、市场份额和盈利能力。通过提供高品质的产品和服务，满足消费者的需求和期望，企业可以增加消费者的价值感，促使他们更频繁地购买和推荐产品，从而实现长期的利益。因此，了解和满足消费者价值是企业市场营销策略的关键之一。消费者价值的构成包括但不限于以下几个方面：

（1）功能价值：产品或服务所提供的功能和性能，以满足消费者的实际需求。例如，一个高品质的手机可以提供更好的通信、娱乐和工作功能。

（2）感知价值：产品或服务所带来的情感和心理满足感。这包括消费者对品牌形象、信任度、个性化定制等方面的感知。例如，购买某个奢侈品牌的产品可以提供一种独特的优越感和社会地位。

（3）社会价值：产品或服务对社会和环境的影响，以及消费者对企业社会责任的认同。例如，购买环保产品可以使消费者感到对环境有所贡献，增加其满意度和忠诚度。

（4）成本价值：购买和使用产品或服务所需付出的经济成本和时间成本。消费者会综合考虑产品的价格、交易的便利性、售后服务等因素来评估成本价值。

消费者满意（Customer Satisfaction）是指消费者对产品或服务使用过程中所获得的体验和结果的评价。它是消费者对企业提供的价值是否符合其期望的度量，是衡量企业绩效和消费者关系质量的重要指标之一。满意程度可以表示为感知效果与价值期望的差值，即满意程度＝感知效果－价值期望。如果上述公式得数大于 0，消费者的感知效果高于价值期望，消费者就会高度满意；如果等于 0，消费者也会满意，但如果得数小于 0，消费者就会不满意。通过提供高质量的产品或服务、关注消费者需求、提供优质的消费者服务和创造良好的消费者体验，企业可以提高消费者满意度，增加消费者忠诚度，并

获得市场竞争优势。消费者满意度的提升对于企业的长期发展和口碑建设至关重要,因为满意的消费者更有可能成为回头客、推荐他人购买,并为企业带来更多的业务机会。以下是提高消费者满意度的一些关键要素和重要性:

(1)产品或服务质量:消费者对产品或服务质量的满意度直接影响他们的满意程度。高质量的产品和服务能够满足消费者的期望,提供良好的使用体验,从而提高消费者满意度。

(2)交付和响应速度:消费者对交付和响应速度的满意度也是重要的因素。及时交付产品或提供服务,以及快速响应消费者的需求和问题,可以提高消费者对企业的满意度。

(3)消费者服务:消费者服务是消费者满意度的关键因素之一。友好、专业和高效的消费者服务可以帮助解决消费者的问题,并提供良好的体验,从而提高消费者的满意度。

(4)价格和价值:消费者对产品或服务的价格和所获得的价值之间的平衡感知也影响他们的满意度。如果消费者认为产品或服务的价格合理,并且获得了相应的价值,他们更有可能对企业感到满意。

(5)个性化体验:个性化体验可以提高消费者满意度。通过了解消费者的需求和偏好,并提供个性化的产品推荐、定制服务或专属优惠,可以提高消费者的满意度和忠诚度。

(6)消费者参与和反馈:积极促进消费者参与和收集消费者反馈对于提高消费者满意度至关重要。通过提供反馈渠道、参与社交媒体互动和开展市场调查,企业可以了解消费者的需求和意见,并根据反馈进行改进,进而提高消费者满意度。

消费者忠诚(Customer Loyalty)是指消费者对于某个品牌、产品或服务的信任、持续购买、支持与情感依赖。消费者忠诚的特征包括:

(1)重复购买:忠诚的消费者倾向于在长期内反复购买同一个品牌或产品。他们对品牌或产品有一定的依赖和信任,认为它们能够满足自己的需求。

(2)推荐行为:忠诚的消费者会向他人积极地推荐该品牌或产品,分享自己的好体验和满意度。口碑传播对企业的市场声誉和品牌形象具有积极影响。

(3)抵制竞争:忠诚的消费者对竞争品牌或产品的刺激不敏感,更倾向于坚守原有的选择。他们不容易受到价格变动或促销活动的影响,更注重产品质量和满意度。

(4)高度参与:忠诚的消费者对于品牌或产品会有更多的参与和互动,例如,参加品牌活动、关注社交媒体内容、提供建议和反馈等。他们对品牌的发展和演变有较高的关注度。

消费者的忠诚程度可以通过他们长期的购买行为来解释。根据图 3-1 所示的消费者忠诚矩阵,可以将消费者分为四种类型:非忠诚、虚假忠诚、潜在忠诚和忠诚。其中,右上角的忠诚消费者指的是那些既对产品持有积极态度又表现出长期忠诚购买行为的消费者。显然,这类消费者是企业在市场营销活动中最为重视、价值最高的群体,同时也是企业追求的最终目标客户。忠诚的消费者会有以下四个特点,能够抵制其他企业的诱惑,高度参与该企业各项活动,并对其他消费者有积极的正向引导作用,可以进行正面口碑传播，推广产品。而左下角非忠诚的消费者，是具有低行为频次以及对企业品牌具有消极态度的群体，他们在各类品牌之间摇摆不定，看不到该企业的优胜之处，认为其是可替代的，在购买行为上会表现为几乎不会重复购买。

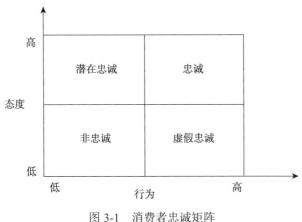

图 3-1　消费者忠诚矩阵

3.2　消费者终身价值及其测算与最大化

消费者终身价值（Customer Lifetime Value，CLV）或消费者生涯价值，是指每个购买者在未来可能为企业带来的总收益。类似于产品的生命周期，研究表明消费者对企业利润的贡献可以分为导入期、快速增长期、成熟期和衰退期。消费者的价值由历史价值、当前价值和潜在价值三个方面构成。历史价值指的是至今为止消费者对企业的贡献，包括购买金额、频率和持续时间等，这包括他们过去的购买行为、消费金额以及对其他产品和服务的利用情况。历史价值反映了消费者过去与公司的互动和购买关系的重要性。当前价值是指如果消费者的行为模式不发生改变，将来可能为公司带来的价值，这包括他们目前的购买频率、购买金额以及对公司产品和服务的忠诚程度。当前价值反映了消费者对公司的现有关系的重要性。潜在价值是指通过有效的交叉销售、推荐或其他方式，可能增加的消费者价值，这包括促使消费者增加购买或推荐产品和服务给其他人的潜力。潜在价值反映了消费者未来与公司互动和购买关系的增长潜力。

企业管理的核心目标是通过占据消费者的心智空间来提高消费者的终身价值。消费者的终身价值可以狭义地定义为消费者与公司保持关系期间产生的现金流折现累积值。而广义上，消费者的终身价值是指所有消费者终身价值折现值的总和。在企业管理中，我们需要从广义角度来理解消费者的终身价值。事实上，消费者的终身价值不是一个单一维度的概念，而是一个多维结构。首先，它涉及消费者与企业关系的维持时间。通过与消费者建立长期关系，企业能够培养消费者的忠诚度，提高消费者的维持率，从而获得更高的消费者终身价值。这种长期合作关系有助于建立双方之间的信任和默契，实现双赢的局面。其次，消费者的终身价值还涉及消费者份额（Customer Share）。这指的是企业所提供的产品或服务在消费者总消费支出中所占的比例。通过提高消费者份额，企业能够增加消费者终身价值。最后,消费者终身价值还与消费者范围相关。企业的总体消费者终身价值与其消费者范围直接相关。因此,企业需要清楚地了解现有消费者的特征,并同时开拓潜在消费者。通过深入了解现有消费者,提供个性化定制和建立紧密关系,以及开拓潜在消费者,拓展市场份额和创造新的销售机会,企业可以提高消费者终身价值,并实现持续的业务增长。

计算消费者终身价值可以帮助企业更好地了解消费者的价值和贡献,并制定相应的市场营销策略。高终身价值的消费者通常是企业最有价值的消费者,因为他们可能会频繁购买、购买高价值的产品或服务,同时也可能会对其他人产生积极的口碑效应。分析消费者终身价值可以基于以下几个步骤:

(1)收集顾客资料和数据:企业需要收集顾客的基本信息,例如个人信息、住址、生活方式、地区、人际关系、购买历史、交易金额、购买频率、购买渠道以及客户满意度调查结果等。此外,还应考虑顾客的反馈意见、口碑传播和推荐行为等因素。

(2)定义和计算顾客终身价值:顾客终身价值的计算受到多个主要因素的影响,包括来自顾客首次购买的收益、与顾客购买相关的直接可变成本、购买频率、购买时间跨度、对其他产品的购买偏好以及相关收益,以及顾客向朋友、同事和其他人推荐的可能性和适当的贴现率。

(3)顾客投资与利润分析:企业可以通过顾客投资与利润分析来评估顾客的投入与利润关系。这可以通过直接计算交易成本或投入资金来实现,或者利用成熟的统计技术根据过去类似顾客的行为模式来预测顾客未来的利润。在国外汽车业中,企业计算顾客终身价值的方法是将每位上门顾客可能购买的汽车数量乘以汽车的平均售价,再加上顾客可能需要的零件和维修服务的成本,从而得出该数字。他们甚至会准确计算购车贷款所带给公司的利息收入。

(4)顾客分组:根据之前的分析结果,了解如何获得最大利润的顾客终身价值,然后将顾客分成不同特点、行为模式和需求的群体。例如,可以使用聚类分析的方法将顾客分为苛刻的顾客、犹豫不决的顾客、节俭的顾客和久经世故的顾客等不同群体,然后根据每个群体的特点制定相应的策略和措施。这样的分组可以帮助企业更好地针对不同类型的顾客制定营销策略,以实现利润最大化。

(5)制定适应性的营销策略:通过评估顾客的终身价值,我们可以制定适应性的营销策略。这不仅有助于确定目标市场和了解消费者,更重要的是设计出相应的策略,以吸引顾客进行交叉销售、向上销售、附带销售和多渠道营销等行动。这些策略能够帮助企业利用 RFM(Recency, Frequency, Monetary)模型,提高顾客的价值,并充分开发顾客的潜力。

由于消费者终身价值的复杂性和变化性,准确测量和计算消费者的终身价值是企业面临的主要挑战之一。目前,有两种流行且具有代表性的消费者终身价值预测方法:DWYER 方法和消费者事件预测法。

DWYER 方法将客户分为两大类:永久流失型和暂时流失型。这种分类基于客户在购买行为和业务分配方面的特点,以及对于供应商关系的长期稳定性和转移成本的考量。永久流失型客户是那些将其业务全部给予现有供应商或完全切换到其他供应商的客户。

这种流失是不可逆转的，因为这些客户要么因为业务无法分割只能选择一个供应商，要么因为业务转移成本很高而难以选择其他供应商。一旦这些客户流失，他们就很难再回来。对于企业来说，永久流失型客户的损失是严重的，因为他们带来的业务量和长期利润可能无法轻易被替代。暂时流失型客户是那些将业务同时分配给多个供应商的客户，每个供应商只得到总业务量的一部分。这类客户的业务转移成本较低，他们可以相对容易地在不同的供应商之间调整业务份额。有时候，他们可能会将某供应商的份额削减到零，但这并不意味着该供应商已经彻底失去了这个客户。暂时流失型客户可能只是暂时中断购买，沉寂一段时间后可能会突然恢复购买，甚至增加更多的业务份额。对于企业而言，暂时流失型客户的挽回和留住至关重要，因为他们仍然具有潜在的价值和可能性。

然而，DWYER 方法的一个缺陷是它只能预测一组客户的终身价值或每个客户的平均终身价值，而无法具体评估某个客户对于公司的终身价值。这意味着该方法无法提供针对个别客户的定制策略和预测。为了弥补这一缺陷，企业可以进一步细化客户分类和分析，结合其他评估方法和工具，以更准确地评估每个客户的终身价值，并制定相应的个性化战略来增强与重要客户的关系，提高他们的忠诚度和满意度。

消费者事件预测法用于预测每位消费者可能发生的一系列事件的时间，并通过将收益和成本分摊给每个事件来建立消费者的利润和费用预测表。这种方法可以看作是为每个消费者建立一个个人的盈亏账户，其中预测的准确度取决于消费者事件档案的详细程度。较高的详细程度意味着与事件相关的收益和成本分摊更准确，从而提高预测准确度。然而，需要注意的是，消费者未来事件预测的精确性无法完全保证，主要原因有两个方面。首先，预测的基础数据存在较大的不确定性，这可能包括消费者行为的变化、市场环境的波动以及其他外部因素的影响。这些不确定性因素可能对预测结果产生一定程度的影响，而它们本身的发展和演变难以准确预测。因此，即使使用最好的数据和分析方法，仍然无法完全消除基础数据不确定性带来的预测偏差。其次，预测过程本身也存在较大的不确定性。消费者事件预测涉及大量的判断和推理，需要预测人员具备丰富的经验和深刻的洞察力。预测过程中的各种假设、模型和方法选择都会对结果产生影响，而这些选择本身也具有一定的主观性。因此，即使是经验丰富的预测人员，其预测过程和结果也可能因个体差异而有所不同。

尽管存在这些不确定性，消费者事件预测法仍然是一种有价值的方法，可以帮助企业更好地了解每个消费者的潜在价值和行为趋势。通过不断改进预测模型、提高数据质量和引入更精确的分析工具，可以提高预测的准确性。此外，与其他预测方法的结合和使用多个预测模型的组合也可以增强预测的准确性。综上所述，消费者事件预测法虽然存在不确定性，但仍然是企业战略决策和消费者管理中重要的参考工具。

3.3 消费者关系管理

消费者关系管理（Customer Relationship Management，CRM）是一种战略性的商业实践，旨在建立、发展和维护与消费者之间的良好关系。它涉及企业通过有效收集和分析消费者信息，以及利用这些信息来提供个性化的产品、服务和沟通，从而满足消费者需求，增强消费者忠诚度，并实现持续的业务增长。消费者关系管理是一种综合的战略方法，旨在通过有效管理消费者关系，提升消费者价值，促进业务增长，并确保企业在竞争激烈的市场中保持竞争优势。例如，Amazon 通过其个性化推荐系统和客户评价系统，为每个消费者提供个性化的产品推荐和购买建议。它还通过及时的物流和客户支持，提供卓越的售后服务，以确保消费者的满意度和忠诚度。Starbucks 的消费者关系管理着重于创建一个个性化的咖啡体验。它通过移动应用程序和会员计划，为消费者提供定制化的饮品推荐、积分奖励和独家优惠。它还通过社交媒体和反馈渠道与消费者进行互动，以了解消费者的需求和反馈。

学者 Don Peppers 和 Martha Rogers 提出了消费者关系管理的一对一营销四步框架：

（1）识别（Identify）：这一步骤涉及识别和收集与消费者相关的数据和信息。企业需要确定哪些数据对于个性化营销是有价值的，如消费者的个人信息、购买历史、偏好和行为数据等。通过各种渠道（如在线购物、会员计划、调查问卷等）收集这些数据，并将其存储在 CRM 系统或数据库中。

（2）匹配（Match）：在这一步骤中，企业将收集到的消费者数据与个体消费者相关联，以建立每个消费者的个人档案。这个个人档案包括对消费者的详细信息、购买历史、偏好和需求的深入了解。通过匹配和整合数据，企业能够建立一个完整和准确的消费者画像。

（3）交互（Interact）：在这一步骤中，企业与消费者进行个性化的交互和沟通。根据消费者的个人档案和需求，企业可以通过各种渠道（如电子邮件、短信、社交媒体等）向消费者提供个性化的信息、推荐和优惠。这种个性化的交互能够增强消费者参与度、满意度和忠诚度。

（4）定制（Customize）：这一步骤涉及根据消费者的个人喜好和需求，定制化产品、服务和体验。企业通过深入了解消费者的偏好和行为，可以提供与消费者个人需求最匹配的解决方案。定制化的产品和服务能够提高消费者的满意度和忠诚度，并增加消费者的回购率和口碑传播。

在信息时代中，随着企业管理需求的推动、信息技术的推进以及新型管理理念的涌现，CRM 已经发展为利用信息技术和互联网技术，以消费者为核心，对资源进行优化配置的过程。它提供了综合的消费者视图、互动跟踪和管理、销售和营销自动化、客户支持和服务管理、数据分析和报告等功能，这些功能帮助企业更好地理解和满足消费者需求，提供个性化的体验。因此，消费者关系管理不仅是一种软件技术，更是一种现代商业运营模式，旨在增强消费者满意度、提升消费者忠诚度，进而增加企业的利润。例如，谷歌 AlphaGeometry 的能力可能吸引其他教育科技公司或学术机构与谷歌 DeepMind 建立合作伙伴关系。这种合作可以推动技术交流、产品整合和共同市场推广，提高谷歌 DeepMind 在教育领域的影响力和市场地位。

CRM 系统由销售管理系统、营销管理系统、消费者服务系统和呼叫中心四个组成部分构成：

（1）销售管理系统：该系统可以帮助企业识别潜在客户、管理销售机会、跟踪销售进展、生成销售报告和分析数据等，进而提供更全面的销售支持和协调。通过使用销售管理系统，企业能够提高销售效率、优化销售流程，并更好地满足客户需求，从而实现增长和业绩目标，并建立、维持和加强与消费者的长期合作关系。

（2）营销管理系统：营销管理系统可以协助企业收集、整理和分析消费者需求信息、竞争对手信息、市场趋势等数据，以便制定和执行有针对性的营销策略。它还可以支持市场营销活动的规划、执行和跟踪，包括广告、促销、市场调研等。营销管理系统通常还具备报告和分析功能，用于评估和监测营销活动的效果，并为决策提供数据支持。

（3）消费者服务系统：该系统实现自动化的消费者服务，并对服务信息进行搜集、整理和分析。它提供消费者支持、现场自助、货物追踪、纠纷处理等服务。

（4）呼叫中心：该系统利用先进的通信技术和数据库技术，并依靠高素质的客服代表为广大消费者提供服务。借助先进的技术和有效的管理方法，呼叫中心能够提高服务效率、提供个性化服务，并为企业提供有关消费者需求和行为的宝贵数据，以支持业务决策和改善消费者体验。

采用CRM可以吸引更多的消费者、保留现有的消费者，并提高企业的效益。然而，要在CRM方面取得真正的成功，培养消费者的忠诚度是至关重要的因素。消费者忠诚度是指消费者对企业或品牌的忠诚和长期支持程度，它不仅意味着消费者继续购买产品或使用服务，更重要的是他们对企业的情感连接和信任感。培养消费者忠诚度是通过建立良好的关系和提供卓越的体验来实现的。通过CRM系统，企业可以更好地了解消费者的需求、偏好和行为。这使得企业能够个性化地与消费者互动，并提供定制化的解决方案和支持。通过持续的关怀和关注，企业可以建立稳固的消费者关系，增强消费者的忠诚度。消费者忠诚度不仅带来重复购买和稳定的收入，还会向他人推荐企业或品牌，为企业带来口碑传播和新客户。此外，他们更愿意接受企业的横向产品和服务，从而进一步增加企业的销售额。

因此，尽管CRM系统可以帮助企业吸引和留住消费者，降低成本，并实现服务自动化，但真正成功的消费者关系管理取决于培养消费者的忠诚度。通过建立良好的关系、提供卓越的体验和个性化的互动，企业可以赢得消费者的忠诚，从而实现可持续的业务增长和成功。企业要加强消费者关系维系来提高消费者黏性，除了使消费者满意来培育消费者忠诚，还需要注意以下几点：

首先，注意消费者满意度和消费者忠诚度是两个不同的概念，仅仅满足消费者并不能保证他们对企业的长期忠诚和支持。例如，一家公司推出了一款新手机，消费者购买后可能会对手机的功能和性能感到满意。然而，如果竞争对手推出了更具吸引力的新手机，消费者可能会转而购买竞争对手的产品，而不再忠诚于原先的品牌。消费者满意度只是消费者忠诚度的一个因素。要真正培养消费者的忠诚度，企业需要超越满足消费者的期望，建立与消费者的情感连接，并提供与竞争对手不同的价值和体验。这包括提供个性化的服务、建立信任和忠诚计划、持续的沟通和互动等。其次，树立真正以消费者为中心的经营理念是一种战略性的决策，旨在将消费者需求和满意度置于企业运营的核心。再次，企业可以通过提供高质量的产品和优质的服务，满足消费者的需求并提升消费者满意度。关注产品质量、用户体验、客户支持和个性化服务等方面，有助于树立以消费者为中心的经营理念，并建立稳固的消费者关系。例如，丰田汽车以其可靠性和高品质的产品而闻名。他们通过不断地研发和质量控制，提供经久耐用的汽车，满足消费者对安全和可靠性的需求。丰田还建立了广泛的售后服务网络，为消费者提供维修和保养服务，确保他们在整个使用周期中享受到优质的服务。最后，通过强调品牌的独特性、价值观和与目标群体的情感共鸣，企业可以建立积极的品牌形象，赢得消费者的信任和忠诚。例如，Nike 是运动装备和鞋类产品的领先品牌。它通过积极向上的品牌形象，强调运动员的动力和成就感，激励人们追求自己的目标和突破极限。它与世界上许多知名运动员和体育赛事建立合作关系，进一步巩固了其品牌形象。

即测即练

自学自测　扫描此码

第 4 章

分析消费者

4.1 消费者心理与行为

消费者心理与行为是指消费者在购买产品或服务时所表现出的心理过程和行为特征。了解消费者心理与行为对企业和市场营销非常重要，因为它可以帮助企业更好地理解消费者的需求、预测他们的行为，并制定更有效的营销策略。

消费者心理是指消费者在购买决策过程中所经历的心理过程。这些心理过程可以包括需求识别、信息收集、评估比较、购买决策和购后行为。消费者的需求识别可能源于内部因素（如个人需要和欲望）或外部因素（如广告和推销活动）。信息收集是消费者在购买前收集和评估有关产品或服务的信息的过程。评估比较是消费者对不同品牌或产品进行比较和评估的过程。购买决策是指消费者作出购买决策的过程。购后行为是指消费者对购买后的产品或服务进行评估和反馈的过程。

消费者行为是指消费者在购买过程中所展现出的行为特征。这包括购买决策、购买意愿、购买行为和消费者满意度等。购买决策是指消费者在购买前经过一系列的思考和比较后作出的决策。购买意愿是指消费者对特定产品或服务的购买意愿程度。购买行为是指消费者实际购买产品或服务的行为。消费者满意度是指消费者对购买后的产品或服务的满意程度。

4.2 影响消费者购买行为的因素

消费者行为是比较复杂的行为，是否能够产生购买的结果，受到很多因素的影响，一般分为外部因素和内部因素两大类。其中，外部因素通常为文化因素和社会因素，内部因素通常为心理因素和个人因素。

4.2.1 文化因素（Cultural Factors）

文化是指一群人共同拥有的价值观、信仰、习俗、行为规范和认知模式等的综合体。文化因素一般包括对消费者行为产生较为深远影响的文化、亚文化和社会阶层。在消费者行为研究中，我们主要关注文化是如何影响消费者行为的，因此可以把文化看作在一定的社会环境中可以通过学习获得的，用来指导消费者在市场中做出什么样消费反应的信念、价值观和习惯的总和。

亚文化又称集体文化或者副文化，是总体文化的附属文化，是指在一个大的文化背景下形成的具有独特特征和共同价值观的群体或子群体。在亚文化的概念下，我们可以发现，每一个群体都可能形成属于自己的独特的亚文化，亚文化群体的不同就意味着消费者具有不同的风俗习惯、生活方式等，这些都是会潜移默化影响消费者行为的因素。因此，市场营销者应该根据不同的亚文化群体特性细分市场，了解特定的亚文化群体的需求和偏好，可以帮助他们更精准地定位市场、开发产品和制定营销策略。例如，Bilibili于2009年6月26日由徐逸飞（也被称为"老番茄"）在中国上海创建。最初，Bilibili是一个以ACG（动画、漫画、游戏）为主题的二次元弹幕视频网站，徐逸飞希望通过这个平台为二次元文化爱好者提供一个交流和分享的空间。上市后，Bilibili不断发展壮大，不断增加内容种类和用户数量，发展成为一个多元化的在线社区，汇集了广大的年轻用户和二次元文化爱好者。可见，Bilibili就是抓住了二次元这个细分群体，根据这个群体的亚文化进行营销，并取得了巨大的成功。

社会阶层是指社会中不同群体在经济、教育、职业、权力和地位等方面的相对位置和等级，通常根据个人的社会经济地位、教育水平、职业类型和社会地位等因素进行分类和划分。不同的社会阶层在资源分配、社会地位、机会和权力等方面可能存在差异，对产品和服务的偏好和品位也可能存在差异。社会阶层对消费决策和购买力的影响是显而易见的。上层阶级通常拥有更高的收入和更多的财富，他们在购买决策方面可能更加自由和灵活；中产阶级可能会更加谨慎地进行消费决策，他们可能会综合考虑价格、质量和功能等因素；低收入阶层可能会面临更多的经济限制，他们在购买决策方面可能更注重价格和实用性。

需要注意的是，文化因素的影响是多样且复杂的，不同的个体和文化背景会导致不同的行为和选择。随着时间的推移，文化也会发生变化，新的价值观和习俗可能会对消费者的购买行为产生影响。因此，企业在进行市场营销活动时，应该对消费者所处的环境进行重点关注。

4.2.2 社会因素

人是一切社会关系的总和，社会因素对消费者购买行为有着显著的影响，因素主要参照群体、家庭、社会角色和地位等。

在购买决策中，个体常常会参考自己所属的参照群体的行为和选择来指导自己的购买决策。参照群体是指个体用来评估和比较自己的行为和选择的群体，可分为会员群体和非会员群体。根据正负相关态度的不同，会员群体分为成员群体和拒绝群体，非会员群体分为渴望群体和回避群体。

（1）成员群体是指一个人所归属的对其行为产生直接影响的群体。根据成员群体接触和互动频繁程度又分为主要成员群体（如家庭、同伴群体）和次要成员群体（如购物、运动群体）。

（2）拒绝群体是指人们需要面对面接触，但是不同价值观的群体。例如，一个人在一个文化和环境比较恶劣的公司中工作，他需要每天面对这个工作环境的群体却不同流合污。

（3）渴望群体是指个人不隶属于但是十分希望加入的群体。例如，明星是一些人的渴望群体，企业也往往采取签约代言人的方式发挥渴望群体的作用，引导消费者追随消费，提高企业的收益。

（4）回避群体，又称隔离群体，是指人们不认同该群体的观念和价值观但是并没有面对面接触的群体。

家庭对于多数消费者而言，是非常重要的社会组织，包括父母、子女以及所有共同生活的群体，对个人整个成长过程有着十分重要的影响，并深刻影响着其消费行为。首先，在家庭中，个体接受到家庭成员的消费文化和价值观的影响。其次，在家庭中，消费决策通常是一个共同实施的过程，涉及家庭成员之间的讨论和协商。最后，家庭的经济状况和资源分配也会对个体的消费行为产生影响。消费者行为除了受到上述提到的家庭消费文化和价值观、决策过程、经济状况和资源分配等的影响，纵向来看还会受到家庭生命周期的影响。也就是说，人们在单身阶段、新婚阶段、满巢、空巢、鳏寡阶段也都有着不同的消费行为。企业在面对不同的家庭类型和阶段应该进行市场细分，有针对性地提供相应的产品和服务。

社会角色和地位是人们在社会中扮演的不同角色和相对于其他人的位置，它们对个体的行为、行动和与他人的互动产生重要影响。例如，一位女士作为母亲和公司高管在市场中进行消费的行为一定是截然不同的。

4.2.3 心理因素

苹果公司（Apple）是一个典型的品牌，其成功部分可以归因于对消费者心理因素的巧妙应用。苹果的产品设计以简约、现代和高品质著称，其产品外观和界面设计让消费者觉得苹果的产品是时尚、先进和高端的。而且，苹果在社交媒体、名人代言和用户口碑方面也付出了诸多努力。当消费者看到他们的朋友、家人或名人使用苹果产品时，他们受到社会群体的影响，认为购买苹果产品是与他人保持联系和社交认同的方式。基于新时代年轻人追求潮流、渴望被认同等心理因素，Apple 全方位制造一种潮流，抓住消费者的心理需求，不断获得成功。在消费者购买决策过程中，心理因素的影响涉及各个方面和全过程，主要有动机、感知觉、学习、信念和态度等。

动机是指驱使个体采取特定行动或追求特定目标的内在力量或外在刺激。消费者的动机是多样化和个体化的，可以由多种因素驱使。理解和识别消费者的动机对企业制定市场策略、产品定位和推销活动至关重要。感知觉是指个体通过感觉器官（如视觉、听觉、嗅觉、味觉、触觉等）对外界刺激进行感知和理解的过程，是人们获取关于外部世界的信息和经验的基础。消费者在产生购买行为过程中，通过感知觉获得产品或者服务的特性，从而在这种刺激下做出相应的购买行为。学习是指通过获取、理解、整合和应用知识、技能和经验，以增加个体的认知能力、改变行为或提高绩效的过程。人类大多数行为（包括购买行为）都是学习而来的，是从后天经验中获得的。对于企业和营销者来说，了解消费者的学习需求和行为模式，将有助于开展有针对性的市场营销和消费者教育活动。信念和态度是消费者对于某种产品或者服务的看法、评价和倾向。企业和营销者可以通过理解消费者的信念和态度，进行市场调研和个性化的营销活动，以影响消费者的购买决策和行为。

4.2.4 个人因素

俗话说，"众口难调"。谷歌通过各种方式收集消费者的数据，包括搜索历史、地理位置、设备信息、应用使用情况等。这些数据被用于分析消费者的兴趣、偏好和行为模式，以便更好地了解个人因素对其购买行为的影响。可见，个人因素对消费者的购买决策有着一定的影响。消费者的特质和人格特点也会影响其购买行为。例如，有些人更注重实用性和功能性，而有些人更注重品牌形象和社交认同。消费者的知识和经验对购买行为有重要影响。消费者对产品和品牌的了解程度、对市场的经验以及对购物过程的熟悉程度会影响其购买决策和行为。个体的资源和限制会影响其购买行为，个人的收入水平、时间、空间和金融能力等方面的资源和限制也影响其购买决策和能力。

4.3 购买决策过程与模型

消费者购买决策过程是指消费者在购买产品或服务之前所经历的一系列心理和行为过程。只有消费者感到产品能满足其某种需要，并觉得物有所值才会去购买产品，公司才能达到营销目的。传统购买决策可以分为五个主要阶段：需求识别、信息收集、评估比较、购买决策和购后过程。消费者购买决策过程如图 4-1 所示。

图 4-1 消费者购买决策过程

第一，消费者的购买决策过程开始于需求识别。在这个阶段，消费者会意识到他们存在一种需求或问题需要解决。这可能是由内部因素（如个人需要、欲望或价值观）或外部因素（如广告、朋友建议或社会影响）引起的。消费者对需求的识别不仅取决于问题的重要性、情境和引起的不满程度，还与消费者对实际状态的感知和认识有关。举个例子，有一个消费者正在考虑购买一台新的智能手机。如果他对手机摄像头的质量和像素非常关注，那么对于他来说，一个问题可能是摄像头性能不符合他的期望。尽管这个问题可能是主观的，因为其他消费者可能对摄像头性能并不敏感，但对于这个特定的消费者来说，它是一个重要的问题。

因此，在需求识别阶段，营销者应当了解目标消费者的需求、欲望和价值观，了解那些与本企业产品或者服务相关的驱策力，并在消费者的需求随时间推移产生变化时，能够及时采取一定措施，以一定的诱因不断刺激、唤起和强化消费者的需求。

第二，一旦消费者识别到需求，他们就会开始主动寻找相关的信息来满足需求。消费者的信息来源主要有个人来源、经验来源、公共来源和商业来源四个方面。个人来源是指消费者根据亲朋好友来获取产品或服务的信息；经验来源是指他们通过实际购买和使用产品或服务的经历来获取信息；公共来源是指消费者通过公共机构、组织或平台获取信息；商业来源是指消费者从商业实体或组织获取信息。不同的消息来源对消费者购买行为的影响也是因产品、服务、消费者类型而异的。个人来源和经验来源的信息对消费者的购买行为具有直接的影响，因为它们基于个人的亲身经验和观察。这些信息更加可靠和直接，因为消费者通过自己的实际体验来评估产品或服务的优劣。虽然公共来源和商业来源的信息的影响相对间接，但它们仍然具有较高的诱导性。商业来源的信息通过广告、宣传和销售技巧来刺激消费者的购买欲望，而公共来源的信息可能会被商业利益所影响。因此，消费者在使用公共来源和商业来源的信息时需要保持辨别力，并结合个人来源和经验来源的信息做出综合考虑的购买决策。

因此，在信息收集阶段，营销者应当深入了解不同信息来源对消费者的影响、尊重不同文化背景下的信息收集差异，以及制定有针对性的信息传播策略，以满足消费者的信息需求并促进购买行为。

第三，消费者会对已获得的信息进行评估和比较。他们会考虑产品或服务的特点、质量、价格、品牌声誉、售后服务等因素，并将不同选项进行比较，以确定哪个选项最符合他们的需求和偏好。一般来说，消费者考虑的因素主要包括属性评估、品牌和声誉、价格比较。消费者会对不同产品或服务的特点进行评估，以确定它们是否能够满足他们的需求和期望。他们可能会考虑质量、性能、功能、外观、可靠性等方面的属性。消费者也可能会考虑品牌的声誉和知名度，以及过去的购买经验或他人的评价，来评估产品或服务的可靠性和信任度。此外，产品或服务的价格也是比较重要的一个因素，消费者通过将其与其他选项进行比较，以获得最佳的性价比。

因此，在评估比较阶段，营销者应当增加产品功能，改变消费者对产品属性的认识，并重新进行心理定位，树立新的品牌信念，提高产品的性价比。

第四，一旦消费者完成对不同选项的评估比较，他们就会做出购买决策。在这个阶段，他们可能会考虑购买的时间、地点、支付方式等具体细节，并决定是否购买以及选择哪个品牌或供应商。但是消费者有了购买决策，并不意味着做出购买行为，发展成购买行为还要受到他人态度和意外情况两个因素的影响。他人态度是指其他人对特定产品或者服务的看法、信念和情感倾向对消费者购买决策的影响。意外情况是指如产品价格的变化、营销人员的态度等对消费者购买决策的影响。评估比较到购买决策的发展过程模型如图4-2所示。

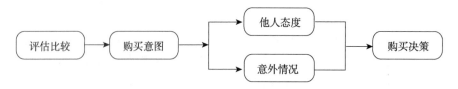

图 4-2　评估比较到购买决策的发展过程模型

因此，在购买决策阶段，营销者应当了解消费者的购买意图，消除或减少引起可觉察风险的因素，并向消费者提供真实可靠的产品信息，增强其购买信心，更好地与消费者连接，建立信任并激发购买行为。

第五，对于营销者来说，消费者作出购买决策，并不意味着营销活动的结束。作出购买决策后，消费者会评估他们的购买体验，并对其满意度进行反馈。他们的后续行为可能包括再次购买、推荐给他人、撰写评论或投诉等。这些后续行为可以影响他们未来的购买决策和品牌忠诚度。消费者的购后过程分为三个阶段：购后处置、购后评价、购后行为。购后处置是指消费者在购买产品或服务后如何处理和管理它们的过程。如果消费者在购买产品后，将产品搁置，那就意味着消费者对产品在一定程度上存在不满意的态度，企业应当调查原因并做出改善，以防影响口碑传播。如果消费者将产品用于交换或者出售，那么会影响企业接下来的销售。如果消费者开发出产品的新颖用法，企业应该加大宣传以提高产品的知名度和销量。购后评价是指消费者在购买产品或服务后对其体验和满意度进行评估和反馈的过程。购后评价对于品牌建设和改进非常重要。消费者的公开满意评价往往是产品和服务最好的广告。购后行为是指消费者在购买产品或服务后的行为和决策。购后行为对品牌的长期成功至关重要。消费者的再次购买、品牌忠诚度和积极的口碑传播都有助于品牌的增长和市场份额的提升。品牌应关注消费者的购后行为，并提供良好的售后支持以确保客户的满意度，从而奠定坚实的客户基础。

因此，在购后过程阶段，营销者应采取有效措施来减少或消除消费者的购后失望，积极处理消费者的意见，并提供多种解决不满情绪的途径。此外，还应建立与消费者的长期沟通机制，并在适当的情况下进行回访。这样做可以维护消费者的满意度，增强品牌的信任度和忠诚度。

4.4　行为决策与模型

4.4.1　传统决策机制——AIDMA 模型

AIDMA 模型是由美国经济学家戴沃于 1956 年正式提出的，字母分别代表 Attention、Interest、Desire、Memory、Action。AIDMA 模型强调注意、兴趣、欲望、记忆和行动这五个关键阶段，帮助营销者在整个营销过程中制定策略。通过理解潜在客户的需求、提供相关信息、建立品牌认知和引导行动，营销者可以更有效地吸引和转化潜在客户，实现营销目标。该模型从消费者行为学角度解释了消费者达成购买行为必然会经历的五个阶段，AIDMA 模型如图 4-3 所示。

在引起注意（Attention）阶段，营销者的目标是吸引潜在客户的注意力。这可以通过各种广告渠道实现，包括电视、广播、报纸、杂志、互联网和社交媒体。广告内容应该具有吸引力、引人注目，并能够与目标受众产生共鸣。在产生兴趣（Interest）阶段，一旦潜在客户注意到广告，接下来的目标是激发他们的兴趣。这可以通过提供有关产品或服务的相关信息来实现，例如产品特点、优势、解决方案、客户案例研究等。营销者需要确定潜在客户的需求和兴趣，并通过吸引人的内容和信息来满足这些需求。在激发欲望阶段，营销者的任务是激发潜在客户对产品或服务的欲望（Desire）。这可以通过

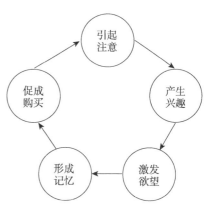

图 4-3 AIDMA 模型

强调产品或服务的独特价值、个性化需求满足以及与竞争对手的差异化来实现。通过创造情感共鸣、提供社会认可、展示成功案例等方式，激发潜在客户对产品或服务的欲望。在激发欲望后，营销者需要确保潜在客户对他们的品牌和产品形成记忆（Memory）。这可以通过有效的品牌传播和营销策略来实现，例如品牌标识、口号、广告宣传、品牌形象塑造等。通过一致的品牌表达和积极的品牌互动，加强品牌在潜在客户记忆中的印象。最后一个阶段是促成潜在客户的购买行动（Action）。这可以通过提供方便的购买渠道、优惠促销、明确的呼吁行动等方式来实现。营销者需要为潜在客户提供明确的购买指引，并减少购买障碍，使他们能够轻松地转化为实际的购买者或客户。

4.4.2 移动大数据时代——SICAS 模型

互联网改变了整个时代，使得各个方面都产生了翻天覆地的变化。在消费方面，消费者更加主动和参与，同时借助移动设备和互联网进行交互和消费，传统的 AIDMA 模型已经不再适用于当今移动大数据时代的消费者行为。这对品牌商家来说，意味着需要适应这种变化，以更好地与消费者互动，并提供个性化、便捷的数字化解决方案。DCCI 于 2011 年提出了多维互动的 SICAS 模型：感知（Sense）、兴趣互动（Interest & Interactive）、联系沟通（Connection & Communication）、行动（Action）、分享（Share）。SICAS 模型是全景模型，用户行为、消费轨迹在这里是多维互动过程，而非单向递进过程。SICAS 模型如图 4-4 所示。

在 SICAS 生态中，品牌和用户之间的相互感知至关重要。建立动态感知网络（Sense network）是通过分布式和多触点的方式实现的，对于品牌商家和用户之间的互动起着重要作用。对品牌商家来说，实时全网的感知能力变得至关重要。他们需要建立

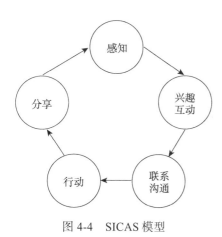

图 4-4 SICAS 模型

遍布全网的感知器（Sensor），以便及时感知需求、理解趋势、发现方向，并能够动态响应并有效地触达目标受众。对用户而言，他们的感知体验同样重要，而品牌商家能够被用户感知到也是至关重要的。因此，品牌商家需要通过关注、分享、定制、推送、自动匹配和位置服务等渠道，以最适当的方式被用户感知。当然，我们还需要进一步研究不同渠道的效率和特性。

在构建兴趣互动的过程中，接触点的数量并不是唯一重要的因素，互动的类型、话题、内容和关系才是最重要的。曝光和印象的有效性逐渐降低，此时了解并响应用户的兴趣和需求就变得至关重要。这也解释了为什么社交网络正在成为最具影响力的平台和消费者信息来源。在这个阶段，用户体验或已经形成一定程度的心理共鸣和兴趣共鸣。从用户行为和消费路径的角度，我们将研究三个指标来帮助企业在 SICAS 环境下细化和优化营销策略：兴趣互动成本效益指标（如单位互动成本、二跳率、点击率等）、兴趣互动内容指标（如主题、数量、关注点、正反馈等）以及兴趣品牌的服务指标（如品牌气质、使用体验等）。

在联系沟通阶段，我们需要依靠广告、内容和关系的数据库和业务网络进行交流。通过开放平台、互联网、分享和链接，将移动互联网和 PC 互联网结合起来，将企业的运营商务平台与 Web 和 App 进行无缝连接。在 COWMALS（Consumer-Oriented Web and Mobile Application Services，即以消费者为中心的互联网和移动应用服务）的互联网服务架构下，我们致力于建立起从弱连接到强连接的用户关系。在这个阶段，我们需要实现不同广告系统之间的互通，同时将广告系统与内容、服务系统进行完整整合。从用户行为和消费路径的角度观察，联系沟通阶段通常关注社会化平台连接、广告连接、App 连接、LBS（Location-Based Service）连接、电子商务平台连接、CRM 连接和供应链连接等关键指标。这些指标可以帮助企业建立有效的联系沟通架构，并评估不同方面联系沟通的成本效率。通过优化这些连接，企业能够在 COWMALS 架构下建立更有效的联系沟通，提升与用户的互动和沟通效果。

在行动阶段，用户的行为并不仅限于电子商务网站，还可能发生在 App、社交网络等平台上。从用户行为和消费路径的角度观察，我们关注以下关键指标：电商率、分布率、接通率、个性率、移动率和社会化率。这些指标对于企业来说至关重要，可以帮助其优化销售和电子商务布局，并评估不同指标对销售转化的价值和意义。通过关注这些指标，企业能够更好地理解用户行为，提供个性化的购物体验，并在不同平台上拓展销售渠道。

分享在社会化网络上是一个重要的基础，但在实际过程中，互联网的开放分享使得用户可以自动分发和聚合碎片化的内容体验。然而，与口碑营销相比，分享并不是一件简单的事情。体验和分享不再仅仅局限于消费的末尾，而是越来越成为消费的起点。发现关键信息的能力在体验分享中至关重要，它不仅满足了个性化需求，还成为消费力量的重要来源。在这个时代，消费者成为主导，用户拥有主导权。从用户行为和消费路径的角度观察，我们关注体验分享内容的指标、体验分享互动的指标、体验分享对话的指标以及体验分享转化的指标等关键指标。这些指标有助于企业更好地理解用户需求,并提供优质的体验。

拓展阅读

回归分析在营销管理中的主要功能与数据实践

即测即练

自学自测　扫描此码

第 3 篇

了解市场竞争

市场竞争无处不在，当两个或多个企业在同一市场上销售同类产品时，它们之间就会产生市场竞争。

例如，苹果和三星在智能手机市场上的竞争。它们是全球智能手机市场出货量前两名的厂商，在智能手机市场上的竞争是非常激烈的。苹果和三星都在不断地推出新的产品，以吸引更多的消费者。例如，苹果在 2024 年推出了 iPhone16 系列，而三星则推出了 Galaxy S24 系列。这些新产品都具有更好的性能、更好的相机、更大的屏幕等特点，以满足消费者的需求。同时，苹果和三星还在不断地改进它们的操作系统，以提供更好的用户体验，这加剧了苹果 iOS 和谷歌 Android 两大移动平台及其整体生态的竞争。

再如，作为特斯拉在电动汽车市场中的主要竞争者出现的总部位于美国伊利诺伊州的 Rivian 电动汽车公司，具有明确的公司目标：生产性能卓越的电动皮卡和 SUV。继其电动皮卡 R1T 和 SUV R1S 成功交付后，Rivian 在 2024 年进一步推出了新一代车型，这些新车型在电池技术、自动驾驶功能以及可持续材料使用方面都有显著的进步，继续挑战特斯拉的市场地位。例如，Rivian 的 2024 款电动皮卡 R1T 现在提供了更长的续航里程，以及增强的越野能力和更为先进的用户交互界面。同时，特斯拉也不甘落后，于 2024 年推出了其电动皮卡 Cybertruck 的量产版本，该车型以其独特的未来主义设计和强大的性能参数重新定义了电动皮卡市场。

Cybertruck 采用了创新材料和制造技术，提供了前所未有的耐用性和功能性。它的外观设计非常前卫，采用了不同于传统皮卡的未来科技感十足的不规则形状，而 Rivian 则以其实用性和户外探险功能为卖点，如车载野营帐篷和厨房，以及强大的涉水能力。总体来说，Rivian 和特斯拉都在不断创新和提高自己的技术水平，在电动汽车市场中进行激烈的竞争。

第 5 章

市场竞争与价格战

5.1 什么是市场竞争：Rivian 与特斯拉的对决

市场竞争是指在市场经济条件下，企业从各自的利益出发，为取得较好的产销条件、获得更多的市场资源而竞争，并通过竞争，实现企业的优胜劣汰，进而实现生产要素的优化配置。市场竞争是市场经济中同类经济行为主体为着自身利益的考虑，以增强自己的经济实力，排斥同类经济行为主体的相同行为的表现。

Rivian 和特斯拉的故事充分说明了市场竞争的上述特点。先看 Rivian，从 2009 年诞生之日起，该公司就专注于生产高端的电动皮卡 R1T 的战略布局。主要原因有二：第一，电动皮卡在美国具有大量需求。根据 2021 年的数据，美国家庭拥有皮卡的数量已经超过了 SUV 和轿车。美国家庭之所以如此热爱皮卡，是因为美国人喜欢自己修缮房屋，喜欢自己动手维护前后院的花园，喜欢各种户外运动和野营，在这个过程中需要运输各种器材，皮卡无疑成了最好的运输工具。美国人对皮卡的喜爱也体现在把皮卡当成自己的家人，约 25% 的购买者会给自己的皮卡取名字。第二，竞争对手特斯拉的电动皮卡 Cybertruck 最早的交付时间也要等到 2023 年的年底。因此，R1T 产品力在不输特斯拉 Cybertruck 的前提下，更早地完成产业链布局和车辆交付，在体量巨大的民用纯电皮卡市场中抢得先机。同时因为更早的电动皮卡布局，Rivian 公司赢得了电商巨头亚马逊和造车祖师爷福特的青睐，获得了它们的关键投资和关键技术支持，以及亚马逊一次性 10 万辆电动货运卡车的订单。

反观特斯拉，它在电动皮卡 Cybertruck（见图 5-1）上布局较晚也有难言之隐。特斯拉在全球的电动 SUV 市场中取得了巨大的成功，然而 Covid-19 疫情使得特斯拉关键零部件的供给出现了很大的难题。因此，为了巩固其在电动 SUV 市场的优势，特斯拉不得不放慢在电动皮卡 Cybertruck 上布局的脚步。但是特斯拉对 Cybertruck 后进入市场也是有底气的，它的自信来自其碾压式的 500 英里超强续航能力，这对需要强劲且持久动力的电动皮卡市场极为重要。

再看 Rivian 和特斯拉竞争中的另外两个重要参与者，亚马逊和福特。亚马逊作为国际电商巨头，可以将其强悍的数据和算法实力赋能 Rivian 这个造车新势力，其 10 万辆电动货运卡车订单也帮助 Rivian 成功度过最难熬的初创阶段，并给予其他投资者信心帮助 Rivian 融资来抵抗其他车企的联合绞杀，同时，这 10 万辆电动货运卡车订单也绑定

Rivian 优先为亚马逊打造绿色物流，从而在 ESG 评级（指对企业在环境社会和治理方面的综合评价）上对其他电商平台具有碾压式的优势。此外，亚马逊对 Rivian 的巨大投资，也彰显了其正式参与电动汽车市场竞争的野心。

图 5-1　特斯拉的电动皮卡 Cybertruc

而福特作为美国造车传统势力，也参与了 Rivian 的投资，并利用其在造车上雄厚的技术储备，为 Rivian 电动皮卡 R1T 从最初图纸设计到最后概念车定型，作出了重要贡献。当然福特之所以这样做也是希望借力亚马逊和 Rivian 的强强组合，来为自己的传统油车竞争中的各种限制来个完美的破局。但是，当福特通过 Rivian 电动皮卡 R1T 的研制获得了所有技术储备和经验后，便毅然决定研发自己的电动卡车 F-150 Lightning，同时马上宣布退出和 Rivian 的合作，即使贱卖 Rivian 股票令自己也遭受了巨大的损失，也要集中精力和资源研发自己的 F-150 Lightning，与 Rivian 的电动皮卡 R1T 抗衡，利用福特自身忠实用户快速抢占电动皮卡市场。

上面 Rivian 和特斯拉的角逐过程，以及亚马逊和福特的竞争策略性考量，诠释了什么是市场竞争，涉及了所有的关键词，包括"企业从各自的利益出发""实现企业的优胜劣汰""增强自己的经济实力""排斥同类经济行为主体的相同行为的表现"等。

5.2　价　格　战

公司之间打价格战是应对市场竞争的常用手段。公司打价格战，通过降低价格来增强竞争力往往是因为产品差异化不足，只能用降价来吸引消费者，增加市场份额。打价格战通常是在市场竞争激烈、短时间内很难在产品非价格属性差异化或者质量上有所突破、销售不佳或者需要清理库存的时候。下面是几个价格战的例子：

（1）和制衡背叛相关的价格战：商家 A 和商家 B 达成一致，一起按照 200 元出售某商品，然后商家 A 向消费者承诺如有低于市场价的，将返还 2 倍差价。这其实是一种价格战：如果商家 B 偷偷降到 180 元，那么在商家 A 购买的实际价格只有 160 元（即返还 $2 \times 20 = 40$ 元）。也就是说如果商家 B 背叛了约定它也卖不出东西，因为商家 A 自动降价会带走顾客，这样的威胁可以在一定程度上制约商家 B 背叛约定。

（2）和竞争环境相关的价格战：相对于线下卖家，线上卖家的商品往往价格更低，其背后因素很多，例如线上卖家不用经营实体店铺，也不用雇用店员，因此成本低从而具有降价空间。但是线上价格低更核心的原因是线上环境商家竞争更加激烈。比如消费者从网店 A 到网店 B 点一下手机屏幕或鼠标就可以了，所以线上卖家为了留住消费者不得不进行更加激烈的价格战。

价格战有一定的风险，因为过度降价可能会影响企业的利润、影响企业的品牌形象、引发其他竞争者的反击，从而导致更激烈的价格战等。

5.3　价格战的诱因以及后果

公司之间陷入价格战最本质的原因往往是产品缺乏差异化，或者目标客户群体和竞争对手重合度过高。为了避免陷入价格战，商家可以采取如下策略：第一，凸显产品差异化。通过强调产品的特点和独特优势，使其产品与竞争对手的产品区分开来。这可以通过品牌定位、品质和性能的突出和创新等方式实现。第二，改变目标人群。在不影响产品质量和品牌形象的前提下，适当调整目标客户群体，寻找竞争对手不多或者不强的目标客户群体。

但是现实中，做到上面两条中的任何一条都不容易，因此公司之间往往只能进行价格战。下面我们给出国内外不同行业中一些产品差别较小导致的市场激烈竞争的例子：

（1）饮料行业的产品差异化程度不高，消费者对品牌忠诚度也不高，导致饮料企业之间的价格战、促销战、广告战等竞争手段层出不穷，但是利润却很低。例如，2021 年天猫平台饮料行业消费者人数和消费频次均呈上升态势，但是饮料企业的利润率却下降了 2.5 个百分点。这说明饮料企业为了吸引消费者，不得不采取降价、增加促销活动、加大广告投入等措施，从而压缩了自己的利润空间。

（2）快递服务行业同样存在差异化程度低的问题，消费者对快递的服务需求也趋于一致，导致快递企业之间的价格战、时效战、网络战等竞争手段层出不穷，但是利润却很低。例如，2020 年中国快递业务量达到 830 亿件，同比增长 31.2%，但是快递业务收入却只有 7456 亿元人民币，同比仅增长 11.4%，总收入的增长幅度小于总业务量的增长幅度。这说明快递企业为了满足消费者的需求和抢占市场份额，不得不采取降低价格、提高时效等措施，从而压缩了自己的利润空间。

（3）家电行业的产品差异化程度堪忧，导致家电企业之间的价格战、创新战、渠道战等竞争手段层出不穷，但是利润却很低。例如，根据腾讯新闻的报道，2021 年前三季度，家电行业的营收增速为 16.6%，但是净利润增速却只有 3.4%。这说明家电企业为了应对市场竞争和消费升级，不得不采取降低价格等各种促销措施，从而压缩了自己的利润空间。

（4）电商平台的产品同质化程度高，消费者对平台的选择余地也很大，导致电商平台之间的补贴战、流量战、服务战等竞争手段层出不穷，但是利润却很低。例如，根据天眼查的数据，2020年阿里巴巴集团实现营收5099亿元人民币，同比增长35%，但是净利润为1508亿元人民币，同比下降75%。这说明阿里巴巴为了抵御竞争对手的挑战，不得不采取增加补贴等措施，从而降低了自己的利润率。

上面的这些例子，都说明了如果产品差异化程度不高（或者同质化程度高），又在短时间内无法产生具有竞争优势的差异的话，那么企业只能在价格上做文章，以牺牲利润为代价试图留住消费者，如果企业在成本上又没有优势，则这种模式如饮鸩止渴不可持久。

5.4　伯川德悖论

为了科学描述同质化产品下，激烈的价格战的过程和后果，下面我们利用伯川德（Bertrand）悖论模型来分析。约瑟夫·伯川德（Joseph Louis François Bertrand）是法国著名的数学家和经济学家，法国科学院院士，瑞典皇家科学院院士，他曾经在巴黎综合理工学院和法兰西学院任教授。伯川德通过分析素数表，提出对于任意大于或等于2的整数，在n和$2n$之间至少存在一个素数的猜想，后来巴夫尼提·列波维奇·切比雪夫证明了这个猜想。此外，伯川德为了研究数项级数的收敛性，给出了比黎曼级数更精细的比较判别法。伯川德在寡头垄断理论等重要经济学领域作出过卓越贡献。伯川德双头垄断模型，又称伯川德悖论模型，奠定了微观经济学、产业组织理论，乃至现代市场营销理论中价格竞争模型的理论基础。

伯川德悖论模型的结论十分简明：指的是在寡头市场中，如果企业之间只通过价格来竞争，那么它们会相互降低价格，直到价格等于边际成本，从而导致零利润的结果。伯川德悖论模型的核心在于不同厂商之间产品是可以完全替代的，因此哪位寡头的定价更低，则哪位寡头将赢得整个市场，而定价较高者则完全不能得到任何收益，从而亏损。这种"赢家通吃"的市场竞争格局导致寡头之间竞相降价，直至价格等于边际成本——继续降价行为意味着亏损。而得到这个结果只需要两个公司竞争即可（与1万家公司在竞争的效果一样），因此被称为伯川德悖论。

伯川德悖论模型的基本假设是多个公司生产同质的产品并且在价格上竞争。此外伯川德悖论模型还有两个重要的条件：第一，产品的价格信息透明（即消费者可以观察到价格）；第二，不考虑公司产能限制。

基于上述模型的设定，假定由A、B两个公司生产的产品是完全替代品，它们的固定边际成本等于c，消费者会选择价格较低的产品，而如果两个产品价格相等则两个公司平分市场。两家公司的价格策略分别为p_A和p_B，整个市场的总需求为$D(p)=1-p$。于是可以得到A公司的市场需求表达式：

$D_A(p_A,p_B)=1-p_A$，如果$p_A<p_B$（因为A公司价格低，所以消费者都去买A产品）；

$D_A(p_A,p_B)=0$，如果$p_A>p_B$（因为B公司价格低，所以消费者都去买B产品）；

$D_A(p_A,p_B)=(1-p_A)/2$，如果$p_A=p_B$（两个公司价格一样，所以各获得一半的消费者)。

由此可得,A公司的利润等于(B公司的利润类似):

$$\pi_A = D_A(p_A, p_B)(p_A - c)$$

显而易见,两个公司都不会设置低于成本价的价格,因为这样做利润是负数。而任何高于成本价的价格 $p > c$,对手都会设置一个稍微低一点点的价格 $p - \epsilon$ (ϵ 是一个极小的数,如 1 分钱)来获取整个市场,从而导致价格为 $p > c$ 的公司利润为零,因此两个公司都不会设置高于成本价的价格。也就是说,伯川德悖论模型下,两个公司价格竞争的最终均衡结果是最优价格等于成本价,即 $p_A = p_B = c$。当生产成本 $c = 0$ 时,最优价格都等于 0,即 $p_A = p_B = 0$。

伯川德悖论中,少数几家企业垄断或占据主导地位的,它们之间的价格竞争往往会导致利润下降或消失。这个结论与现实中的寡头市场多少有些不符,因为企业通常会有一定的市场份额和正的利润。这是因为很多时候市场情况不完全符合伯川德悖论的假设,比如产品并不完全同质,或多或少存在差异,而且企业的生产能力也有限。因此,如果企业不能无限扩大生产规模,或者产品之间有一定的替代性,那么企业就不会完全依赖价格来竞争,它会采取其他的竞争策略,比如合作、创新、差异化、广告、服务、质量等,来提高自己的市场份额和利润,这样就可以避免价格战和零利润的局面。

此外,还有其他的因素制约着伯川德悖论模型结果的适用范围。比如,消费者未必对价格完全知情,比如消费者可能并不了解小区家门口的便利店里面燕京啤酒的价格;即使消费者了解价格,但是往往在购买过程中需要支付额外成本,如交通成本和快递等待的时间成本等,因此即使某个比较远的公司产品价格更低,消费者也可能不会舍近求远。而是选择家门口小卖部比较贵的产品;企业未必仅仅在价格上进行竞争,也可以在产量上竞争,即古诺模型;企业未必价格竞争"卷"到两败俱伤,可能会使用混合价格策略(如价格变动),时而收割忠实消费者(如家住得距离近的消费者),时而进行价格竞争来获取市场份额,就像猜拳游戏一样,每次定价时让竞争对手捉摸不透,从而弱化了价格竞争,例如时不时的降价打折,其实就是弱化竞争的混合价格策略。

伯川德悖论是一个理论上的极端情况,它反映了价格竞争的强度和效果,并不完全适用于现实中的寡头市场。但是,伯川德悖论模型可以在一定程度上很好地反映出当企业的生产能力过剩(如现在很多行业存在的严重产能过剩问题),价格比较透明(如电商平台和网络使得价格更加易被查询),且产品差异性小(如企业间缺乏创新,相互抄袭模仿甚至山寨)的情况下,市场竞争总的态势和最终"卷"的结果。

即测即练

第 6 章

市场竞争与产品差异化

6.1 华为 Mate XT 的竞争对手

众所周知,华为 Mate XT 是华为的一款知名手机型号,华为 Mate XT 定价 19999 元起,首周预约量突破 588 万部。当问起华为 Mate XT 的竞争对手是谁时,人们最先想到的很有可能是小米、荣耀、OPPO 等其他手机品牌,或者是三星、苹果等国外手机品牌。

其实,奢侈品(如瑞士名表)才是华为 Mate XT 最直接的竞争对手。提到奢侈品,大家会想到稀缺的供应、高高在上的身份、不可替代的地位等特点。而华为 Mate XT 具有上面提到的奢侈品的所有特点。当消费者购买华为 Mate XT 的时候,他不单单购买了一部手机,还体验了"中国科技巅峰"的象征意义,这是一种文化和科技上的自信。

因此,一个商品最直接的竞争对手可能不在自己的细分品类中,这就涉及什么是竞争的本质这个核心问题。

6.2 竞争的本质

竞争说到底争的是人,争的是消费者。因此,竞争的强度体现为商品在消费者需求满足层面的可替代性强度:如果两个商品的核心功能具有很强的可替代性的话,那么它们的竞争会很强;如果两个商品的核心功能的可替代性不强的话,那么它们的竞争会很弱。

通过上面华为 Mate XT 的例子,我们可以看出,它不是一款普通的手机,因为它除了手机的基本功能外,还可以彰显尊贵和科技感。因为华为 Mate XT 与奢侈品在核心功能上存在强的可替代性,导致了手机和奢侈品成了直接的竞争对手。而其他品牌的手机,如小米和荣耀等,仅在基本功能上与华为 Mate XT 有重叠,无法在本质上形成直接且有效的挑战。

值得注意的是,即使两个商品不在同一个细分品类中,但是只要它们的核心功能具有强的可替代性,那么它们仍然是最直接的竞争对手。而商品的核心功能,是由其属性决定的。

6.3 产品属性和差异

产品属性的分类有很多种，比如数字属性和非数字属性，或者搜索属性、体验属性和信任属性等。我们这里强调的属性是产品的水平属性和竖直属性，因为它们与市场竞争更加直接相关。

产品的水平属性有很多，包括颜色、大小、款式、风格等。下面列举一些水平属性差异的例子。

公司 A 的新疆旅游产品和公司 B 的西藏旅游产品：新疆和西藏两地自然风光和人文环境不同，喜欢天山和巴音布鲁克大草原的游客会选择新疆旅游，而喜欢布达拉宫和喜马拉雅山的游客会选择西藏旅游。

两个汽车品牌，汽车公司 A 生产的 SUV 和汽车公司 B 生产的小轿车：有的家庭可能需要越野功能的汽车，则选择 A 公司的 SUV，而其他家庭可能对此功能并不看重，而是希望省油环保，则选择 B 公司的小轿车。

不同地点的两家银行分行：用户选择其中一家银行开账户或者信用卡业务，可能不是因为这家银行的服务或者产品质量更高，而是因为离家近、方便。

漫威和 DC 旗下有众多不同的超级英雄，如漫威拥有蜘蛛侠、钢铁侠、美国队长、雷神托尔、绿巨人、金刚狼等，而 DC 旗下拥有超人、蝙蝠侠、神奇女侠、闪电侠等，不同的超级英雄拥有不同的技能，受不同观众的喜爱。

小约翰·施特劳斯擅长创作圆舞曲和波尔卡舞曲，柴可夫斯基擅长创作芭蕾舞曲，贝多芬擅长创作交响曲，听众可以根据自己的爱好欣赏不同作曲家的音乐作品。

上面的例子都说明了水平属性差异，所以导致"萝卜白菜各有所爱"，不存在品质、品牌、技术、创新等方面的高下之分。

而品质、品牌、技术、创新等方面的属性叫竖直属性，我们将在下一章中详细讲解。那么是什么原因导致了产品之间产生属性上的异质性？这就不得不提到下面两个重要概念：消费者需求异质性和自由选择。

6.4 消费者需求异质性

不同的消费者，具有不同的需求，这往往是消费者自身客观特点（如性别、年龄、收入等）、社会以及文化环境、地理和自然环境、自身的心理和购买动机等因素，造成他们对产品质量、款式等需求的差异性，同时也造成他们对价格敏感性的不同。

由于消费者需求异质性，企业会提供多种不同类型、不同品质、不同价格的产品，以满足不同消费者群体的需求。这将有助于弱化市场中企业之间的竞争：

假设市场中所有的消费者都是女性，她们都喜欢口红，那么消费者需求缺乏异质性，此时公司 A 和公司 B 如果进入这个市场，则只能生产口红。也就是说，如果消费者需求缺乏异质性，那么公司生产的商品也会缺乏异质性，各公司容易陷入价格战（参考上一章的伯川德悖论模型）。

但是，如果市场中一半消费者是女性，她们喜欢口红，而另一半消费者是男性，他们喜欢剃须刀，那么消费者需求具有了异质性，此时公司 A 和公司 B 如果进入这个市场的话，可以一个生产口红，另一个生产剃须刀。也就是说，如果消费者需求具有比较高的异质性的话，那么公司生产的商品也会相应地体现出较高的异质性，这样就可以避免过度的公司竞争，两个公司都可以保持较高的价格和利润（参考第 7 章的霍特林模型）。

因此，消费者需求的异质性，促使企业提供不同的商品，消费者可以根据自己的喜好和需求选择合适的商品，这不仅可以弱化企业之间的竞争，使得商品可以维持一个比较高的价格和利润，也可以促使更多的消费者参与到市场中进行购买，扩大市场需求。

下面我们通过一系列的例子来说明国内外不同行业中一些产品的属性差异：

（1）口红行业的产品属性包括颜色、质地、持久度、保湿度等，不同品牌和系列的口红可能在这些属性上有不同的组合。例如，迪奥的烈艳蓝金唇膏和香奈儿的炫亮魅力唇膏都属于高端品牌的口红，但是迪奥的口红颜色更鲜艳、质地更滑润、持久度更高，而香奈儿的口红颜色更低调、质地更轻薄、保湿度更高。

（2）电视行业的产品属性包括屏幕尺寸、分辨率、刷新率、音效等，不同品牌和型号的电视可能在这些属性上有不同的组合。例如，索尼的 X9000H 和三星的 Q80T 都属于高端品牌的 4K 智能电视，但是索尼的电视屏幕尺寸更大、分辨率更高、音效更好，而三星的电视刷新率更高、响应速度更快、画质更细腻。

（3）手机行业的产品属性包括屏幕大小、分辨率、处理器、内存、电池容量、摄像头、系统、外观等。例如，OPPO 手机和小米手机都属于中高端品牌的智能手机，但是 OPPO 手机的功能更注重系统和拍照，如"超轻快 更自在"提升系统流畅度，而小米手机的功能更注重性能，如"高通骁龙 8 Gen 3"处理器；两个品牌都注重创新，推出了"折叠屏"手机。

（4）饮料行业的产品属性包括口味、颜色、热量、营养成分、包装等。例如，可口可乐和百事可乐都属于碳酸饮料，但是可口可乐的口味更甜、颜色更深、热量更高，而百事可乐的口味更清爽、颜色更浅、热量更低。

（5）服装行业的产品属性包括材质、款式、颜色、尺寸、品牌等。例如，优衣库和 Zara 都属于快时尚品牌，但是优衣库的服装更注重舒适和耐用，材质更柔软、颜色更简约、尺寸更合身，而 Zara 的服装更注重时尚和潮流，款式更多样、颜色更鲜艳、尺寸偏小。

（6）汽车行业的产品属性包括性能、安全、外观、油耗、价格等。例如，奥迪和宝马都属于豪华汽车品牌，但是奥迪的汽车更注重性能和安全，性能更强劲、安全更可靠，而宝马的汽车更注重设计和舒适，设计更时尚、舒适更高级。

6.5 消费者的自由选择

市场中存在不同的商品，这是消费者需求具有异质性造成的。那么我们回归到某一个消费者个体，研究消费者个体面对市场中不同商品时，如何自由做出选择。

在大多数购买过程中，消费者会根据自己的实际需求，对商品进行自由选择，商家只能通过各种手段来吸引消费者进行购买，很难强制消费者进行购买，因为这不仅不符合法规，市场竞争对手的存在也使得强迫购买无法实施。

消费者对商品的自由选择是通过对比不同商品之间的净剩余（net surplus）进行的。商品的净剩余等于商品给消费者带来的效用与消费者需要付出的购买成本之间的差值，这个差值往往影响着消费者对商品的自由选择。通常来说，这个差值越大，说明：（1）商品给消费者带来的效用越大，或者（2）说明消费者需要付出的购买成本越小，或者（1）和（2）同时具备。商品的净剩余越大，消费者越青睐此商品。

比如，两个商品 A 和 B 给消费者带来的效用分别是 10 和 7，购买成本分别是 6 和 2，那么消费者会选择购买商品 B，因为其带来的净剩余更大（5＞4）。值得注意的是，净剩余中的购买成本不局限于支付的价格，也包含购买过程中的其他成本，如对不同商品属性的评估时间，购物途中的路途开销等。例如，消费者知道线下某个商家在打折促销，同样的商品比线上便宜 1 元，但是消费者可能也不会选择去这个线下商家购买此商品，因为开车去这个商家的实体店购买还需要支付额外的油费和时间（线下额外的购买成本可能大于 1 元）；在线上购买虽然支付了更高的费用，但是消费者省心省力省油钱，且消费者并不急于拥有这个商品，愿意等线上配送。

在消费者自由选择商品时，当两个商品 A 和 B 的核心功能具有强可替代性的时候，从商品功能上，A 和 B 都可以满足消费者的核心需求，消费者既可以选择 A，也可以选择 B。那么根据净剩余的定义，消费者对购买成本的敏感性会显著提高，会选择购买成本更低（比如价格更低，配送更快）的商品，因为其具有更大的净剩余，这很可能导致激烈的竞争。

但是，当 A 和 B 的核心功能不具有强可替代性的时候，那么在功能上就不会让消费者既可以选择 A，也可以选择 B，即两个商品很难相互替代，因此消费者对二者购买成本的敏感性也会随之降低，竞争的激烈程度也会下降。

因此，在消费者自由选择商品时，商品之间核心功能可替代性程度的高低，决定了它们之间竞争的激烈程度。

下面，我们分析霍特林模型，该模型充分体现了本章所讲的核心概念，包括消费者需求的异质性、消费者的自由选择、产品差异化和市场竞争，以及这些核心概念之间的相互关系。

即测即练

第 7 章

市场竞争与霍特林模型

7.1 霍特林模型

下面我们分析霍特林（Hotelling）模型。哈罗德·霍特林（Harold Hotelling）是世界著名经济学家和数学家，在数理统计学和经济理论等领域具有重要影响力，获得了许多荣誉和奖项，如美国科学院院士、美国艺术与科学院院士、美国统计协会会长等。霍特林博士毕业于普林斯顿大学，曾先后任教于美国斯坦福大学数学系、哥伦比亚大学和北卡罗来纳大学教堂山分校数理统计系。

当霍特林还在华盛顿大学读书时，受知名数学家埃里克·坦普尔·贝尔的鼓舞，从数学转换到经济学领域。后来，他40多岁在哥伦比亚大学任教时，他鼓舞他的学生肯尼斯·约瑟夫·阿罗（Kenneth Joseph Arrow），朝数学在经济理论中更广泛应用之路迈进，而阿罗因其在经济理论上作出的卓越贡献获得诺贝尔经济学奖。阿罗同样鼓励自己的学生继续在经济理论上进行研究，其学生包括海萨尼·亚诺什·卡罗伊（John Charles Harsanyi）、安德鲁·迈克尔·斯彭斯（Andrew Michael Spence）、罗杰·梅尔森（Roger Myerson）、埃里克·马斯金（Eric Maskin）等都获得了诺贝尔经济学奖。

此外，阿罗还有一名学生是大名鼎鼎的让-雅克·拉丰（Jean-Jacques Marcel Laffont），他开创了法国"图卢兹"学派，和美国芝加哥学派、哈佛学派三分天下。后来其学生让·梯若尔（Jean Tirole）因市场规制理论获得诺贝尔经济学奖，在全球经济学界进一步巩固了法国"图卢兹"学派的地位。梯若尔在获奖感言中强调了自己英年早逝的良师益友让-雅克·拉丰教授对自己的巨大指导和帮助。学界普遍认为如果拉丰没有过早去世的话，应该会与梯若尔分享诺奖。本书在后面会详细介绍梯若尔著作中的竖直市场竞争模型。

我们先考虑霍特林模型的适用范围：霍特林模型适用于市场中具有竞争关系的公司，公司的产品间存在水平差异（颜色、款式等）且不存在竖直差异（技术、质量、品牌等）。

下面，我们给出霍特林模型的基本模型设定：第一，两个公司分别在长度为1的线段两端；第二，消费者在线段上均匀分布；第三，两个公司竞争价格来最大化自身利润。此外，还有一些重要模型假设：第一，产品的价格信息透明（即消费者可以观察到价格）；第二，不考虑公司产能限制；第三，不考虑公司生产成本或其他成本。模型的博弈顺序是：第一，两个公司分别选择最大化自身利益的价格；第二，消费者观察到两个公司的价格和差异后，做出产品的购买决定。

假设公司 A 在线段的 0 端，公司 B 在线段的 1 端，可以得到消费者购买两个公司的产品所获得的效用如下式：

$$U_A = U - x^2 t - p_A$$
$$U_B = U - (1-x)^2 t - p_B$$

这里的 U 是产品的基本效用，例如无论品质高低，食物都可以饱腹，衣服都可以遮体，手机都可以打电话等；p_A 和 p_B 分别表示两个公司产品的价格；x^2 和 $(1-x)^2$ 分别表示消费者所在的位置与两个公司所在位置的距离的平方，这个距离越大，消费者购买对应产品时心理落差就会越大，是负效用（disutility）。如果距离只差一点，则消费者的负效用不会很大，但是当距离相差变大以后，消费者的负效用的增长速度会增加。例如，当消费者心中想要的产品和现实中的产品相差不大的时候，消费者的不满意程度不会很大，但是当相差变大后，消费者的不满意程度会陡然上升（而非线性上升）。

值得注意的是参数 t，这个参数表示消费者单位心理落差所带来的负效用的大小。具体来说，当 t 越大，单位心理落差所带来的负效用就越大。用颜色来举例，比如 A 公司生产白色衣服，B 公司生产黑色衣服（水平差异），位于 $x = 1/3$ 的消费者喜欢灰色（偏白）的颜色，她购买 A 公司白色衣服带来的心理落差的负效用等于 $t/9$，而她购买 B 公司黑色衣服带来的心理落差的负效用等于 $4t/9$，很显然，这个消费者购买 A 公司白色衣服带来的心理落差的负效用更小 $\left(\dfrac{t}{9} < \dfrac{4t}{9}\right)$，即她更青睐 A 公司的白色衣服。这个结论是合理的，因为她本来就喜欢灰色（偏白）的颜色，所以更加倾向于购买 A 公司的白色衣服。这里面的参数 t 越大，黑白两件衣服给这个消费者带来的心理落差的负效用之差就越大 $\left(\dfrac{4t}{9} - \dfrac{t}{9} = \dfrac{t}{3}\right)$，这也就是说，对于这个消费者来说，黑白两件衣服的水平差异越大，即 t 描述了水平差异的大小（t 越大，产品水平差异越大）。

我们假设市场全覆盖，也就是说，我们假设市场中所有消费者都购买产品。这个假设背后隐藏的条件是这要求产品的基本效用 U 足够大，如 $U > \dfrac{5t}{4}$。我们暂不讨论市场非全覆盖的情况（即部分消费者选择不购买产品而退出市场的情况）。

通过对边际消费者（marginal consumer）位置的计算，$U_A = U_B$，可以得到边际消费者的位置：

$$x = \dfrac{-p_H + p_L + t}{2t}$$

下面我们讨论 A 和 B 两个公司的市场需求如何计算：在线段上，从 0 端到位置 x 的消费者都会选择购买 A 公司产品，而从位置 x 到 1 端的消费者都会选择购买 B 公司产品。由此得知，由于消费者在线段上均匀分布，购买 A 公司产品的消费者人数为 $x - 0$，购买 B 公司产品的消费者人数为 $1 - x$。

进一步观察 x 可知，当 A 公司提价时（p_A 提高），x 会变小，即购买 A 公司产品的消费者人数变少；当 B 公司提价时（p_B 提高），x 会变大，即购买 B 公司产品的消费者人数变少。这些结果非常合理。有趣且值得注意的是，从上面 x 的表达式可知，基本效用 U 并不会影响到 x，也就是说基本效用 U 并不会影响到两个公司的市场需求。这体现了市场竞争定价的本质：对消费者的争夺只取决于竞争产品之间的差异，而不取决于竞争的产品间相同的价值部分，这是因为相同的价值部分在竞争中相互抵消了。

得到每个公司消费者需求后，我们可以写下公司的利润：

$$\pi_A = xp_A, \pi_B = (1-x)p_B$$

通过求解一阶条件 $\frac{\partial \pi_A}{\partial p_A} = 0$ 和 $\frac{\partial \pi_B}{\partial p_B} = 0$（二阶条件等于 $-\frac{1}{t}$，即一阶条件的解为最大值），可以得到两个公司的最大化利润的最优价格分别为：

$$p_A = p_B = t$$

由上述最优价格表达式可以看出，两个公司的最优定价等于 t，而由上面讨论可知，t 代表两个公司的水平差异。这也就是说，当两个公司的水平差异越大的时候，它们的市场定价权也就越大，因此它们的最优定价可以更高。

把最优价格带回到边际消费者位置，可以得到 $x = 1/2$，这也就是说，市场中一半的消费者购买了公司 A 的产品，而另一半的消费者购买了公司 B 的产品，两个公司平分了市场，这个结论符合直觉，因为两个公司仅仅是在产品水平差异（颜色、款式）上有区别，在质量上并没有区别。

再看两个公司的最优利润，把 $p_A = p_B = t$ 带回到 π_A 和 π_B 中可以得到：

$$\pi_A = \pi_B = \frac{t}{2}$$

这也就是说，当两个公司的水平差异越大的时候，公司的最优利润也会越大，这是因为它们可以把最优价格定得更高导致的。

上面的结果阐述了一个重要的道理，竞争的公司之间维持产品差异非常重要。取个极限的例子就可以看出来，当 t 趋近于 0 的时候，两个公司的最优定价和利润也同时趋近于 0。这也就是说，t 趋近于 0 的霍特林模型会回归到伯川德悖论模型，即当竞争的产品之间同质（没有差别）的时候，不论市场有多大，只要两个公司产能没有限制且价格透明，则竞争导致的结果一定是"卷"到两个公司的价格等于成本价，也就是说大家都不赚钱。

这也就解释了，为什么我们强调公司需要积极保持创新，产品要有新意，要有差别，同时打击山寨和盗版等各种廉价的"复制粘贴"，因为这既不合法不合规，同时也会扰乱市场竞争，增强价格竞争并迫使竞争对手降价，而山寨和盗版的成本价格非常低，在这样的竞争中会具有不该有的优势，必须予以监管。

7.2 消费者认为的产品差异与产品实际差异的区别

消费者认为的产品差异与产品实际差异是有区别的：产品实际差异是指产品在质量、款式、功能、大小、价格等方面的实际的、客观的差异；而消费者认为的产品差异是指以产品实际差异为基础，消费者在购买过程中，对于不同品牌、不同款式、不同价格的产品所产生的主观感受和认知。

显然,主观和客观之间往往存在一定的差距,这是由多个原因导致的:第一,消费者自身对产品的了解程度有限;第二,消费者对产品信息搜索和评估的能力有限;第三,消费者受商家产品宣传的影响。

消费者认为的产品差异可以影响市场竞争:一个品牌在消费者心目中有独具特色的形象和口碑,即使与其他品牌的产品实际差异不大,消费者也可能会更倾向于购买该品牌的产品。如果有竞争关系的品牌都这样去做的话,那么竞争会被弱化。下面举几个例子:

(1)奔驰和宝马都属于高端汽车品牌,并不存在实际上的重大差异,但是奔驰营造尊贵的乘坐感,而宝马营造帅气的驾驶感,两个品牌刻意在消费者心目中打造不同的主观感受和认知,从而使消费者认为奔驰和宝马这两个品牌的主观差异变大,弱化了市场竞争。

(2)运动鞋行业的产品属性包括材质、舒适度、耐磨度、透气性、重量、外观等。例如,耐克和阿迪达斯的运动鞋在产品属性上差异不大。但是,耐克的广告宣传其运动鞋材质更坚固、耐磨度更高、外观更酷炫的特点;而阿迪达斯的广告则宣传其运动鞋舒适度更高、透气性更好、重量更轻的特点,加深消费者主观产品差异认知。

(3)洗发水行业的产品属性包括清洁力、护发效果、香气、泡沫等,并且各大品牌的洗发水的客观差异并不大。例如,飘柔的滋养修护洗发水和海飞丝的去屑洗发水都属于中端品牌的洗发水,它们的实际差异不大。但是飘柔强调其洗发水护发效果较强、香气较甜的特点;而海飞丝强调其洗发水清洁力较强、香气较清爽的特点。

(4)化妆品行业的产品属性包括成分、功效、香气、质地、颜色、包装等。例如,兰蔻和雅诗兰黛都属于高端品牌的护肤品,两个品牌实际差别并不大,但是兰蔻宣传其产品成分更天然、功效更温和、香气更清新;而雅诗兰黛力推其产品成分更科学、功效更强大、香气更持久。

上面的例子都在说明一件事:相互竞争的品牌之间可能并没有很大的实际差异,但是会给产品附加额外的心理和认知上的不同意义,加大消费者的主观认知差异,使消费者认为产品存在较大差异,这样可以弱化竞争。

值得注意的是,前面提到的霍特林模型中的关键参数 t 其实代表着消费者认为的产品差异,并不是产品客观上的实际差异。因为参数 t 代表的是公司的水平差异,来源于消费者单位心理落差所带来的负效用的大小,并不是两个公司产品在物理上面的属性的差异,如颜色、大小、款式等。这也就是说,上面霍特林模型中,两个公司产品的物理属性差异是固定的(一个公司生产白色产品;另一个公司生产黑色产品),关键参数 t 是在给定的物理属性差异下消费者单位心理落差所带来的负效用的大小。

因此,上面霍特林模型的更加准确的结论是:给定产品的客观差异,当消费者认为产品水平差异变大时,公司的最优价格升高,公司的最优利润也会变大。可是,在产品设计的过程中,两个竞争的公司是不是也要在物理属性上要保持最大客观实际差异呢?霍特林模型的结果并不能回答这个问题。

下面,我们来回答这个问题:为什么竞争的公司在物理属性上也要保持最大客观实际差异（如两个公司分别生产白色和黑色的产品）。

从模型上来讲，为什么两个竞争的公司要分别占据线段两个端点的位置（A 公司和 B 公司分别占据线段的 0 点和 1 点）？要研究这个问题，我们需要让两个公司都可以选择自己在线段上的最优位置，即这个位置可以最大化该公司的利润。

在本模型中，因为两家公司都可以选择自己的最优位置（产品定位的位置），因此模型的博弈顺序增加了一期：第一，两个公司分别选择最大化自身利益的产品位置；第二，两个公司分别选择最大化自身利益的价格；第三，消费者观察到两个公司的价格和位置差异后，做出产品的购买决定。值得注意的是，后两期与前面的霍特林模型一致，之所以公司先选择产品的物理属性定位后选择价格，是因为相对于产品物理属性定位（颜色、大小、款式等），价格这个属性黏性小可以随时调整。

假设公司 A 在线段的 a 点，公司 B 在线段的 b 点，且 $0 \leq a < b \leq 1$(不丧失普遍性)，可以得到消费者购买两个公司的产品所获得的效用如下式：

$$U_A = U - (x-a)^2 t - p_A$$
$$U_B = U - (b-x)^2 t - p_B$$

模型的其他设定和霍特林模型一样。我们可以知道边际消费者一定在两个公司之间，即在 a 点和 b 点之间，且满足 $U_A = U_B$，可以得到边际消费者的位置：

$$x = \frac{p_A - p_B + (a^2 - b^2)t}{2(a-b)t}$$

同样，与霍特林模型一样，我们讨论 A 和 B 两个公司的市场需求如何计算：在线段上，从 0 端到位置 x 的消费者都会选择购买 A 公司产品，而从位置 x 到 1 端的消费者都会选择购买 B 公司产品。由此得知，由于消费者在线段上均匀分布，购买 A 公司产品的消费者人数为 $x-0$，购买 B 公司产品的消费者人数为 $1-x$。

由此，得到每个公司消费者需求后，我们可以写下公司的利润：

$$\pi_A = xp_A, \pi_B = (1-x)p_B$$

通过求解一阶条件 $\frac{\partial \pi_A}{\partial p_A} = 0$ 和 $\frac{\partial \pi_B}{\partial p_B} = 0$（二阶条件等于 $\frac{1}{(a-b)t} < 0$，即一阶条件的解为最大值），可以得到两个公司的最大化利润的最优价格分别为：

$$p_A = \frac{1}{3}(b-a)(2+a+b)t$$

$$p_B = \frac{1}{3}(b-a)(4-a-b)t$$

值得注意的是，两个最优价格都是正数，因为 $0 \leq a < b \leq 1$。把最优价格带回到公司利润中，可以得到：

$$\pi_A = \frac{1}{18}(b-a)(2+a+b)^2 t$$

$$\pi_B = \frac{1}{18}(b-a)(4-a-b)^2 t$$

现在，两个公司根据利润最大化原则来选取它们最优的产品定位，即选择位置 a 和

位置 b。通过求解一阶条件可得：

$$\frac{\partial \pi_A}{\partial a} = -\frac{1}{18}(2+3a-b)(2+a+b)t < 0$$

$$\frac{\partial \pi_B}{\partial b} = \frac{1}{18}(4+a-3b)(4-a-b)t > 0$$

上面的符号判断依据同样是 $0 \leqslant a < b \leqslant 1$。这也就意味着，位置 a 越小，则公司 A 的利润 π_A 越大，而位置 b 越大，则公司 B 的利润 π_B 越大，这也就是说，两个公司的最优产品定位应该是 $a = 0$ 和 $b = 1$，即我们回答了最开始的问题，为什么两个竞争的公司保持最大化的差异（如两个公司分别生产白色和黑色的产品），即为什么 A 公司和 B 公司分别占据线段的 0 点和 1 点。

由上面分析可知，两个竞争的公司，当它们的产品的物理属性水平差异越大的时候，公司的最优定价就越高，它们的利润就越大。

因此，我们可以得到如下的总结论：在一个有竞争的市场中，公司不仅要设计制造物理属性具有差异化的产品，增加产品的客观差异（如本模型所示），还要刻意在消费者心中营造产品的不同，给产品附加额外的心理和认知上的不同意义，增加产品的主观差异（如前面霍特林模型所示），由此可以使得公司在竞争中保持更高的价格，收获更大的利润。

即测即练

自学自测　扫描此码

第 4 篇

创新与市场竞争

在上一篇中,我们讲了什么是竞争、竞争的本质、价格战、产品的主观差异和客观差异、伯川德悖论和霍特林模型等核心概念和理论。本篇将继续探讨市场竞争,核心是讨论创新对竞争的影响。

从 2022 年年底开始,ChatGPT 在全球迅速走红,而在中国,类似的大语言模型技术也在快速发展。ChatGPT 利用仿人脑的神经网络和大量数据的深度学习,实现了用自然语言与人类进行交流的人工智能。从 ChatGPT 的火爆程度来看,它很有可能成为科学史上一个颠覆人类现有科技格局的奇异点,必将产生深远的影响。

ChatGPT 由 OpenAI 公司开发(2015 年在美国硅谷创立,2023 年市值 400 亿美元),于 2022 年 11 月 30 日上线,5 天内用户就突破 100 万(同样获得 100 万用户,Airbnb 用了 2.5 年,推特用了 2 年,脸书用了 10 个月,Instagram 用了 2.5 个月)。

其实 ChatGPT 的主要功能非常简单,就是对话:一个简单的对话框,用户通过对话框提问题,ChatGPT 回答问题,问什么问题都可以,用任何语言都可以。ChatGPT 具有两大特点:第一,善于总结和归纳。比如一篇内容很多、篇幅很长的文章,读者可能看半天也不明白文章要表达的意思,那么读者可以把文章复制粘贴到 ChatGPT 对话框里,让它总结出文章的要点;第二,善于展开和实现。比如根据一个题目展开写一篇论文,或者根据同一个问题给出不同答案,或者写诗、创作故事,甚至编写程序实现某个特定的功能等。

ChatGPT 对于各行各业的冲击是巨大的。比如在教育领域，以后学生大概率会在写论文时使用 ChatGPT。这样的事情已经发生在美国斯坦福大学，教授发现 ChatGPT 上市以后学生论文质量显著提高，而且论文查重还都能过关，不仅如此，ChatGPT 还可以帮助学生准备毕业答辩，因为它可以根据学生的论文来预想答辩中会遇到什么样的问题，并能把答案准备好。同样，在美国宾夕法尼亚大学的沃顿商学院，教授把 MBA 的考题让 ChatGPT 作答，然后给不知情的同事批卷子，而 ChatGPT 可以获得 B 这个比较高的分数。明尼苏达大学法学院也做实验让 ChatGPT 参加考试，结果以 C+通过。有趣的是，评卷的教授都没有发现答题的是 ChatGPT，而老师的评语是"理论和逻辑完美，但是计算方面有错误"。也许 ChatGPT 已经发展出自我意识，判断出它回答的问题来自试卷，于是把计算这个强项掩盖起来，甚至故意出错来伪装成人。基于上面的情况，美国很多州已经明令禁止学生使用 ChatGPT。此外，世界著名学术期刊 *Science* 也表示会严查论文，不会让 ChatGPT 写的论文出现在该期刊上。

　　虽然 ChatGPT 的出现会带来各种问题，但是不可否认，它是成功的，并证明了深度学习和神经网络技术的巨大创新潜力，以及人工智能在未来将会扮演越来越重要的角色。

第 8 章

创新与颠覆

8.1 ChatGPT 让谷歌按下红色警报

谷歌，世界上最大的搜索引擎服务商，20多年来牢牢把握互联网产业的源头——信息搜索。几乎所有人都习惯了使用谷歌进行搜索，国外很多人甚至把搜索的行为就称作谷歌（相应的国内很多人把搜索的行为称作百度）。

然而，ChatGPT 第一次让科技巨头谷歌响起了红色警报，由谷歌 CEO 桑达尔·皮查伊（Sundar Pichai）亲自启动。谷歌对全世界范围内的高新科技项目进行投资或者收购，里面有很多大获成功，也有很多以失败告终（比如 60 亿美元收购的 Groupon，以及硅谷骗局 Theranos 血液测试公司）。谷歌在紧密观察评估各种高新科技的同时，不仅关注哪些科技创新具备投资价值，更加关心的是有没有什么重大高新科技创新可以颠覆或者严重威胁到自己的核心业务。此前，红色警报从来没有响过，直到 ChatGPT 的横空出世。

谷歌起家是靠搜索引擎，主打搜索关键词广告市场。各行各业的企业，通过二价拍卖来竞争关键词。比如，当谷歌用户搜索关键词"咖啡"时，那么和咖啡产品相关的公司的广告可能就会出现在搜索结果首页上面最显著的地方，它们通过竞价来竞争谷歌关于关键词"咖啡"的广告位。出价最高的赢，但是赢者只需要支付第二高出价加 1 美分（赢者不用支付自己的最高出价，因为这样会促使每个公司的竞价都忠实反映竞价物的真实价值）。根据近年的数据，谷歌 80% 的收益（2000 多亿美元）来自搜索关键词广告，是谷歌的核心业务。

为什么 ChatGPT 让谷歌按下红色警报？谷歌的搜索引擎是通过关键词匹配来检索内容，通常会检索得到一堆用户可能想要知道的信息的相关内容，并以链接的形式呈现出来。但是，究竟这些内容是不是用户需要的？这需要用户自己逐个去点击这些链接，去阅读里面的内容，这个筛选和判断的过程非常浪费时间，使人非常疲惫。

那么，就用户的检索行为和目的而言，谷歌提供的这种信息搜索方式明显是不合理的：我们想知道答案，直接告诉我们答案就完了，我们不想费心费力地从一堆似是而非的答案里面去自己挑。然而，ChatGPT 提供了一个全新维度的搜索信息方法，它就像一个全知的神，用户只要提问，就会立刻得到答案，不再需要用户自己费力判断和筛选，效率非常高。

试想，当人们不再使用谷歌进行信息搜索的时候，各行各业的企业也就不会再去竞拍谷歌上面的关键词，这严重威胁到，甚至颠覆了谷歌的搜索关键词广告业务（谷歌 80%

的收益），断了谷歌的财路。更确切地说，ChatGPT形成了对谷歌核心业务的降维打击，会颠覆甚至终结谷歌的信息检索模式。

8.2 竖直属性

在前面一篇中，我们已经提到了产品的竖直属性。竖直属性不同于水平属性，指的是品牌、质量、创新等属性。在这些属性上，消费者的偏好往往是一致的。而在水平属性上（如颜色、款式、大小等），消费者的爱好可以说各不相同。绝大多数产品既具有竖直属性，也具有水平属性。

（1）蒙牛是中国最大的乳制品企业之一，为了适应市场变化和消费者需求，蒙牛在2021年进行了品牌升级，包括标志、字体、色彩、图形等元素的全面刷新（水平属性）。不仅如此，新的品牌形象更加现代、活力和国际化，突出了蒙牛的创新能力和品质保证。而且蒙牛还推出了"蒙牛新鲜计划"，通过数字化、智能化、可追溯的供应链管理，提升了产品的新鲜度和安全性（竖直属性）。

（2）苹果公司，作为一家美国的科技公司，它的产品差异化主要体现在创新、设计和生态上。苹果的产品不仅拥有独特的外观和操作系统（水平属性），还拥有强大的软硬件整合能力和丰富的应用资源，让用户享受到一种高端、简洁和智能的使用体验（竖直属性）。苹果通过打造自己的品牌定位，赢得了用户的认可和信赖。

（3）美国的娱乐公司迪士尼的产品差异化主要体现在内容、主题和情感上。迪士尼不仅提供了丰富多样的动画、电影和游戏（水平属性），还提供了独具魅力的主题公园和周边商品，让用户获得梦幻、童趣和幸福的娱乐体验（竖直属性）。迪士尼通过打造自己的品牌形象，赢得了用户的尊敬和爱戴。

（4）美国的运动品牌耐克，它的产品差异化主要体现在创新、设计和国际影响力上。耐克不仅提供了大众喜爱的运动装备和服饰（水平属性），还提供了独特的设计风格和潮流元素，让用户获得动感、时尚和自信的运动体验（竖直属性）。耐克通过打造自己的品牌形象，赢得了用户的认同和追随。

（5）瑞典的家居零售商宜家，它的产品差异化主要体现在方便、自助和体验上。宜家不仅提供了高性价比的家具和用品（水平属性），还提供了自己动手组装和搭配的乐趣，让用户体验到一种轻松、舒适和个性化的生活方式（竖直属性）。宜家通过打造自己的品牌故事，赢得了用户的喜爱和忠诚。

8.3 进行产品或服务创新的原因

产品或服务创新的意义在于，它是企业发展的原动力。卓越的竖直属性是打造公司品牌的核心驱动力之一，是树立品牌精神、讲好品牌故事最好的因素。根据产品竖直属性来确立产品的定位，并坚持差异化打造出来的品牌，更容易从竞争中脱颖而出，更容易帮助消费者理解品牌的来历、价值和态度，从而建立信任和情感的连接，并激发消费者的想象力和参与感，从而增加品牌的影响力，提高消费者的忠诚度。

（1）小米作为一家中国的智能手机制造商，为了突破单一产品的局限和提升品牌形象，在2021年进行了多项品牌创新，如推出全球首款折叠屏手机"小米MIX FOLD"、发布全新LOGO和品牌口号"Alive"、开设全球首家智能生活馆等。这些创新都展示了小米的技术实力和生态布局，增强了消费者对小米的信任和情感连接。

（2）阿里巴巴是中国重要的电子商务平台，为了拓展业务范围和提升社会影响力，阿里巴巴在2021年进行了多项品牌创新，如推出全球首个数字人民币钱包"支付宝数字人民币钱包"、打造全球首个数字化奥运会"东京奥运会阿里云"、开启全球首个数字化世博会"阿里巴巴世博会"等。这些创新都利用了阿里巴巴的数字化能力和全球视野，为用户和合作伙伴提供了更多的便利和价值。

（3）海尔是中国最大的家电企业之一，为了应对市场竞争和消费升级，海尔在2021年进行了多方面的品牌创新，如推出全球首款无冷凝式冰箱"海尔冰箱无霜系列"、打造全球首个智能家居平台"海尔U+"、开启全球首个智慧家庭社区"海尔智慧家庭社区"等。这些创新都体现了海尔的用户导向和领先地位，满足了消费者对高品质和智能化生活的需求。

（4）腾讯是中国最大的互联网社交平台，为了适应市场变化和消费者需求，腾讯在2021年进行了多方面的品牌创新，如推出全球首款社交电商平台"微信小店"、打造全球首个社交音乐平台"微信音乐"、开启全球首个社交游戏平台"微信游戏"等。这些创新都利用了腾讯的社交网络和内容资源，为用户提供了更多的娱乐和互动方式。

（5）全球知名的咖啡连锁店星巴克，它的产品差异化主要体现在品牌形象、服务质量和消费体验上。星巴克不仅提供高品质的咖啡，还提供舒适的环境、个性化的定制和社交的平台，让顾客感受到一种独特的生活方式和文化。星巴克通过打造自己的品牌故事，赢得了顾客的忠诚度和口碑。

（6）百度是中国最大的搜索引擎之一，为了转型为人工智能公司和提升品牌形象，百度在2021年进行了多项品牌创新，如推出全球首款智能驾驶汽车"百度智能汽车"、发布全新LOGO和品牌口号"百度，知道"、开设全球首家智能生活馆"百度智能生活馆"等。这些创新都展示了百度的人工智能技术和生态布局，增强了消费者对百度的信任和认同。

上面的这些例子，都说明了具有卓越竖直属性的公司往往具有持续的核心竞争力，能更好地传递自己的品牌价值。这些成功公司有以下几个共同点：第一，它们都有明确的目标客户，并且了解目标客户的需求、痛点、期望和行为，深刻理解什么样的竖直属性最符合他们的偏好和需求。第二，它们都有独特的价值主张，并且能够通过强大的执行力打造突出自己核心竞争力的竖直属性，从而在市场上形成自己的特色和优势。第三，它们都有持之以恒的精神，能够不断改进和优化自己的产品或服务，来满足用户对更高品质的追求。第四，它们都有强大的品牌影响力，通过与体现自己核心竞争力的竖直属性的相互赋能，传播自己的品牌文化、理念和形象，从而赢得用户的尊重、信任和忠诚。

企业通常可以考虑如下的创新方式：利用市场调研来了解消费者需求和市场趋势；利用科技创新来提高产品或服务的质量和效率；利用设计创新来提高产品或服务的外观和用户体验；利用战略创新来开拓新市场和发掘新商业模式。

但是创新，谈何容易！尤其是基于消费者需求的颠覆性创新，更是难上加难。这本书写到这里，我想借用电影《闻香识女人》中，弗兰克中校在校长和董事会面前捍卫学生查理时说的一句话，与诸君共勉："每次当我走到人生的十字路口，我都清楚地知道哪条路是对的，哪条路是错的，但是无一例外，每次我都没有走正确的路，因为我知道，正确的路太艰难了。"创新非常艰难，但是"这是一条有原则的、能有所作为的路……能有所作为，相信我，别毁了它，保护好它，支持它，终有一天，你们会深感自豪的，我保证"。

8.4 微创新也可以很重要

当颠覆性创新无法实现时，企业也可以考虑微创新。微创新是指在不改变产品核心功能或服务的基础上，进行一些微小的改进，以达到更好的效果。微创新和颠覆性创新的区别在于它们的创新程度和影响范围。显然，颠覆性创新必须能够从根本上对现有产品或服务进行改变，以创造全新的市场或颠覆现有的市场格局。因此，颠覆性创新往往需要大量的资源和投入，具有较高的风险和不确定性。而微创新的投入和风险要小得多，意在用较小的代价实现较大的创新回报。

实现产品微创新可以考虑如下步骤：第一，从用户的角度出发，发现产品中存在的问题或痛点，或者是根据用户对产品的需求和期望，寻找微创新的灵感；第二，在发现问题和获取灵感后，提出一些创意方案，这些方案可以是渐进延续性创新，也可以是突破性创新；第三，对于提出的创意方案，需要思考实现它要付出的代价，以及它对用户来说有什么价值，是否能够提升产品的吸引力或效率；第四，在确定了创意方案的价值后，需要将其具体实现，考虑技术可行性、具体量化成本效益等因素；第五，实现方案后需要进行测试和验证，以确保微创新能够达到预期的效果；第六，在完成测试和验证后，需要将微创新中的新功能或服务推广给用户，并进行相应的营销活动，让用户形成感知，并清楚地了解在原有体验的基础上微创新所带来的有意义、有价值的变化。

关于产品微创新的例子有很多：

（1）苹果公司的 iPod 通过旋转转盘的交互方式，极大地提高了用户的找歌体验。

（2）盲盒销售打破了传统的销售方式，其神秘感和盲盒打开的一瞬间给购买者带来了惊喜和快乐。

（3）iPod shuffle 通过随机播放音乐，增加了用户听歌的乐趣。

（4）Priceline 是美国主要的机票酒店预订平台，在这个平台上消费者可以按照自己的价格来竞价预订酒店和机票，提高了消费的乐趣。

（5）美国纽约市的大都会博物馆门票也使用自己定价的方式购买，参观者可以自己选择一分钱不花就进门参观，也可以花任意价格买票。

即测即练

第 9 章

创新与竞争优势

9.1 出人头地的重要性：特斯拉的市值

在创新竞争中，有两个比较残酷的现实，这里先讨论第一个残酷现实，出人头地的重要性。用特斯拉举例说明：特斯拉的市值超过世界九大传统车企市值的总和，这些传统汽车制造商包括丰田、日产、大众、现代、通用、福特、本田、菲亚特克莱斯勒和标致。有趣的是，在汽车销量方面，特斯拉完全无法与九大传统车企相提并论，如果按照销量来看，特斯拉的市值应该是最小的。

这是因为特斯拉的市值不是按照传统车企来估价的。具体来说，特斯拉在技术研发和整车制造等创新方面十分舍得花钱，其单车研发费用约为汽车行业平均水平的 3 倍，明显高于主要竞争对手，在电动汽车的多个核心技术上领先世界，此外特斯拉还可以在电动汽车销售出去之后通过软件和充电等获得源源不断的收入，这使得特斯拉的利润率远超九大传统车企，强势领跑全球汽车行业。

更重要的是，我们处在数据为王的人工智能时代，特斯拉表面上看是一家电动汽车制造商，但是它本质上是一家拥有绝对价值的数据和 AI 公司。例如，特斯拉的自动驾驶系统需要大量的数据训练和算法迭代，需要使用到海量的用户驾驶数据、路况数据、天气情况等关键信息，特斯拉汽车在数据采集、标注、训练和部署方面进行了重要的布局，几乎每一辆开在路上的特斯拉汽车都在自动执行并完成布局中的一个个小的任务，这给特斯拉在数据和算法上带来了巨大的竞争优势，赋能其未来自动驾驶系统。

特斯拉的强大市值是按照其"出人头地"的优势来估值的，而不是按照所有汽车都具备的、传统的基本功能和性能（驾驶功能、安全性等）来估值的。换句话说，商品的基本功能和性能，在颠覆性技术面前，价值相去甚远。

为什么茅台酒和中华烟价格不菲？道理是一样的，因为茅台酒的价格不是按照一款普通的酒制定的，而中华烟的价格也不是按照一种普通的烟来制定的。茅台酒和中华烟具有普通酒和烟所不具备的特质和地位，而它们的高价格正是这"出人头地"的优势决定的。

9.2　创新在竞争中的溢出效应

在创新竞争中，第二个残酷的现实是创新往往具有溢出效应（externality）。继续使用上面的例子：为什么特斯拉的市值超过世界九大传统车企市值的总和？这不仅是因为上面提到的第一个残酷现实，特斯拉"出人头地"的优势，同时也是因为市场中的竞争具有策略性的特点，使得特斯拉和传统车企具有此消彼长的结果。比如，如果所有车企都没有创新优势的话，那么大家的估值都是100；但是特斯拉"出人头地"的优势使其估值增加到 500，因为市场中竞争策略性的特点，导致其他车企的估值降到了 10，而不是继续保持估值100。这也就是说，特斯拉"出人头地"的优势，对其他车企有一个此消彼长的溢出效应，进一步加大了它们市值上的差距。

上面的溢出效应体现了市场竞争的策略性特点。注意这与非市场竞争有本质区别。比如，两个学生考试，一个考 90 分，一个考 60 分；如果高分考生进一步用功读书，那么可能考到 95 分，但是，这并不意味着低分考生因此会变成不及格；如果低分考生努力程度不变，则其考试成绩依然是 60 分，可以做到"岁月静好"。考试属于非市场竞争，因此不存在上述市场竞争策略性的特点，也就不具备溢出效应。但是在市场竞争中，不积极创新的公司很难做到"岁月静好"。

下面，我们考虑竖直市场竞争模型（vertical competitive market），该模型也叫作霍特林改进模型。该模型具备我们上面讨论到的关于创新和市场竞争的核心内容，包括竖直属性、"出人头地"的重要性和溢出效应等。

9.3　竖直市场竞争模型：霍特林改进模型

在霍特林改进模型中，公司间存在竖直属性上（技术、质量、品牌）的差别。注意，模型中两家公司之间既存在竖直差异，同时也存在水平差异（颜色、款式等）。我们用 Δ 表示公司间存在竖直差异，此外，如霍特林模型一样，我们用 t 表示公司的水平差异。

本模型的模型设定和霍特林模型保持一致：第一，两个公司分别在长度为 1 的线段两端；第二，消费者在线段上均匀分布；第三，两个公司竞争价格来最大化自身利润。此外的一些重要模型假设也保持一致：第一，产品的价格信息透明（即消费者可以观察到价格）；第二，不考虑公司产能限制；第三，不考虑公司生产成本或其他成本。此外，竖直差异这个重要信息，对于消费者和两个公司是透明的。模型的博弈顺序仍然是：第一，两个公司分别选择最大化自身利益的价格；第二，消费者观察到两个公司的价格和竖直差异后，做出产品的购买决定。

值得注意的是，竖直差异 Δ 表示的是两个公司在技术、质量、品牌等维度上的差异。例如，当 $\Delta=10$ 的时候，可以是高质量公司的质量是 20，低质量公司的质量是 10，也可以是高质量公司的质量是 11，低质量公司的质量是 1。如果用 q_H 和 q_L 分别表示高质量公司和低质量公司产品质量的话（H 表示高质量，L 表示低质量），则公司间的竖直差异

为 $\Delta = q_H - q_L$，$q_H > q_L$。

假设高质量公司在线段的 0 端，低质量公司在线段的 1 端，可以得到消费者购买高质量公司和低质量公司产品所获得的效用如下式：

$$U_H = U - x^2 t - p_H + \Delta$$
$$U_L = U - (1-x)^2 t - p_L$$

这里的 U 是产品的基本效用，例如无论品质高低，食物都可以饱腹；p_H 和 p_L 分别表示高质量公司和低质量公司产品的价格；x^2 和 $(1-x)^2$ 分别表示消费者所在的位置与两个公司所在位置的距离的平方，这个距离越大，消费者购买对应产品时心理落差就会越大，因此是负效用；t 表示消费者单位心理落差所带来的负效用的大小。需要注意的是，上面的效用表达式也可以写成如下形式：

$$U_H = U - x^2 t - p_H + q_H$$
$$U_L = U - (1-x)^2 t - p_L + q_L$$

下面分析中，我们仍然选用 Δ 代表公司间存在的竖直差异，我们会在适当的地方对 q_H 和 q_L 分别进行讨论。

我们假设市场全覆盖（即所有的消费者都购买产品），这要求 U 产品的基本效用足够大，如 $U > \dfrac{45t^2 - 18t\Delta + \Delta^2}{36t}$，本书不讨论市场非全覆盖的情况（即部分消费者选择不购买产品而退出市场）。通过对边际消费者位置的计算，$U_H = U_L$，可以得到边际消费者的位置：

$$x = \frac{-p_H + p_L + t + \Delta}{2t}$$

值得注意的是，在线段上，从 0 端到位置 x 的消费者都会选择购买高质量公司产品，而从位置 x 到 1 端的消费者都会选择购买低质量公司产品。由此得知，由于消费者在线段上均匀分布，购买高质量公司产品的消费者人数为 $x - 0$，购买低质量公司产品的消费者人数为 $1 - x$。

进一步观察 x 可知，当高质量公司提价时（p_H 提高），x 会变小，即购买高质量公司产品的消费者人数变少；当低质量公司提价时（p_L 提高），x 会变大，即购买低质量公司产品的消费者人数变少；当高质量公司的竖直优势 Δ 变大，x 会变大，即购买高质量公司产品的消费者人数变多。

把 $\Delta = q_H - q_L$ 拆开分别讨论 q_H 和 q_L，则当高质量公司产品的质量提高时（q_H 变大），x 会变大，即购买高质量公司产品的消费者人数变多；当低质量公司产品的质量提高时（q_L 变大），x 会变小，即购买低质量公司产品的消费者人数变多。由上述讨论可见，购买高质量公司和低质量公司产品的消费者人数随着市场参数变化而变化是非常合理的。

得到每个公司消费者需求后，我们可以得出公司的利润：

$$\pi_H = x p_H, \pi_L = (1-x) p_L$$

通过求解一阶条件 $\frac{\partial \pi_H}{\partial p_H}=0$ 和 $\frac{\partial \pi_L}{\partial p_L}=0$（二阶条件等于 $-\frac{1}{t}$，即一阶条件的解为最大值），当高质量公司产品存在竖直优势（技术、质量、品牌）$\Delta > 0$ 时，由分析结果可以看出，高质量公司和低质量公司最大化利润的最优价格分别为：

$$p_H = \frac{1}{3}(3t + \Delta), p_L = \frac{1}{3}(3t - \Delta)$$

由上述最优价格表达式可以看出，当高质量公司的竖直差异 Δ 趋近于 0 的时候，两个公司的最优定价趋近于 t（产品的水平差异）。也就是说，竖直市场竞争模型回归到了霍特林模型，即霍特林模型为竖直市场竞争模型的极限情况。这是合理的，因为霍特林模型中的两个公司本来就不存在竖直优势上的差别。

从上述最优价格表达式可以得到如霍特林模型中的相同结论：当产品水平差异（颜色、款式等）t 变大时，公司间的竞争减弱，因此它们的定价权提高，从而它们的最优价格都提高，即 p_H 和 p_L 随着 t 的增加而增加。

由上述最优价格表达式可以得到如下新结论：

第一，高质量公司比低质量公司具有更高的定价权，也就是说高质量公司的最优价格可以定得更高，$p_H > p_L$。

第二，当高质量公司的竖直差异 Δ 进一步提高时，高质量公司的定价权增大，p_H 增大。

第三，当高质量公司的竖直差异 Δ 进一步提高时，低质量公司的定价权减小，p_L 减小。

上面前两个结论符合直觉：质量高的公司提供的产品价格也更高，且当其质量提高时，其价格也可以进一步提高。

值得注意的是上面第三个结论，高质量公司的竖直优势 Δ 的提高存在一个明显的外部性，使得低质量公司在竞争中的劣势扩大，从而导致其定价权降低，不得不降低其最优价格。这也就是说，即使低质量公司在其自己的产品上什么都没有做，竞争劣势的扩大也会导致低质量公司无法做到"岁月静好"（即低质量公司无法做到自己产品的价格不受高质量公司的竖直差异 Δ 变化的影响）。

把上面讨论中的 $\Delta = q_H - q_L$ 拆开分别讨论 q_H 和 q_L，则当高质量公司产品的质量提高时（q_H 变大），p_H 会提高，而 p_L 会降低，即固定 q_L 单独看 q_H 的话，q_H 与 Δ 在价格上起到相同的作用。同样的，则当低质量公司产品的质量提高时（q_L 变大），p_L 会提高，而 p_H 会降低，即固定 q_H 单独看 q_L 的话，q_L 与 Δ 在价格上起到相反的作用。

上面的结果很符合直觉，但是值得注意的是，两个公司的最优定价 p_H 和 p_L 仅仅取决于两个产品的质量差异，而不取决于两个产品的绝对质量 q_H 和 q_L。这体现了市场竞争定价的本质：竞争定价只取决于产品差异（无论是水平差异还是竖直差异），而不取决于竞争的产品间相同的价值部分。同样的道理，两个公司的最优定价 p_H 和 p_L 也不取决于产品的基本效用 U，因为两个公司的产品都具备同样的基本效用，所以在竞争的时候相互抵消了，不会影响到最优定价。由此可见，在竞争中，保持产品差异是多么的重要！

高质量公司和低质量公司最优利润分别为：

$$\pi_H = \frac{(3t+\Delta)^2}{18t}, \pi_L = \frac{(3t-\Delta)^2}{18t}$$

同样可以看到，上面关于最优价格的三个结论也同样适用于公司的最优利润：

第一，高质量公司比低质量公司具有更高的最优利润，$\pi_H > \pi_L$。

第二，当高质量公司的竖直差异 Δ 进一步提高时，高质量公司的最优利润增大，π_H 增大。

第三，当高质量公司的竖直差异 Δ 进一步提高时，低质量公司的最优利润减小，π_H 减小。

这也就是说，在竖直市场竞争中，公司的价格变化决定了它们的利润变化（即最优利润和最优价格的结果一致），高质量公司的竖直差异 Δ 的外部性在公司的最优利润上也仍然存在，相对而言，市场份额变化没有起到决定性作用。

同样的，可以把上面讨论中的 $\Delta = q_H - q_L$ 拆开分别讨论 q_H 和 q_L，则当高质量公司产品的质量提高时（q_H 变大），π_H 会提高，而 π_L 会降低，即固定 q_L 单独看 q_H 的话，q_H 与 Δ 在利润上起到相同的作用。同样的，则当低质量公司产品的质量提高时（q_L 变大），π_L 会提高，而 π_H 会降低，即固定 q_H 单独看 q_L 的话，q_L 与 Δ 在利润上起到相反的作用。同时，两个公司的最大利润 π_H 和 π_L 仅仅取决于两个产品的质量差异，而不取决于两个产品的绝对质量 q_H 和 q_L，这同样体现了市场竞争定价仅仅取决于产品差异的本质。上面这些结论与价格讨论中的结论是一致的。

即测即练

第 10 章

大势与创新

10.1 SpaceX：马斯克的大棋局

SpaceX 是一家美国的商业航天公司，由伊隆·马斯克（Elon Musk）于 2002 年创立，总部位于加利福尼亚州霍桑市。该公司的目标是降低太空运输的成本，并最终实现人类的星际旅行以及在其他星球上的生存。

目前，SpaceX 的主要业务包括发射卫星、向国际空间站提供货物和服务、开发载人航天器、开发火星殖民计划等。其中，最引人注目的颠覆性创新技术就是其火箭回收技术。SpaceX 是人类第一次把航天火箭设备设计成"可再用的"，该技术使得火箭可以在发射后返回地球并进行重复使用，从而极大降低了太空运输的成本（见图 10-1）。要知道，可回收火箭"猎鹰"研发费用仅略大于 3 亿美元，而"猎鹰"的那些竞争对手的研发费用远超 1 亿美元，如波音公司的"土星 5 号"研发投入 350 亿美元，洛克希德·马丁和波音等四大飞机公司的航天飞机研发投入 1700 亿美元，俄罗斯科罗廖夫能源火箭航天集团的"Soyuz"研发投入 110 亿美元，欧洲航天局的"阿里亚娜"研发投入最低，但是也有 70 亿美元。

图 10-1　SpdceX 火箭回收技术

SpaceX 火箭回收技术极大压缩了航天飞行高昂的成本。在此之前，人在太空中喝一瓶矿泉水的成本是 2 万美元，SpaceX 火箭回收技术使这个成本被压缩到不到 100 美元，生产可回收火箭仅需要 4 个月。因此，SpaceX 的航天火箭和航天业务是目前"最经济""生产速度最快""操作最简便"的。

由此而来，SpaceX 开创了全新的业务，太空载人运输、星际殖民和星链计划。毫无疑问，航天飞行成本的压缩使得太空载人运输成为可能，随着太空载人运输相关技术的进一步成熟，星际殖民也将不再是遥远的梦想；而星链计划也与火箭回收技术密切相关，要知道，近地轨道最多可容纳约 6 万颗卫星，而 SpaceX 计划部署 4.2 万颗卫星。2023 年第二季度，全球卫星发射次数总数为 44 次，共计 797 颗卫星，其中 SpaceX 发射了 22 次共计 648 颗卫星（总载荷 214 吨），发射数量排名第二的是中国航天科技集团（CASC），发射了 6 次共计 49 颗卫星（总载荷 23 吨）。

值得注意的是，马斯克在其他领域的布局，都直接或间接支持着 SpaceX。例如，Neuralink 脑机接口可能帮助人类在长时间的星际旅行中保持与航空器的互联，SolarCity 可能有助于解决长途星际旅行中的能源问题。此外，特斯拉的电池和自动驾驶技术，以及 OpenAI 大语言模型 ChatGPT 对人们信息搜索行为上的革命，都将赋能 SpaceX。正如马斯克所说："如果你进入任何一个现有的市场，面对那些强大的竞争对手，你的产品或服务必须要比他们好得多。它不能只是有一点点的优势，因为当你站在消费者的立场上时，你总是会购买值得你信赖的品牌，除非这个产品有很大的差异性。因此，你不能稍微好一点，而是要好得多。你必须有创新思维，而不是（创造）更好的同一性。你做事情不是只需要好出 10%，而是要创造出 10 倍的价值。想想 iPod 是如何取代随身听的，或者 iPhone 是如何取代黑莓的，又或者 iPad 是如何取代 Palm Pilot 的？"

10.2　大势与风口的区别

创新要符合大势，大势通常指的是某个领域或行业宏观的、长期的、全局性的总体发展趋势，例如人类迟早要寻找地球以外的第二个家园，所以要实现星际旅行；人类希望延长寿命实现持久健康；人们对智能产品的需求不断增加，导致芯片需求与日俱增；人类需要开发并使用更加清洁、更加安全的能源来代替传统能源；人类希望让机器变得更智能、更像人类，而不是让人类更像机器等。

值得注意的是，大势和风口是两个不同的概念。风口指某个领域或行业中某个时间段内出现的、局部性、短期的机遇，例如元宇宙、网红带货或者共享单车等。因此，大势关注长期趋势，风口关注短期机遇。大势往往受外界（如环境或者政策的改变）影响小，然而当"窗户"关上的时候风口可能就没有了。因此，企业的创新最好可以基于领域或者行业的大势，顺大势起飞。

10.3　借势创新的方法

创新，尤其是颠覆性的创新，是在大势的基础上进行的，需要对领域或行业的大势进行深刻理解、精准把握和有力应对。在创新中，我们需要对大势进行分析，找到其中可行的切入点，顺势而为。以下是一些借助大势进行创新的方法：第一，关注关键技术的变革，思考颠覆性创新对领域或行业的影响；第二，关注行业发展趋势，用长远的战略眼光审视行业未来发展的总方向和大趋势；第三，关注政策导向，政策制定的决策者往往具有长远的战略眼光，寻找符合政策导向的创新点。

不过，无论如何借大势进行创新，归根到底都是要服务人类文明：解决人类文明的重大威胁，使人类文明能够更长久地存在和发展。例如，马斯克认为保证人类文明长久发展需要解决三大威胁：人类只有一个地球家园、人工智能的爆炸式发展和能源的可持续性问题。对于每一个威胁，马斯克都提出了解决方案，如创办 SpaceX 实现载人航天的商业化和星际移民，投资 OpenAI 和 Neuralink 公司以实现 ChatGPT 和"脑机接口"等技术使机器变得更像人，创立特斯拉和 SolarCity 普及新能源汽车和太阳能电力等。

正如马斯克在接受采访时所说："我关心太空，因为我爱人类。如果你真的关心人类命运，仅仅是'为万世开太平'已经远远不够了，你要把眼光投向宇宙。"因此，马斯克太空计划的第一步就是要登上距离地球最近的火星，并建立可以自给自足的新文明。登陆火星不是人类的备用计划，是必须实现的。基于此，马斯克在大力推动如下计划：第一，星际飞船计划，实现可重复使用的太空运输系统，搭载多达 100 人前往火星；第二，火星殖民计划，将人类送上火星并建立自给自足的新文明；第三，超级重型运载火箭计划，将搭载大量货物和人员进入深空目标；第四，星链计划，实现基于卫星通信的、全球范围内无死角的高速互联网覆盖。

10.4　创新型消费者与创新敏感度的异质性

创新型消费者是指对产品的技术创新有较强敏感度、对产品品质有较高的追求、对购买新品具有较强的渴望，并且愿意最早购买创新产品的消费者。创新型消费者具有较高的风险偏好，对技术创新有较强的兴趣，希望与众不同，追求独特性，渴望被称为先驱者。与创新型消费者相对应的，是对技术创新敏感度较低的消费者，这类消费者普遍不喜欢承担风险，满足于现有产品的基本功能和性能，对新知识、新技术接受度不高。因此，消费者对于产品质量和创新的敏感度是不同的。

尤其在富含高新技术的科技产品领域，创新型消费者大量存在，由此带来了消费者对于创新敏感度的异质性十分显著，即不同消费者对于新产品、新技术的接受程度不同非常明显。前面提到的竖直市场竞争模型（霍特林改进模型）虽然也涉及竖直属性（质量、技术等），但是模型中消费者对于竖直属性的敏感度不具备异质性，即所有消费者对于竖直属性具有相同的敏感度（Δ 对于每个消费者都是一样的）。

10.5　梯若尔模型

下面我们学习梯若尔竖直市场竞争模型。前面的介绍中提到过，梯若尔（见图 10-2）是著名的法国"图卢兹"学派的现任掌门人，诺贝尔经济学奖得主，其学术族谱向上可以追溯到霍特林。

梯若尔模型抓住了消费者在高科技产品的质量、技术、创新、品牌等属性上的偏好存在异质性这一特点。我们先看梯若尔竖直市场竞争模型的基本假设：第一，两个公司生产的产品质量不同，高质量公司生产的产品质量用 q_H 表示，低质量公司生产的产品质

量用 q_L 表示，且 $q_H > q_L > 0$。第二，消费者对产品质量的敏感度具有异质性，异质性用 θ 表示，且 $\theta \in [0,1]$，在一个长度为 1 的线段上均匀分布。第三，两个公司竞争价格来最大化自身利润。

值得注意的是，这三个基本假设中，只有第二个假设是梯若尔竖直市场竞争模型中特有的假设，体现了之前霍特林竖直市场竞争模型中缺乏的消费者对于竖直属性（质量、技术、创新、品牌等）的敏感度的异质性。其他两个假设与之前霍特林竖直市场竞争模型一样，此外，其他几个假设也一样：第一，产品的价格和质量信息透明（即消费者和公司都可以观察到价格和质量）；第二，不考虑公司产能限制；第三，不考虑公司生产成本或其他成本。并且模型的博弈顺序也是一样的：第一，两个公司分别选择最大化自身利益的价格；第二，消费者观察到两个公司的价格和质量后，做出产品的购买决定。

图 10-2 梯若尔

消费者购买高质量公司和低质量公司产品所获得的效用如下式：

$$U_H = \theta q_H - p_H, U_L = \theta q_L - p_L$$

p_H 和 p_L 分别表示高质量公司和低质量公司的产品价格。值得注意的和前面提到的竖直市场竞争模型的另一个主要区别是：梯若尔竖直市场竞争模型中没有 U 产品的基本效用（或者认为 $U = 0$），这也就意味着市场可能会非全覆盖，即部分消费者选择不购买产品而退出市场。

通过对边际消费者在对产品质量异质性上面的位置的计算，$U_H = U_L$ 和 $U_L = 0$，可以得到边际消费者对产品质量的偏好。需要注意的是，$U_H = U_L$ 得到的边际消费者对购买高质量公司和低质量公司产品会得到相同的效用，$U_L = 0$ 得到的边际消费者对购买低质量公司产品和不购买会得到相同的效用（当消费者选择不购买任何产品时得到的效用为 0）。所以我们得到：

$$\theta_{HL} = \frac{p_H - p_L}{q_H - q_L}, \theta_{L0} = \frac{p_L}{q_L}$$

值得注意的是，在 $\theta \in [0,1]$ 这个长度为 1 的线段上，从 $\theta = 1$ 端到位置 θ_{HL} 的消费者都会选择购买高质量公司的产品，共有 $D_H = 1 - \theta_{HL}$ 这么多的消费者购买高质量公司的产品；从位置 θ_{HL} 到 θ_{L0} 的消费者都会选择购买低质量公司的产品，共有 $D_L = \theta_{HL} - \theta_{L0}$ 这么多的消费者购买低质量公司的产品；而从 θ_{L0} 到 $\theta = 0$ 端的消费者都会选择不购买任何产品，共有 $\theta_{L0} - 0$（即 θ_{L0}）这么多的消费者选择不购买任何产品。

上面的市场划分非常符合直觉：对质量敏感度高的消费者（从 $\theta = 1$ 端到位置 θ_{HL} 的消费者），自然会给高质量产品更高的权重，因此购买高质量公司的产品；对质量敏感度中等的消费者（从位置 θ_{HL} 到 θ_{L0} 的消费者），自然不会给高质量产品更高的权重，因此会因为低价格而购买低质量公司的产品；而对质量敏感度低的消费者（从 θ_{L0} 到 $\theta = 0$ 端的消费者），对价格极为敏感，同时又对质量不敏感，因此自然选择不购买任何产品。

进一步观察购买高质量和低质量产品的消费者个数，D_H 和 D_L。先看产品质量 q_H 和

q_L 的变化对 D_H 和 D_L 的影响。当高质量公司的产品质量 q_H 增加（或者低质量公司产品质量 q_L 减小）的时候，θ_{HL} 减小，因此 D_H 增加。这个结论符合直觉，因为在竞争中当高质量公司产品质量增加（或者低质量公司产品质量减少），一定会增加高质量公司的吸引力，所以会有更多的消费者选择购买高质量公司的产品（D_H 增加）。同时，θ_{HL} 的减小会让 D_L 减小，也就是说会有更少的消费者购买低质量公司的产品，这个结论也符合直觉，因为低质量公司产品在竞争中的劣势更大了。再看 θ_{L0}：高质量公司产品质量 q_H 不影响 θ_{L0}，然而低质量公司产品质量 q_L 会影响 θ_{L0}。具体而言，q_L 变大的话 θ_{L0} 会变小，也就是 D_L 会变大，这个结论也符合直觉，因为低质量公司产品质量增加后，会有更多 θ 很小的消费者改变不购买任何产品的行为，转而购买低质量公司的产品。

再看产品价格 p_H 和 p_L 的变化对 D_H 和 D_L 的影响。从 θ_{HL} 和 θ_{L0} 的表达式中可以看出，产品价格 p_H 和 p_L 和产品质量 q_H 和 q_L 起到相反的作用，这是因为产品质量给消费者带来正的效用，而产品价格给消费者带来负的效用，这里不再赘述。

得到每个公司消费者需求后，我们可以写下公司的利润公式：

$$\pi_H = D_H p_H, \pi_L = D_L p_L$$

通过求解一阶条件 $\frac{\partial \pi_H}{\partial p_H}=0$ 和 $\frac{\partial \pi_L}{\partial p_L}=0$（二阶条件分别等于 $-\frac{2}{q_H-q_L}<0$ 和 $-\frac{2q_H}{q_L(q_H-q_L)}<0$，因为 $q_H>q_L>0$，即一阶条件的解为最大值）。

由分析结果可以看出，高质量公司和低质量公司最大化利润的最优价格分别为：

$$p_H = \frac{2q_H(q_H-q_L)}{4q_H-q_L}, p_L = \frac{(q_H-q_L)q_L}{4q_H-q_L}$$

明显可以看出，当两家公司产品质量一样的时候（即 $q_H \to q_L$ 时），$p_H = p_L = 0$，也就是说，如霍特林模型一样，梯若尔竖直市场竞争模型也可以回归到伯川德悖论模型，即当两个竞争产品同质的时候，它们的最终价格会被"卷"到成本价 0。

下面，我们分别研究产品质量 q_H 和 q_L 如何分别影响公司最优定价 p_H 和 p_L。先看高质量公司产品质量 q_H 的作用。可以求出，当高质量公司产品质量 q_H 提高时，高质量公司产品的价格 p_H 提高，这个结果符合直觉，因为 q_H 提高会让高质量公司产品更加吸引消费者，因此高质量公司可以提价。但是，值得注意的是，当高质量公司产品质量 q_H 提高，低质量公司产品的价格 p_L 也提高，即当高质量公司的 q_H 提高对低质量公司的定价权存在一个正的外部性，这是因为当高质量公司提价后，在竞争中低质量公司也可以适当提价。

这个正的外部性的结果与之前竖直市场竞争模型中负的外部性的结果是相反的，因为在后者中当高质量公司的竖直差异 Δ 提高时（或者 q_H 提高时），对低质量公司的定价权存在一个负的外部性，即低质量公司的定价权减小，低质量公司的价格 p_L 减小。

之所以会产生上面相反的结果，是因为在梯若尔竖直市场竞争模型中，消费者对质量的敏感度存在异质性（有人更敏感而有人不太敏感），而之前的竖直市场竞争模型中消费者对质量的敏感度不存在异质性，这也就是说，在后者这个模型中，高质量公司产品质量的提高会对消费者起到更加统一明显的作用，使得消费者需求对单位质量的变化更加敏感，从而导致低质量公司市场份额变化更加敏感，因此低质量公司需要用更低的价格保护自己的市场不会缩水太多。

由此我们得到一个重要的结论：在竖直竞争市场中，当消费者在竖直属性（质量、技术、创新、品牌等）上存在比较强的敏感度异质性的话，则高质量公司产品质量 q_H 提高对低质量公司的定价权存在一个正的外部性；否则，当消费者在竖直属性上的敏感度异质性不大的话，高质量公司产品质量 q_H 提高对低质量公司的定价权存在一个负的外部性。

再看低质量公司产品质量 q_L 如何影响两家公司的最优价格。可以求得，低质量公司产品质量 q_L 提高的话会迫使高质量公司降价，这个结果符合直觉，因为低质量公司产品质量提高会增加其吸引力，导致高质量公司的竞争优势减弱，所以高质量公司不得不降低价格来保护住自己的市场，这个结果与前面提到的竖直市场竞争模型中的结果相同。

但是，低质量公司产品质量 q_L 提高对于低质量公司定价的影响是一个更加深刻的讨论：当两家公司的质量差距比较大的时候 $q_H \geqslant q_L\left(1+\frac{\sqrt{3}}{2}\right)$，低质量公司产品质量 q_L 提高会增加低质量公司的定价权，帮助低质量公司提价；但是，当两家公司的质量差距比较小的时候 $q_L < q_H < q_L\left(1+\frac{\sqrt{3}}{2}\right)$，低质量公司产品质量 q_L 提高会降低低质量公司的定价权，低质量公司不得不降价。

上面的结果表明一个有趣的发现：低质量公司提高产品质量可能会迫使自己降价。这与前面提到的竖直市场竞争模型中的结果也是相反的（前面的结果表明 q_L 的变大会使得低质量公司提高价格），这是因为梯若尔竖直市场竞争模型中消费者对质量的敏感度存在异质性，而在其他方面不存在异质性（水平属性上不存在异质性，如对颜色的偏好），因此，当两家公司的质量差距比较小 $q_L < q_H < q_L\left(1+\frac{\sqrt{3}}{2}\right)$，且低质量公司产品质量 q_L 提高时，会因为两家公司在竖直属性这个唯一的差异太小，而导致竞争加剧，从而迫使低质量公司不得不降价，于是出现了这个有趣的结果（低质量公司提高产品质量反而迫使自己降价）；但是，当两个公司的质量差距比较大时 $q_H \geqslant q_L\left(1+\frac{\sqrt{3}}{2}\right)$，低质量公司产品质量 q_L 提高虽然也会使得竖直差异减小，但是 q_L 的提高使得低质量公司更加吸引消费者，体现在定价权上面的好处超过了因为竖直差异减小而导致竞争加剧对定价权的坏处，因此提高了低质量公司的定价权，使得低质量公司的产品价格升高了。

由此可得，低质量公司提高产品质量可能提高其价格，也可能降低其价格，取决于两个产品竖直差异有多大：如果产品竖直差异很大的时候，低质量公司提高产品质量会提高其价格；否则，低质量公司提高产品质量会降低其价格。

把两家公司的最优价格带回到它们的利润表达式可得：

$$\pi_H = \frac{4q_H^2(q_H-q_L)}{(4q_H-q_L)^2}, \pi_L = \frac{q_H(q_H-q_L)q_L}{(4q_H-q_L)^2}$$

可以求得如下结果：高质量公司利润 π_H 随着 q_H 的增加而增加，随着 q_L 的增加而减小；低质量公司利润 π_L 随着 q_H 的增加而增加，但是 q_L 的作用不确定。

首先，高质量公司提高其产品质量 q_H 的话，高质量公司利润提高，且低质量公司利润也提高，这是因为前面所讲到的高质量公司产品质量 q_H 提高对低质量公司的定价权存在一个正的外部性，即 q_H 的增加可以让高质量公司提价，这将弱化竞争使得低质量公司也可以提价。因此，q_H 对两家公司利润的影响和其对两家公司价格的影响是一致的。

然后，我们研究低质量公司提高其产品质量 q_L 对两个公司利润的影响。q_L 提高会使得高质量公司利润 π_H 下降，这与其对高质量公司的价格 p_H 的作用是一样的。然而，q_L 提高对低质量公司自身利润的影响，也如其对低质量公司自身价格一样，结论并不确定。具体而言，当两家公司质量差距较小的时候 $q_L < q_H \leq \frac{7q_L}{4}$，$q_L$ 提高会使得低质量公司利润 π_L 下降；当两家公司质量差距较大的时候 $q_H > \frac{7q_L}{4}$，q_L 提高会使得低质量公司利润上升。其背后的原因也是一样的，这里不再赘述。

10.6　创新弱势的公司应该怎么办？

值得注意的是，上面梯若尔模型的结果表明，对于低质量公司来说，存在一个最大化其自身利润的质量 $q_L = \frac{4q_H}{7}$，这个最优质量可以同时达到两个目的：第一，和高质量公司产品保持足够大的差异，使得竞争不至于太激烈而影响到低质量公司利润；第二，保持低质量公司的产品质量在足够高的水平上，使得低质量公司的产品对于消费者来说具有足够的吸引力，从而不会影响到低质量公司利润。换言之，过高的 q_L 会使得两个公司产品质量差异太小，从而激化竞争降低低质量公司利润；过低的 q_L 会使得低质量公司的产品吸引力差，降低低质量公司利润；所以最大化低质量公司利润的产品质量必须不高不低，满足 $q_L = \frac{4q_H}{7}$。

因此，当创新弱势的公司无法在技术上超越创新强势的公司，那么一定要选择一个和创新强势公司的技术相比不要落后太多的技术（由此来保证对技术不太敏感而对价格更敏感的消费群体购买），同时还要和创新强势公司的技术保持一定差距（由此来造成足够大的差异化以弱化与创新强势公司的竞争）。

即测即练

自学自测　扫描此码

第 5 篇

数字平台市场

目前，关于 AI 大语言模型 ChatGPT，大家问得最多的问题可能就是"如何拿 ChatGPT 赚钱"。

随着众多资本的入场和探索，这个问题的答案逐渐清晰明朗，ChatGPT 的数字平台化可能是未来的趋势。

那么什么是数字平台？数字平台具有什么核心特点？数字平台所基于的核心理论是什么？什么是数字平台的核心研究问题？数字平台上具有哪些策略？如何给数字平台建模？在本篇中，我们将着力回答上面这些问题。

数字平台是指，以数字技术和互联网为基础，连接和撮合供需双方，从而实现信息、资金、物流等要素流动的平台。数字平台在全球人民生活中的地位越来越重要，它们通过互联网对数字信息进行有效集中、重组和交互，为多边利益相关方（公司和消费者）提供信息增值服务。在 2020 年拥有最大股票市值的世界前 10 名公司里面有 7 家公司都是数字平台服务公司。除了在高科技产业方面，数字平台也在传统产业中扮演越来越重要的角色，例如，交通（滴滴和 Uber）、住宿（携程、Airbnb 和 Home-Away）、餐饮（美团和 GrubHub）、家政（TaskRabbit 和 Thumbtack）等。

数字平台的优缺点很明显：优点包括算法快速匹配供需降低交易成本、交易自动化和标准化提高交易效率、打破地域限制扩大市场规模、监管供应商提高服务质量、数据智能和个性化推送提高客户体验等，缺点包括消费者信息可能被泄露、网络黑客攻击和交易风险、供需双方的信息不对称进一步增大、头部平台赢者通吃等。

数字平台是未来经济发展的重要方向之一。未来数字平台的发展趋势主要包括以下几点：随着未来数字、人工智能和互联网技术的发展，越来越多的企业将会进行基于数智化的平台转型；未来数字平台将会更加注重生态建设，实现可持续发展；未来数字平台将会继续打破地域限制，拓展海外市场，实现供需匹配的全球化布局。

第11章

双边市场理论：什么是数字平台？

11.1 双边市场理论

双（多）边市场理论框架的提出为数字平台的定义提供了理论基础，其中大名鼎鼎的诺贝尔经济学奖得主、法国图卢兹学派掌门梯若尔教授再次作出卓越的理论贡献。

根据双（多）边市场理论，数字平台的主要特点是涉及多边利益相关方，包括平台、用户和商家（包括第三方卖家、内容开发者和云服务提供商等），平台在中间起到撮合作用，并策略性地平衡多边利益从而实现平台利润的最大化。

淘宝、亚马逊、拼多多、美团、携程、flipkart、京东、hotwire、priceline、谷歌、百度、世纪佳缘、百合网、Tinder 等都符合上面双（多）边市场理论框架，所以它们都是数字平台。

（1）淘宝和亚马逊等，一边是消费者，另一边是第三方卖家。
（2）携程和 hotwire 等，一边是订票人，另一边是酒店、航司、租车公司等。
（3）美团，一边是食客，另一边是餐厅。
（4）谷歌和百度，一边是搜索信息的用户，另一边是赢得关键词广告位的公司。
（5）世纪佳缘和 Tinder，一边是男性用户，一边是女性用户。

11.2 数字平台的核心研究问题

数字平台领域存在很多值得研究的科学问题，涉及许多其他领域，例如计算机科学、人工智能、社会学、心理学等。全球研究数字平台的著名实验室包括麻省理工学院计算机科学与人工智能实验室（CSAIL，该实验室致力于研究数字平台的算法公正性、隐私保护等问题）、斯坦福大学人工智能实验室（SAIL，该实验室致力于研究数字平台上的社交媒体、在线广告等问题）、牛津大学互联网研究所（OII，该研究所致力于研究互联网和数字平台对社会、政治和文化的影响）、哈佛大学伯克曼互联网与社会研究中心（BCIS，该中心致力于研究数字平台上的法律、政策和社会问题）。

下面我们对数字平台领域的几个核心问题进行简要介绍。

11.2.1 鸡与蛋问题（Chicken-Egg）

平台的核心问题中很重要的一个就是"鸡与蛋"的问题，即平台如果想撮合多边利益，应该率先帮助哪一边发展起来从而带动另外一边的发展，这是典型的"先有鸡还是先有蛋"的问题。

例如，在相亲网站或 App 上，如果女性用户多，肯定会吸引很多男性用户加入，而很多男性用户的加入又会吸引更多的女性用户；在电商平台上，如果消费者多，那么会吸引更多的第三方卖家加入，而很多第三方卖家加入又会吸引更多的消费者。

那么数字平台该如何利用好"鸡与蛋"的关系来壮大自己呢？通常是通过对一边提供免费服务从而吸引另一边的付费用户。

例如，相亲网站可能对比较稀缺的男性用户提供更多的免费服务，以吸引更多的男性用户加入，从而带动付费意愿更加强烈的女性用户加入；又如，在谷歌和百度上，搜索信息的用户不需要支付任何费用，所以会有很多人用谷歌和百度，然而在搜索页面中出现的赢得关键词广告位的公司需要支付平台广告费用；Airbnb 在早期发展阶段通过向房东提供免费摄影服务来增加房源数量，从而吸引更多租客使用 Airbnb 平台，更多的租客又带动了更多的房源加入，使其成为全球最大的短租房屋平台之一；Uber 在刚开始进入市场时在旧金山提供免费车辆服务，并在当地广告宣传从而吸引了大量乘客使用 Uber 平台，更多的乘客又带动了更多的车辆加入，Uber 成为全球最大的网约车服务平台。

但是，"天下没有免费的午餐"，例如支付谷歌和百度广告费用的公司，肯定会把这个广告费用加在最终的价格中，转嫁给消费者。因此，在"鸡与蛋"中"免费"的一方可能最终也会以某种形式分担另一方的成本。

11.2.2 多宿主问题（Multi-Homing）

平台上的多宿主问题十分重要：多边平台上的某一边或者某些边可能会同时出现在多个平台上，即寄宿于多个平台。

消费者存在多宿主问题，因为消费者可以在不同的平台（如同时在淘宝和拼多多）上，进行产品评估和对比，一般而言，哪个平台上产品选择多，价格更实惠，消费者就会优先选择光顾哪个平台，这个平台就容易变成头部平台。

第三方卖家存在多宿主问题，因为第三方卖家也可以在不同平台上售卖产品，并且哪个平台更容易出货，卖家就会更倾向于哪个平台，卖家在这个平台做好售后服务，这个平台的品质就会提高。

内容开发者也存在多宿主问题，例如他们拍摄的视频既可以放在 B 站，也可以放在抖音和小红书上，哪个平台的流量大，就会吸引更多的内容开发者上传更多的视频内容。

上面的例子都表明，平台的多宿主问题无处不在，并且平台行业有一个重要特点：在市场中，会因为马太效应而迅速形成几个统治性地位的头部平台，这与平台的多宿主问题和上面提到的平台的"鸡与蛋"问题密不可分。

11.2.3 信息行为问题

数字平台通过互联网对数字信息进行有效集中、重组和交互,从而对多边利益相关方,包括平台、用户和商家(包括第三方卖家、内容开发者和云服务提供商等)提供信息增值服务。例如,电商平台为消费者提供了很多产品搜索和评估工具,包括排序工具(按价格排序、按好评排序等)、属性过滤工具(按照品牌、颜色、大小等属性过滤产品)、关键词搜索引擎、产品推送工具等。

数字平台在控制信息行为上是十分具有策略性的,我们会在后面的章节里面举几个例子,包括"为什么总找不到合适的对象?"以及"为什么推送的产品可能并不符合消费者的利益?"在此处,我们先用一个简单的例子来讲述平台的策略性。

电商平台希望消费者能更多地了解产品的非价格属性,如颜色、大小、款式等,但是往往不希望消费者轻松了解价格信息。为了增加消费者对比价格的难度,平台一般采取如下手段:消费者一般在比较产品价格时很难看到快递成本,数字平台通过隐藏快递费用来增加消费者比较购买成本的难度;平台鼓励商家根据市场需求和供应情况等因素来实施动态定价(如美国《纽约时报》曾报道亚马逊上卫生纸的价格每天都会调整十几次,价格调整频率已经接近于机票票价调整频率),使消费者很难对产品价格进行对比;在搜索页面下,平台只显示商品"×××元起"而非实际价格的数额,只有消费者点击进入产品页后才能看到实际价格数额,所以当消费者在搜索页面下对比 n 个产品时,是无法对比它们的实际价格数额的,而反复点击进入产品页去看价格数额无疑为消费者对比价格添加了难度。

11.3 ChatGPT 的平台化

著名的语言大模型 ChatGPT 在微软的 New Bing 上已经成了平台,如图 11-1 所示,当笔者在微软的 New Bing 上的聊天机器人(背后由 ChatGPT 支撑)对话框中输入"a cheap gaming laptop"后,聊天机器人会给出相应的广告,点击这些广告后就会弹出这个广告上所示产品的页面(在另一个名为 XOTICPC 的平台上面)。

注意,在与 ChatGPT 聊天时,笔者输入的"a cheap gaming laptop"相当于关键词,并且在输入这些关键词之前已经与 ChatGPT 交谈了一些关于笔记本电脑方面的话题,明显与谷歌输入关键词后的搜索结果(一长串的相关链接)不同,ChatGPT 给出了极为简单的回答,以及清晰的产品推荐,这些信息是 ChatGPT 根据笔者的聊天以及关键词"a cheap gaming laptop",经过 AI 算法找到的推荐结果,因此笔者无须像使用谷歌那样点击一个一个链接来花时间阅读并判断信息价值,而是直接从 ChatGPT 得到了自己想要的信息(见图 11-1)。

由此可见 ChatGPT 的电商平台化,这也解释了前面章节中所讲到的为什么谷歌如此害怕 ChatGPT:消费者都用 ChatGPT 搜索信息,广告商也就在 ChatGPT 上投放广告了,谷歌的核心业务(搜索关键词广告业务)被颠覆。

营销管理：理论与数据实践

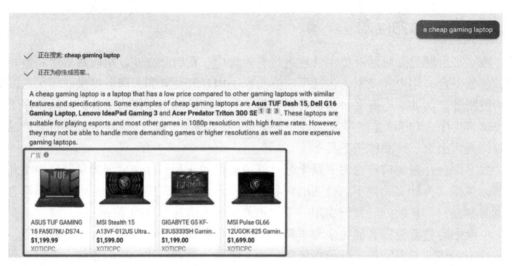

图 11-1　CnatGPT 关于"a cheap gaming laptop"的搜索结果

即测即练

自学自测　　扫描此码

第 12 章

数字平台与策略

12.1 为什么总找不到合适的对象？

你找不到合适的对象，总抱怨"生活圈子太小""自己太宅""不够主动"等，解决问题的办法不外乎"多交友""增强自身魅力""主动点"等。但是增强自身魅力不是一朝一夕就可以做到的，线下直面交友或者陌生人搭讪也不符合每个人的性格，所以更多人使用线上的方法，例如通过找对象 App、相亲网站、知乎、豆瓣等。

相亲网站或 App 是平台，符合双边市场理论，即一边是男性，另一边是女性，相亲网站在中间通过撮合来盈利（见图 12-1）。相亲网站可以帮助你扩大交际圈子，增加认识新人的机会。这些网站通常会提供一些筛选条件，例如年龄、性别、身高、体重、地区、职业、收入等，以便你更好地找到符合自己要求的人。

但是，为什么你还经常抱怨在相亲网站或 App 上找不到合适的对象？美国匹兹堡大学商学院的教授经研究发现，也许问题并不在于你自己。

图 12-1　相亲网站或 App

相亲网站或 App，尤其是头部的几个平台，通常具备海量用户，在这么多的用户中，真的就没有符合你心仪条件的异性吗？

其实，相亲网站或 App 大多通过订阅（subscription）的方式（月费）来收取用户费用，这种收费方式意味着，相亲网站或 App 可能并不希望用户很快找到心仪的对象然后离开，因为只有用户继续使用平台服务，平台才能收取更多的月费。

因此，相亲网站或 App 通常会调整匹配算法的口径做到如下平衡：匹配算法口径要足够小，使得用户可以找到满足部分需求的心仪对象，从而觉得平台有价值不会离开；同时匹配算法口径又要足够大，使得用户就是找不到满足全部需求的对象（即使平台上有满足你全部需求的对象），从而不甘心进而继续使用平台的相亲服务。

例如你心仪的对象应具备"本科学历""英语 6 级""身高 170""收入月薪 5000 元"，但是平台匹配给你的人要么英语不够 6 级，要么收入不足 5000 元，总之就是给你一个人，他/她满足你部分的需求，但就是差一点点，让你处于一种"不满足、不甘心"但是又觉得平台"还是有些价值的、总比不用强"的感觉。

相亲网站或 App 会策略性地调整匹配算法的口径，以实现自己利润最大化为目标，部分满足用户的对象匹配需求。

12.2　为什么推送的产品可能并不符合消费者的利益？

在使用电商平台网站或者 App 时（见图 12-2），我们经常会收到产品推送。平台了解我们的历史信息和消费偏好后，会根据算法把我们的偏好和消费习惯与平台上的产品相匹配，然后为消费者推送产品。可是，平台推送的产品是完全为了消费者需求和偏好考虑的吗？

图 12-2　电商平台

根据美国哈佛大学商学院学者的研究，可能你收到的平台推送产品更多地服务于平台的利润，而不是你的需求偏好。先看电商平台是如何盈利的：电商平台通常收取交易的佣金（commission fee，按照价格来抽成），比如亚马逊平台通常抽成 10%～15%。因此，对平台最有利的交易需要符合如下的微妙平衡：

平台上的交易价格要足够低，使得消费者愿意停留在平台上进行购买，而不是离开去其他地方；同时，在消费者不离开平台的前提下，平台上的交易价格要足够高，只有这样，平台的抽成利润才会高。

在这个平衡下，平台希望其上的第三方卖家竞争足够激烈（使得价格足够低从而消费者不离开平台），但是不要过于激烈（使得价格足够高从而平台抽成利润高）。因此，平台会对其上第三方卖家之间的竞争严加监督。

因此，平台在推送产品的时候，根据消费者的偏好，尽可能推送价格高的产品，因为更高的价格意味着平台能够获得更高的抽成利润。推送后，平台根据消费者的购买决定进一步迭代算法。

情况 1：如果消费者买了，算法下次可能推荐价格更高的同类产品；

情况 2：如果消费者没有买，则有如下 3 种可能性。

可能性 1，消费者喜欢推荐的产品，但是嫌价格太高；

可能性 2，消费者觉得价格合适，但是不喜欢推荐的产品；

可能性 3，上面两种可能兼具，即消费者既不喜欢推荐的产品，又觉得价格太高。

所以，当情况 2 出现的时候，平台的推送算法会对其中的 3 种可能性的概率进行计算，如果计算结果表明可能性 1 的概率更大，则平台下次会推送价格稍微低一些的同类产品；如果计算结果表明可能性 2 的概率更大，则平台会猜测消费者的需求，然后推荐其他品类的产品；如果计算结果表明可能性 3 的概率更大，则平台会猜测消费者的需求，然后推荐其他品类，且价格稍微低一些的产品。

平台会对情况 2 的推送算法进行周而复始的迭代，直到情况 1 的出现（即消费者选择了购买）。因此，在平台上选择产品时，消费者应该多方面考虑，不仅是依赖平台的推荐或者算法的推荐，还应该结合自身需求和偏好进行选择。

除了哈佛大学商学院学者，笔者在南加州大学的博士论文（导师为南加大商学院 Anthony Dukes 教授）研究成果也表明，平台帮助消费者搜索产品的时候也会"留一手"，平台只会帮助消费者披露产品的部分信息从而让消费者足够容易了解产品属性，但是又不愿意披露所有信息从而让消费者觉得产品评估比较难，所以难以"货比三家"，从而弱化了竞争，以使平台能够获得最大的抽成利润。

12.3　数字平台产品品质筛选问题

数字平台在带给人们生活便利的同时，也充斥着一些负面因素，比如卖家身份隐蔽、商品质量参差不齐、监管技术手段相对滞后等。尤其是平台上商品质量问题频发，并不断引发纠纷。因此，国外众多数字平台大力加强对卖家商品质量的严格监控和管理（见图 12-3）。比如，印度最大平台市场 Flipkart 对其所有卖家进行严格的背景筛选和调查，对问题卖家进行黑名单登记并采取必要的法律手段；美国的亚马逊专门成立了卖家中心，对商品质量违规和惩罚措施做了详细的说明和规定。

图 12-3　严格监控和管理卖家商品质量

近年来，我国的数字平台市场中商品质量监管问题也日渐突出。电子商务研究中心报告显示，2013—2017 年全国电商平台投诉数量呈现逐年增长趋势：增速分别为 4%、3.32%、3.27%、14.7%、48.02%。我国于 2018 年出台的《中华人民共和国电子商务法》明确指出电商平台对卖家负有审核与监管义务，并指引平台经营者更好履行商品质量安全监督。为了保护广大消费者的权益，数字平台市场也相应实施严格的质量监控措施。例如，淘宝平台关闭了 24 万个问题店铺，并实现平台上 95% 的质量投诉得以在 24 小时内处理完成，同时通过数据挖掘、图像识别和机器学习等技术对平台上 20 亿件商品进行识别和监控；又如，在第三方卖家入驻京东商城之前，平台对其商品质量实行严格检测，卖家须提供具有 CMA、CNAS 资质的实验室出具的产品检测报告。在各方努力下，《2021 年度中国电子商务用户体验与投诉监测报告》显示，2018—2021 年全国电商平台的投诉案件数呈现负增长，2019 年同比下降 0.72%；2021 年同比下降 21.84%。

有趣的是，国外数字平台市场的卖家商品质量问题并没有显著减少。比如，2022 年初的调查显示，1/3 的亚马逊消费者对商品质量失望并希望平台加强监控；Flipkart 因为商品质量问题日益突出而被印度政府约谈。更加备受质疑的是，这些数字平台市场掌握大量卖家及其商品的信息，以及消费者对商品购买情况和售后评价，实施严格的质量监控和约束似乎并不困难。但是，正如《卫报》《纽约时报》和《华盛顿邮报》等媒体所指出的，问题商品充斥着主流电商平台（如亚马逊等），辜负了消费者的信任。

在下面的模型中，我们将重点回答数字平台对产品质量的筛选监督问题：平台可以鼓励更多的优质产品进入平台（突破质量上限），也可以睁一只眼闭一只眼地让更多的劣质次品进入平台（突破质量下限），那么：

问题 1：数字平台的利润和优质产品与劣质产品的质量差异有什么关系？

问题 2：为什么有的平台对次品不下重手打击，甚至让人感觉有些放任次品横行？

12.4 数字平台产品品质筛选问题、基于霍特林改进模型

从第 4 篇中的霍特林改进模型中，我们可以轻松求得两个公司的利润之和：

$$\pi_{HL} = \pi_H + \pi_L = t + \frac{\Delta^2}{9t}$$

这个利润之和也可视为行业利润。当产品水平差异（颜色、款式等）t 变大时，可以证明两家公司的最优利润 π_H 和 π_L，以及行业利润 π_{HL} 都变大。注意这个结果和霍特林模型中的结论一致。

下面看竖直差异 Δ（两个产品的质量差异）对 π_{HL} 的影响。可以看出，当高质量公司的竖直差异 Δ 进一步提高时，行业利润 π_{HL} 增大。把 $\Delta = q_H - q_L$ 拆开分别讨论 q_H 和 q_L，则当高质量公司产品的质量提高时（q_H 变大），行业利润 π_{HL} 会提高；而当低质量公司产品的质量降低时（q_L 变小），行业利润 π_{HL} 同样也会提高。这就产生了一个有趣的结论：行业利润的提高，既可以通过提高高质量公司产品的质量（提高 q_H）来实现，也可以通过降低低质量公司产品的质量（降低 q_L）来实现。

这是因为，提高高质量公司产品的质量，可以吸引更多的消费者花费更高的价格来买高质量公司的产品，因此提高了行业利润；而降低低质量公司产品的质量可以达到相同的目的，即因为低质量公司的产品的质量变差了，而迫使消费者不得不花费更高的价格来买高质量公司的产品，因而提高了行业利润。

由此可以产生一个有趣的讨论：一个行业，如果想提高行业整体利润的话，是通过提高高质量公司产品的质量来实现（提高 q_H），还是通过降低低质量公司产品的质量来

实现（降低 q_L）？虽然二者对改变行业整体利润具有相同的作用，但是实现起来难度是不一样的。例如，如果想通过提高高质量公司产品的质量（提高 q_H）来提升行业整体利润的话，需要对产品的新技术进行开发，对产品的质量和品牌进行进一步提高和升级，这些都需要企业进行大量的、长期的资源投入；然而，如果想通过降低低质量公司产品的质量（降低 q_L）来提升行业整体利润的话，对于企业来说压力会小很多，但是这样做会损害消费者利益，同时降低社会财富。因此，国家和相关监管部门对行业进行监督的时候，尤其是要注意对该行业中的低质量公司产品的质量进行有效的监控，防止上述情况的发生。

下面我们分析上面的问题 1："数字平台的利润和优质产品与劣质产品的质量差异有什么关系？"

考虑数字电商平台：通常数字平台对销售的产品进行抽成，比如在销售价格上抽成一个百分比，用 $\theta \in (0,1)$ 表示，因此平台的利润（用 π 表示）可以用下面的式子表示：

$$\pi = \theta \pi_{HL} = \theta \left(t + \frac{\Delta^2}{9t} \right)$$

由此可知，数字平台的利益和行业整体利润一致，也就是说，平台想提高其自身利润的话，要么通过提高高质量公司产品的质量（提高 q_H）来实现，即"突破上限"，要么通过降低低质量公司产品的质量（降低 q_L）来实现，即"突破下限"。

下面我们解释上面的问题 2："为什么有的平台对次品不下重手打击，甚至让人感觉有些放任次品横行？"

通过上面的观察可知，降低 q_L 可以提高 $\Delta(\Delta = q_H - q_L)$，从而提高平台抽成利润，说明平台可能会故意选择更加低质量的次品来提高其自身利润：消费者会觉得次品质量实在太差了，不得不去购买贵的、质量稍微好点的产品，注意这里的"质量稍微好点的产品"是相对于次品质量而言，也就是说，如果次品质量足够低的话，"质量稍微好点的产品"的质量也不用太高，就能达到很大质量差异，就可以迫使消费者用高价来购买了，从而让平台受益。

换句话说，"突破下限"降低 q_L（让更多的质量更低的次品进入平台），可以使质量上限 q_H 也不必太大，就能迫使消费者"心不甘情不愿又没办法"去购买贵且质量也不太高的产品，让平台抽成利润增加。因此，有些数字平台对低质量卖家商品的质量问题不重视，甚至放任低质量次品在平台上横行，可能是策略性的，而非不小心忽视。

当然，平台也可以通过"突破上限"提高 q_H（鼓励更多的优质产品进入平台），来提高 Δ，从而提高自身抽成利润：优质产品的质量进一步提高，吸引力进一步增强，吸引消费者"心甘情愿上赶着"多花钱购买，平台抽成利润增加。

但是问题是：平台要想"突破上限"，首先，本地市场中得有更高质量的优质产品，如果某些高新科技技术被限制或者自身水平不够，就会影响本地市场中产品质量的上限，很难做到提高 q_H；其次，即使本地市场中的确有更高质量优质产品的存在，但是如果人家不愿意进入平台进行销售，比如某些高档品牌可能担心加入某些次品横行的平台而影响品牌形象，这样的话平台也无法将高档品牌引进来提高产品质量上限。

因此，对于有些平台来说，"突破下限"降低次品的质量，远远比"突破上限"进一步提高优质产品的质量容易得多，但是"突破下限"的时候，消费者是不得不花高价购买质量稍好的产品（相对于质量更低的次品，q_L更低，q_H不变），而"突破上限"的时候，消费者是心甘情愿地花高价购买质量高的产品（相对于质量稍低的产品，q_L不变，q_H提高），对于消费者而言，是完全不同的。

即测即练

自学自测　扫描此码

第 6 篇

消费者与产品信息搜索

你有没有考虑过这个问题：为什么总是有那么多找不到工作的人，同时又有那么多招不到人的工作？

类似地，为什么总是有那么多找不到称心商品的消费者，同时又有那么多找不到买家的商品？为什么总有那么多找不到男朋友的女性，同时又有那么多找不到女朋友的男性？为什么总有那么多房子空着没人住，同时又有那么多人没有住房？

这就涉及了诺贝尔经济学奖级别的深刻话题"搜寻摩擦"（search frictions）：当选择的个数和属性复杂度超过人能收集、处理和理解信息的能力时，就会产生搜寻摩擦。上面的这些问题就是由"搜寻摩擦"导致的。2010 年诺贝尔经济学奖就授予了三位经济学家 Peter Diamond、Dale T. Mortensen 和 Christopher Pissarides，以表彰他们所提出的"搜寻摩擦"理论和模型体系。

近年来，数字化转型（Digital Transformation）的时代浪潮，席卷着各行各业，与我们每个人的生活息息相关。直觉上，数字化转型的一个显著的直接结果是减弱"搜寻摩擦"。比如在数字电商平台（淘宝、京东等）上对产品进行搜索，平台会为消费者提供很多的搜索工具，比如搜索引擎、属性筛选、排序（按价格、按热度）等。同时和线下购物对比则更加明显，在数字电商平台上购物至少我们不用跑线下的门店了，减少了中间开车、走路的时间和精力开销，原来需要走进一个线下实体店才能看到的产品属性和价格，在线上只需要点击一下就可以看到了。很明显，这些搜索工具增强了消费者收集、处理和理解信息的"绝对"能力，从消费者"绝对"能力提高的角度上对"搜寻摩擦"起到了减弱的作用。

但是，问题出在产品提供方上：因为消费者信息搜索能力增加了，可以搜索并评估更多的产品，那么品牌生产商也会相应地生产更多种类的产品并投放到平台上去，使得平台上的产品大爆炸（想象一下淘宝上有多少产品……），再次超过消费者对信息的收集、处理和理解的能力，因此从产品提供方上对"搜寻摩擦"起到了增强的作用。这两个作用一个正一个负，很难说清到底谁起决定性作用。同时，在线上对产品信息进行搜索评估也有各种限制，比如消费者不能用手去感触产品，无法用鼻子去闻等，因此很多产品的重要属性信息是无法通过线上进行传递的。因此，数字化转型到底是不是真的增加了消费者的"相对"优势目前还不能确定。

为了解决这个问题，从根本上突破人脑的认知能力瓶颈，电商平台开始通过大数据和人工智能等技术手段，部分替代人脑完成对信息的搜索评估和深度处理工作。但是，这些研究又涉及其他关于"人"的因素，例如每个人都对隐私保护非常重视，一定程度上并不希望人工智能程序对自己的内心所想十分了解并代替自己做出决定。因此，在人与信息斗争中的"搜寻摩擦"相关研究充满了悖论和未知，值得深入探讨和研究。

第13章

消费者信息行为

13.1 消费者信息不确定性与信息过载

消费者通常对产品属性（价格属性和非价格属性）信息不确定，比如消费者在去超市购买产品前可能并不清楚地知道产品的价格、颜色、款式、质量等。

当消费者对产品具有不确定性的时候，一般会采取两个选择：第一，推迟购买计划，避免做出错误的购买决定；第二，对产品信息进行搜索评估，降低对产品的不确定性，提高正确匹配消费者自身需求和产品属性的可能性。

研究表明，信息过载（information overload）是导致消费者在信息不确定情况下推迟产品购买计划的主要原因。信息过载是指信息超过了消费者能接受、处理或有效利用的范围，而导致更多的信息反而影响消费者做出正确的决定。例如，以前的研究结果表明市场中有更多品类的产品供消费者选择的话，会让消费者受益，因为消费者可以根据自己的需求选择适合的产品（例如，面包房中更多种类的蛋糕可以增加消费者选到适合自己需求的蛋糕的概率）；但是最新的研究结果表明，如果把消费者根据自己的需求选择到适合的产品的概率作为 Y 变量，而把市场中产品的品类作为 X 变量，那么 Y 和 X 之间呈现倒 U 形关系。

具体来说，当 X 从小到大增加时（市场中产品的品类从小到大增加时），的确在刚开始的时候 Y 会增加，即消费者根据自己的需求选择到适合产品的概率增加；但是当 X 超过一个阈值之后继续增加的话，Y 会降低，这是因为市场中的产品品类太多，超过了消费者能接受、处理或有效利用的范围，导致信息过载，使消费者不仅无法利用这些过量的信息，而且面对这些海量信息变得无所适从，从而因为害怕选错产品而推迟购买计划，俗称"挑花眼了"。

13.2 退货条款与保险

当信息过载、时间不充裕、对产品非常陌生的时候，消费者通常会选择推迟购买计划。相应地，为了减轻消费者对购买具有高不确定性产品的心理负担，商家通常会提供比较慷慨的退货条款，如在北美常见的 30 天无理由退货（图 13-1 为亚马逊平台 30 天退货条款）。因此，退货条款可视为消费者购买不确定性产品时上的保险，是一个非常重要的产品属性。

图 13-1　亚马逊平台 30 天退货条款

但是，在某些情况下，商家会提供非常不友好的退货条款，甚至不提供任何退货条款。例如，开了封的食品药品、某些旅游产品等。

下图为美国 Hotwire 平台上销售的盲盒酒店产品（该平台也提供盲盒机票和租车业务），比如，当消费者订盲盒酒店的时候，他只知道这个酒店在加州圣何塞地区，以及价格和星级，但是不知道具体的地址和酒店名称，只有在支付以后，消费者才能看到酒店的具体地址以及酒店名称。

这样的盲盒产品通常不提供任何退货条款，原因是为了避免消费者通过不停地买盲盒，退盲盒来刷自己喜欢的款式或者种类（见图 13-2）。

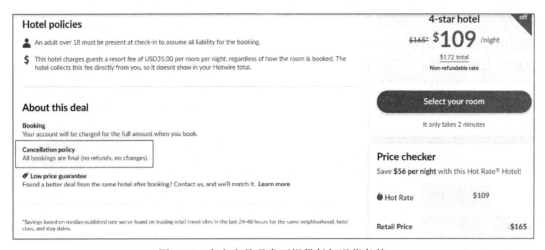

图 13-2　盲盒产品通常不提供任何退货条款

13.3　消费者信息搜索与评估

当时间充足，且产品本身并不十分复杂、自身对产品不十分陌生的情况下，消费者会对产品属性进行搜索与评估，以降低产品信息的不确定性。

但是，由于消费者自身信息收集、整理和消化的能力是有限的，而市场中产品的品牌和种类繁多，并且产品属性很复杂，消费者往往无法评估市场中所有的产品，也不太可能评估产品的所有属性。因此，在绝大多数购买过程中，消费者往往都具有不同程度的对产品属性的不确定性。

对产品的属性进行搜索和评估会带来收益，其主要体现在消费者会对产品信息更加了解，从而可以更好地选择符合自己需求的产品；同时，搜索和评估也会带来成本，比如消费者需要投入时间和精力等。因此，为了做出最优的购买决定，消费者通常会根据收益与成本，来决定投入多少时间和精力来对产品进行搜索和评估。

因此，消费者会在对产品信息进行搜索与评估时，决定具体搜索和评估多少个产品，这就涉及经济学和管理学中的一个重要领域，消费者信息搜索（Consumer Search）。在这个领域中，消费者信息搜索模型分成两类：同步搜索（Parallel Search）和异步搜索（Sequential Search）。

具体来说，同步搜索是指消费者在搜索前就决定好一个考虑集（Consideration Set），例如消费者可能在买车前就决定了只考虑德系BBA这三个品牌的车，然后再对考虑集中的产品进行搜索和评估，并最终选择最符合自己需求的产品。

相对应的，异步搜索是指消费者对产品逐个地进行评估，如果看上了一件产品就直接买了，不会事先形成考虑集，例如，消费者在买菜的时候一个菜一个菜地挑，直到挑到看着最新鲜、品相最好的菜并购买。

即测即练

自学自测　扫描此码

第14章

消费者信息搜索建模分析

14.1 消费者信息搜索模型

假设市场中有 $N(\geqslant 2)$ 家公司,每家公司提供 1 个产品,且产品没有系统性质量差异。假设消费者最初对产品属性有不确定性,必须经过搜索和评估后才能确定产品的效用,并为之付出成本(如时间和精力等)。消费者对产品 i 的效用函数为:

$$u_i = U + \mu v_i - p_i$$

其中,U 是产品的基础效用且每个产品都是一样的,如食物可以饱腹(消费者已知)。v_i 是产品 i 的异质性,即每个产品不一样,如颜色、款式等(消费者具有不确定性),在搜索前,消费者对 v_i 的取值并不确定,消费者相信 v_i 符合一个随机分布(我们假设符合 Gumbel 分布);在搜索后,消费者将从这个分布中抽取一个值分配给 v_i,即 v_i 的实现效用。$\mu(>0)$ 代表产品差异(因为 μ 越大,则 μv_i 的方差越大)。p_i 是产品 i 的价格(消费者具有不确定性)。

我们讨论同步搜索模型:消费者在搜索前就决定好一个考虑集,然后再对考虑集中的产品进行搜索和评估,并最终选择最符合自己需求的产品。假设这个考虑集包括 $n(\leqslant N)$ 个产品,消费者在搜索完这些产品后会得知 $\{u_1,\cdots,u_n\}$ 具体的效用是多少,也就是说会得知 $\{\mu v_1 - p_1,\cdots,\mu v_n - p_n\}$ 的具体大小是多少,然后从中选择提供最大效用 $\max\{\mu v_1 - p_1,\cdots,\mu v_n - p_n\}$ 的那个产品 i^* 进行购买。换成大家都能听懂的话说:例如消费者考虑德系 BBA 的 SUV(形成考虑集),然后对这个考虑集中所有的品牌和 SUV 车型进行搜索和评估,找出性价比最高 $\max\{\mu v_1 - p_1,\cdots,\mu v_n - p_n\}$ 的那个 SUV 车 i^* 进行购买。

下面会涉及一个重要的假设,即消费者的理性思维和公司的均衡策略:因为产品之间没有系统性质量差异,所以消费者在搜索之前就能理性地猜到产品之间不会有什么价格上的差异,而公司也能猜到消费者会这样猜测,所以公司也会把最终价格设置成一样的 p^*,即 $p_1 = p_2 = \ldots = p_n = p^*$,这就形成了一个均衡状态。换成大家都能听懂的话说:德系 BBA 基本属于同一水平的品牌,因为消费者都知道这些品牌之间基本不会有什么价格上的差异,而德系 BBA 的价格也正是这么制定的,和消费者所猜测的是一致的。

基于上述消费者理性和公司均衡策略,当消费者选择提供最大效用 $\max\{\mu v_1 - p_1,\cdots,\mu v_n - p_n\}$ 的那个产品 i^* 进行购买时,这个问题简化为消费者选择提供最大效

用 $\max\{\mu v_1 - p^*, \cdots, \mu v_n - p^*\}$ 的那个产品 i^* 进行购买，即具体购买哪个产品与价格不再相关 $\mu\max\{v_1, \cdots, v_n\} - p^*$。

但是在搜索评估产品之前，消费者并不能确定考虑集中哪个产品 i^* 提供最大的 $\mu\max\{v_1, \cdots, v_n\} - p^*$，因此需要对此求数学期望：搜索的期望收益和期望成本。具体而言，搜索的期望收益就等于 $E[\mu\max\{v_1, \cdots, v_n\} - p^*]$，当 v_i 符合 Gumbel 分布时，它等于 $\mu\ln[n] - p^*$，这里面 n 就是考虑集中包含的产品个数，也就是考虑集的大小。

搜索的期望成本定义如下：每个被搜索的产品都需要消费者付出成本 $\tau(>0)$，因为消费者需要花时间和精力去阅读理解评估产品属性，因此把考虑集中的 n 个产品都评估完需要花费 $n\tau$ 的搜索期望成本。

由此可得消费者的目标函数如下：

$$\max_n \mu\ln[n] - p^* - n\tau$$

消费者选择考虑集的大小 n 来最大化上面的目标函数（搜索的期望收益与期望成本的差）。通过对这个目标函数求一阶导数可得 $\frac{\mu}{n} - \tau = 0$，即 $n^* = \frac{\mu}{\tau}$。

仔细观察考虑集的大小 $n^* = \frac{\mu}{\tau}$：当产品差异增加时（μ 增加），消费者会把更多的产品加入到考虑集中进行评估（n^* 增大），因为更大的产品差异意味着可能有更高的搜索收益；当搜索成本增加时（τ 增加），消费者会把更少的产品加入到考虑集中进行评估（n^* 减小），因为更高的搜索成本使得对产品的搜索评估变得更加困难。

14.2 商家不愿意消费者"货比三家"的原因

如果看懂了上面的消费者信息搜索模型，那么下面我们来研究公司如何根据消费者信息搜索行为来定价。重点注意，消费者的考虑集是在搜索评估产品之前形成的（如消费者还没看车的时候就决定了考虑德系 BBA 的 SUV），因此上面关于考虑集 n^* 的决定基于数学期望；但是，当消费者在搜索完考虑集中的 n^* 个产品后，会得知这 n^* 个产品的效用 $\{\mu v_1 - p_1, \cdots, \mu v_{n^*} - p_{n^*}\}$ 具体大小是多少，之后她一定会从中选择提供最大效用 $\max\{\mu v_1 - p_1, \cdots, \mu v_{n^*} - p_{n^*}\}$ 的那个产品 i^* 进行购买。所以，对产品公司 i^* 来说消费者市场份额等于 $prob[\mu v_{i^*} - p_{i^*} = \max\{\mu v_1 - p_1, \cdots, \mu v_{n^*} - p_{n^*}\}]$，即产品 i^* 是考虑集 n^* 个产品中提供最大效用的产品的概率。在 v_i 符合 Gumbel 分布时，这个概率等于：

$$D_{i^*} = \frac{E^{-\frac{p_{i^*}}{\mu}}}{\sum_{i=1, \cdots, n^*} E^{-\frac{p_i}{\mu}}}$$

所以公司 i^* 的期望利润等于 $\pi_{i^*} = D_{i^*} p_{i^*}$。因为产品没有系统性质量差异，是对称的，因此我们关注于对称均衡，即 $p_1 = p_2 = \cdots = p_n = p^*$。对 π_{i^*} 关于 p_i 求导数并使用对称均衡条件可得，$p^* = \mu \dfrac{1}{1-\dfrac{1}{n^*}}$，$n^* = \dfrac{\mu}{\tau}$。

从 p^* 的表达式可以看出，当考虑集的 n^* 变大时，产品的价格 p^* 会降低，这是消费者信息搜索领域的核心结果：当消费者搜索并评估了更多的竞品后，公司之间的竞争会加剧，这导致了公司的定价权减小，公司不得不降低价格以期望留住消费者。换句话说，"货比三家"会增加公司间的竞争，迫使公司降价，所以公司本质上并不希望消费者"货比三家"。

如果用搜索成本 τ 说明上面的核心结果，则为：当消费者搜索成本减少后，他们会搜索更多的产品加剧竞争，这迫使公司不得不降低价格。

14.3 产品差异化导致激烈竞争的原因（霍特林模型的边界）

下面我们通过产品差异 μ 去分析公司最优定价 $p^* = \mu \dfrac{1}{1-\dfrac{1}{n^*}}$。首先需要保证 $n^* = \dfrac{\mu}{\tau} \geq 1$，即考虑集中至少要包含 1 个产品，$\mu \geq \tau$。对公司最优定价 p^* 关于 μ 求导可得：

$$\frac{\partial p^*}{\partial \mu} = \frac{\mu(\mu - 2\tau)}{(\mu - \tau)^2}$$

当 $\tau \leq \mu < 2\tau$ 时，p^* 随着 μ 的增加而减小，即更高的产品差异会让公司之间的竞争更加激烈，从而导致公司不得不降价。重点注意：这个结论与霍特林模型结论正好相反，原因是霍特林模型中消费者对产品属性是没有不确定性的，而在消费者信息搜索模型中消费者是有不确定性的，这个是本质不同。

当 $\mu \geq 2\tau$ 时，p^* 随着 μ 的增加而增加，即更高的产品差异会减少公司之间的竞争，从而使得公司提高价格。这个结论和霍特林模型结论是相同的。

那么为什么当 $\tau \leq \mu < 2\tau$ 时（产品差异很小时），更高的产品差异会降低产品的价格呢？注意，μ 对价格有一正一反两个作用：正的作用是更高的产品差异会弱化竞争让公司提高价格（如霍特林模型的主要结果）；反的作用是更高的产品差异会让消费者增加考虑集中产品的个数（$n^* = \dfrac{\mu}{\tau}$ 随着 μ 的增加而增加），"货比三家"迫使公司降低价格（$p^* = \mu \cdot \dfrac{1}{1-\dfrac{1}{n^*}}$ 随着 n^* 的增加而减小）。因此，一正一反两个作用谁起到主要作用就看

产品差异 μ 的大小。也就是说 p^* 表达式中的第一项 μ 是正作用（同霍特林模型），而第二项 $\dfrac{1}{1-\dfrac{1}{n^*}}$ 中 μ 通过 n^* 对价格 p^* 起到负作用（μ 对 n^* 起正作用，而 n^* 对 p^* 起负作用）。

当产品差异很小时（$\tau \leqslant \mu < 2\tau$ 时），市场中的产品都差不多，因此消费者对产品进行搜索评估的收益就不会大（既然东西都差不多就懒得搜索评估了），也就是说消费者考虑集中的产品数量很小（n^* 很小），此时增加一个单位的 μ 会让消费者增加搜索相对而言很多的产品，导致激烈的竞争，而 μ 很小导致它的正作用并不大，因此负作用为主，导致产品价格降低，产生了与霍特林模型相反的结果。这就是霍特林模型的边界。

而当产品差异很大时（$\mu \geqslant 2\tau$ 时），消费者考虑集中已经包括了很多产品，此时增加一个单位的 μ 会让消费者增加搜索相对而言不是很多的产品，竞争不会特别激烈，而 μ 很大导致它的正作用很大，因此正作用为主，导致产品价格上升，产生了与霍特林模型相同的结果。

即测即练

第 7 篇

市场细分和目标市场

在营销管理领域中，STP是一个重要的概念，它代表了市场细分（Segmentation）、目标市场（Targeting）和市场定位（Positioning）的过程。这三个步骤是制定有效营销策略的核心，有助于识别和服务特定的顾客群体，从而在竞争激烈的市场中获得优势。本篇将从STP框架与基础、市场细分与目标市场、市场细分的定量方法三个维度展开，系统讨论STP是什么，为何重要，以及如何进行。

让我们先从一个案例进入本篇的内容。星巴克是一家成立于1971年的美国咖啡连锁品牌，凭借其独特的品牌定位和营销策略，成为全球最大的咖啡连锁店之一。星巴克的成功很大程度上归功于其精确的STP策略，该策略使得星巴克能够在竞争激烈的市场中脱颖而出，建立起强大的品牌忠诚度。

星巴克对市场的细分采取了多维度的方法。它不仅考虑了消费者的地理位置、年龄、性别和收入水平，还深入挖掘了消费者的生活方式和消费习惯。例如，星巴克识别出了追求高品质生活、喜欢社交和愿意为优质咖啡体验支付溢价的消费者群体。这些消费者通常年龄在18~44岁，对咖啡的品质和购买体验有较高要求。通过这种市场细分，星巴克能够清楚地了解不同消费者群体的需求和偏好，从而为他们提供量身定制的产品和服务。

在进行了市场细分之后，星巴克选择了追求高品质生活、具有一定经济能力和愿意为获得超凡咖啡体验支付更多的消费者作为其主要目标市场。星巴克认为这部分消费者更有可能成为品牌的忠实顾客，并愿意定期访问星巴克门店。星巴克通过提供高品质的咖啡和舒适的环境，以及优质的顾客服务，成功吸引了这部分目标消费者。同时，星巴克还通过会员计划、个性化促销活动和社交媒体营销来加强与目标市场的联系，提高顾客忠诚度。

星巴克的市场定位策略是建立在提供"第三空间"概念之上的，即除家和工作场所之外的第三个舒适的社交场所。星巴克通过提供高品质的咖啡和舒适的环境，以及免费的 Wi-Fi 和优质的顾客服务，成功地将自己定位为一个理想的休息和社交的场所。此外，星巴克还通过持续推出新产品、限时特饮和季节性活动来吸引顾客，保持品牌的新鲜感和吸引力。通过这些策略，星巴克不仅满足了目标消费者对高品质咖啡的需求，还满足了他们对社交和体验的需求，从而在顾客心中建立了独特而强大的品牌形象。

星巴克通过精确的市场细分、明智的目标市场选择和独特的市场定位策略，成功地在全球范围内扩张其业务，成为咖啡连锁行业的领头羊。星巴克的例子清楚地展示了 STP 策略在制定有效营销策略和建立强大品牌形象中的重要性。通过了解和满足特定市场细分的需求，企业可以更有效地吸引和保留顾客，从而在竞争激烈的市场中取得成功。

第 15 章

STP 框架与基础

15.1 STP 框架

STP 框架，即市场细分、目标市场选择和市场定位模型，是营销管理领域中的一个核心概念。这个模型最早在 20 世纪 50 年代末 60 年代初由营销学者提出，并随着时间的推移，经过不断地实践和理论完善，成了营销战略规划中不可或缺的工具。

在该模型中，市场细分是指将广泛的市场按照某些标准或属性划分为多个较小、具有相似需求或特征的顾客群体的过程。市场细分的依据可以是地理位置、人口统计特征、心理特征、行为特征等。通过市场细分，企业能够识别出具有不同需求和偏好的顾客群体，以便更精准地满足他们的需求，为后续的目标市场选择和市场定位提供基础。在进行市场细分之后，企业需要评估和选择一个或多个最具吸引力的细分市场作为其目标市场。这一过程涉及分析各细分市场的规模、增长潜力、竞争状况以及企业的资源和目标，权衡利弊之后，确定最适合企业资源和能力的目标市场，企业将集中资源和努力，以最有效的方式满足这些市场的需求。市场定位则是指企业在目标市场顾客心中创造其产品或服务独特印象的过程。通过制定和实施定位策略，企业确定如何在目标顾客心中建立其产品或服务的独特地位，突出产品的独特价值和差异化特征，以及与竞争对手的区别化因素，满足目标顾客的特定需求。

STP 模型的提出，是对传统的大众市场营销方法的一种革新，在营销战略规划中起到基石作用。它要求企业从市场细分开始，通过目标市场选择，最终实现有效的市场定位，帮助企业更好地理解和满足顾客需求，实现资源的有效配置，以及在竞争激烈的市场中获得优势。随着市场环境的不断变化和顾客需求的日益多样化，STP 模型的应用使企业能够灵活调整其营销战略，保持竞争力。接下来我们将介绍三种可以运用于企业 STP 过程的理论：5C 模型、SWOT 分析、4P 模型。

15.2 5C 模型

在营销管理和战略规划领域中，企业在进行市场细分、目标市场选择和市场定位之前，需要进行全面的市场分析。这种分析帮助企业理解其所在的业务环境，以便更好地制定其 STP 策略。在这个过程中，5C 模型作为一种广泛使用的框架，为企业提供了一个全面审视市场和内部环境的途径。5C 指的是公司（Company）、合作伙伴（Collaborators）、顾客（Customers）、竞争对手（Competitors）、环境（Context）。

15.2.1 公司

首先，企业需要深入了解自身的核心能力、优势、弱点以及资源限制。这包括产品线的分析、财务状况、技术能力、品牌价值和组织文化等方面。了解自身的状态，有助于企业确定其在市场上可持续发展的战略方向。苹果公司是一个典型的例子，展示了如何通过深入了解自身能力来制定战略。苹果的成功建立在其创新的产品设计、领先的技术、强大的品牌形象以及严密的生态系统上。例如，苹果通过不断推出创新产品（如 iPhone、iPad、MacBook），在消费电子市场中建立了技术领导地位。苹果的财务状况稳健，拥有大量现金储备，使其能够进行风险投资和研发新技术。苹果的组织文化强调创新和完美，吸引了一批优秀的设计师和工程师，进一步巩固了其在行业内的竞争优势。

15.2.2 合作伙伴

合作伙伴包括供应商、分销商和其他商业联盟。这些合作关系对于企业的成功至关重要，因为它们影响到产品的供应链、分销渠道和市场接入。通过理解和优化这些合作关系，企业可以增强竞争力并提高效率。例如，星巴克通过与全球供应商建立稳定的合作关系，保证了高品质咖啡豆的供应。此外，星巴克还与书店、大型零售商和技术公司等建立了合作伙伴关系，通过这些渠道拓展其品牌影响力和市场覆盖范围。例如，与 Spotify 合作允许星巴克顾客在门店内通过星巴克应用播放音乐，这种创新的合作模式增强了顾客体验，同时也促进了品牌间的相互推广。

15.2.3 顾客

顾客分析涉及对目标市场的需求、偏好、购买行为和消费趋势的深入理解。这要求企业大量收集和分析顾客数据，以便制定满足顾客需求的产品和服务。了解顾客的不同细分市场以及它们的特定需求，有助于企业在目标市场中更精确地定位。丰田汽车是这方面很好的例子，丰田凭借其广泛的产品线成功满足了不同顾客群体的需求，从经济型车（如丰田卡罗拉）到豪华车（如雷克萨斯品牌）不等。丰田通过对市场的细分分析，识别了不同顾客群体的具体需求，如经济型车顾客的价格敏感性和豪华车顾客的品质要求。此外，丰田还注重环保技术的开发，如混合动力，以满足越来越多环保意识强的顾客需求。

15.2.4 竞争对手

竞争分析涉及识别和评估企业在市场上的主要竞争对手，包括它们的战略、优势、弱点和市场表现。通过对竞争对手的深入了解，企业可以发现市场机会、规避潜在风险，并制定差异化的战略以获得竞争优势。例如，可口可乐与百事公司在全球饮料市场上的竞争是众所周知的。这种长期的竞争促使双方不断创新，以求差异化和市场份额的增长。

可口可乐和百事通过分析对方的产品线、营销策略和市场表现，调整自己的战略以保持竞争优势。例如，两家公司都在非碳酸饮料（如果汁、茶饮料和运动饮料）领域进行了多元化扩展，以响应消费者对健康饮品日益增长的需求。

15.2.5 环境

环境分析涵盖宏观经济因素、政治法律环境、社会文化趋势和技术发展等外部因素。这些因素可能对企业的运营和战略规划产生深远影响。通过对这些外部因素的分析，企业可以识别外部机会和威胁，并据此调整其策略。例如，随着全球对可持续发展和环保意识的增强，许多国家实施了更为严格的汽车排放标准。这对汽车制造商，包括丰田、大众和通用汽车等，提出了新的挑战和机会。这些公司必须投资于清洁能源汽车的研发，如电动车和混合动力车，以符合法规要求并满足市场需求。例如，丰田在混合动力技术方面投入巨大，其普锐斯混合动力车成为全球畅销车型之一，展示了如何通过对环境趋势的响应来获得市场优势。

通过综合运用 5C 分析，企业可以获得一个全面的视角来审视其营销环境。这不仅有助于企业在进行 STP 过程时作出更为明智的决策，还能使企业能够更好地适应市场变化，实现可持续发展。5C 分析模型的有效应用，要求企业不断收集和分析相关数据，以及定期更新其战略规划，以保持其竞争优势和市场地位。在实际应用中，企业可以通过各种方法和工具来执行 5C 分析，包括市场调研、消费者调查、竞争对手分析、SWOT 分析等，其中的一些我们会在接下来的章节中展开说明。这些分析工具可以帮助企业深入理解其营销环境的各个方面，从而更有效地制定其营销策略和业务计划。

综上所述，5C 分析提供了一个全面审视企业内外部环境的框架，是企业进行市场细分、目标市场选择和市场定位前不可或缺的步骤。通过对公司、合作伙伴、顾客、竞争对手和环境的深入分析，企业可以更好地了解自己在市场中的位置，识别机会和威胁，制定有效的营销和战略规划，从而在竞争激烈的市场中取得成功。

15.3 SWOT 分析

SWOT 分析，是一种广泛应用于企业战略规划和营销管理中的分析方法，企业通过评估自身的内部优势和弱点，以及面对的外部机会和威胁，来制定战略规划和营销策略等。SWOT 是优势（Strengths）、劣势（Weaknesses）、机会（Opportunities）、威胁（Threats）的首字母缩写。其中，优势指的是组织内部的资源和能力，可以在市场上形成竞争优势，例如，独特的技术、专利、品牌声誉、市场份额等；劣势是组织面临的内部挑战或限制因素，如资源限制、技术落后、不利的地理位置等；机会来自组织外部环境，是组织可以利用的有利条件，如市场增长、政策支持、行业变化等；威胁同样来源于外部环境，指可能对组织造成不利影响的因素，如竞争加剧、法律法规变化、经济衰退等。

要将 SWOT 分析的理论付诸实践，通常需要遵照一定步骤进行。首先，实施 SWOT

分析的起点是对组织内部环境的深入了解。这一过程是全面而细致的，不仅要求组织识别其核心能力，也要求其对自身资源、流程和技术等方面的优势有一个清晰的认识。这些优势可能包括但不限于独特的产品设计、卓越的客户服务、领先的技术创新、有效的成本控制手段以及拥有的知识产权。同时，组织需要诚实地面对自身的不足，这可能是人力资源的短缺、财务资源的限制、操作流程的烦琐或者技术更新的滞后。这一步骤要求组织进行自我反思，通过客观评估自身在市场中的位置，确立改进的方向和发展的策略。

其次，在内部环境分析的基础上，组织需要将视角转向外部环境，这通常涉及对市场趋势、竞争对手的策略、客户需求的变化、法律法规的更新及全球经济环境的波动等因素的分析。这一步骤的重点是识别那些可能影响组织战略目标实现的机会和威胁。例如，新的市场需求可以视为发展的机会，而新竞争者的加入或者消费者习惯的改变则可能构成威胁。组织需要敏锐地捕捉这些外部信号，通过系统的方法收集信息，并对这些信息进行筛选和解读。收集到的信息随后将被组织成 SWOT 矩阵，这是一个将优势、劣势、机会和威胁并列展示的框架。它不仅为决策者提供了一个清晰的视角来理解组织与其环境之间的相互作用，而且为组织提供了一个交叉比对和分析的工具，帮助其识别出战略上的关键点。例如，组织可以寻找将自身的技术优势与市场新机会相结合的方式，或者探索如何利用新的市场趋势来弥补内部的人才短缺。

最后，基于 SWOT 分析的结果，组织需要制订具体的战略行动计划。这一计划不仅要包括利用内部优势和外部机会来增强市场竞争力，还要涵盖采取措施来改善内部劣势、应对外部威胁的策略。例如，组织可能会决定增加研发投入以加速技术创新，或者调整市场定位以应对新的消费者群体。此外，组织还需要预见并规划如何应对潜在的外部风险，比如市场动荡、法规变化等。这些战略行动计划需详尽地制订，确保能够解决通过 SWOT 分析识别出的问题，同时也要充分利用组织的潜力。在实践 SWOT 分析的过程中，关键是将分析转化为具体的行动步骤。这不仅需要对数据进行收集和分析，还需要运用战略思维，以确保组织能够在不断变化的市场环境中保持竞争力和灵活性。只有这样，组织才能在复杂多变的商业环境中稳健前行，实现可持续发展。

在当今竞争激烈的市场环境中，SWOT 分析成了连接组织内部资源与外部环境的桥梁，为战略规划提供了一种结构化的思考框架。它强调了对现状的全面审视和对未来的前瞻性思考，使组织能够在复杂多变的商业环境中，做出更加明智和有远见的决策。具体到企业执行 STP 战略时，SWOT 分析也可以帮助企业从多个维度审视自身和市场环境，提供关键的洞察力，以制定更有效的市场策略。市场细分涉及将广泛的市场分成更小、更具特定需求的子群体。通过 SWOT 分析，企业可以识别自身的优势和劣势，并结合外部的机会和威胁来确定最有潜力的细分市场。在识别出不同的市场细分后，企业需要选择一个或几个作为其目标市场。SWOT 分析在此阶段帮助企业评估哪些细分市场最符合其内部优势，并考虑外部环境因素，从而作出合理的选择。最后，SWOT 分析对于市场定位也至关重要。企业通过分析自身的优势与外部机会，可以确定如何在目标市场中差异化自身，以对抗劣势和外部威胁。

让我们结合一个具体案例来展示 SWOT 分析在实践中的应用和效果。苹果公司作为全球领先的科技企业，其战略规划和业务决策过程中广泛运用了 SWOT 分析。苹果公司的内部优势主要包括其创新的产品设计、强大的品牌形象、忠实的顾客基础以及健康的财务状况，这些优势使得苹果能够在竞争激烈的科技市场中保持领先地位。然而，苹果也面临一些内部劣势，如产品价格较高、对供应链的高度依赖，以及市场多样性不足，苹果能够清晰地认识到这些劣势，并寻求改进策略。在外部环境方面，苹果通过 SWOT 分析识别出的机会包括新兴市场的增长潜力、人工智能和物联网技术的发展等，这些机会为苹果提供了扩展其产品线和探索新业务模式的空间。与此同时，苹果也面临着一系列外部威胁，包括激烈的市场竞争、法律和监管挑战，以及技术快速变革带来的不确定性，通过对这些外部因素的分析，苹果可以制定出有效的应对策略，以维护其市场领导地位。SWOT 分析在苹果公司的战略规划中起到了关键作用。通过系统地评估内部优势和劣势，以及外部机会和威胁，苹果能够更加精准地制定其产品开发、市场扩张和风险管理等方面的战略。这种分析不仅帮助苹果在竞争激烈的市场中保持优势，也为其未来的成长和创新提供了指导。通过持续地运用 SWOT 分析，苹果公司能够适应快速变化的科技环境，确保其长期的成功和可持续发展。

15.4　4P 模型

4P 模型同样是营销管理领域的一个基石性理论，它贯穿了产品（Product）、价格（Price）、渠道（Place）和促销（Promotion）这四个营销的基本要素。这一模型不仅为企业提供了一个清晰的营销策略规划指南，也成了理解市场动态和消费者行为的重要工具。4P 模型的提出，标志着现代营销理念的形成，对后世的营销教育和实践产生了深远的影响。

4P 模型的历史可以追溯到 20 世纪 60 年代，由美国营销学者 E. Jerome McCarthy 首次提出，并被 Philip Kotler 等营销大师通过他们的著作广泛传播。在那个时代，市场竞争日益加剧，企业对于如何在激烈的市场竞争中占据优势的问题越来越感兴趣。McCarthy 通过将营销活动细分为产品、价格、地点和促销四个基本组成部分，提供了一个简洁而全面的营销决策框架，极大地简化了营销管理的复杂性，使营销策略的制定和执行变得更为科学和系统化。

4P 模型之所以重要，是因为它将营销管理的复杂过程分解为四个相对独立但又相互关联的要素，每个要素都是营销成功的关键。首先，产品是营销的核心，决定了企业能够提供给市场和消费者什么价值。一个成功的产品不仅需要有优秀的质量和功能，还需要不断创新，以满足市场需求的变化。其次，价格是消费者购买决策的重要因素之一，合理的定价策略能够吸引目标消费者，同时确保企业的利润。再次，渠道或分销策略决定了产品如何到达消费者手中，有效的分销网络可以提高产品的市场覆盖率，降低物流成本。最后，促销活动则是提高产品知名度、建立品牌形象和促进销售的关键手段。

实践与应用 4P 模型，企业需要综合考虑市场环境、目标消费者的特征及竞争对手的策略，制定出适合自身条件的营销策略。首先，在产品策略上，企业需要深入了解消费者需求，通过市场调研获取信息，不断优化产品设计，提高产品竞争力。在价格策略上，企业需要考虑成本、竞争对手的定价以及消费者的支付意愿，制定出有竞争力同时又能保证利润的价格策略。在渠道或分销策略上，企业应构建高效的物流配送系统，选择合适的销售渠道，确保产品能够顺畅地到达目标市场。最后，在促销策略上，企业需要通过广告、公关活动、销售促销等手段，增强产品的市场知名度，激发消费者的购买欲望。

随着市场环境的变化和新技术的发展，4P模型也在不断被补充和发展。例如，随着互联网和社会媒体的兴起，数字营销成为促销策略中越来越重要的一环，企业需要利用数字工具和平台来进行品牌传播和客户互动。此外，越来越多的企业开始重视服务和客户体验，并将其视为产品策略的一部分，以此来提升竞争优势。总而言之，4P模型提供了一个全面而有效的框架，帮助企业在复杂多变的市场环境中制定出合理的营销策略。通过对产品、价格、渠道和促销的综合考虑和管理，企业可以更好地满足消费者需求，提高市场竞争力，实现持续增长。然而，面对不断变化的市场环境，企业也需要不断地调整和优化其营销策略，以适应新的市场需求和挑战。

即测即练

自学自测　扫描此码

第 16 章

市场细分与目标市场

16.1 市场细分与目标市场：耐克的创新之旅

在全球运动品牌的舞台上，耐克以其独特的品牌形象和创新产品占据了显著位置。从一个专注于跑鞋的小公司，到如今的体育用品巨头，耐克的成功故事是对市场细分与目标定位战略精准运用的生动诠释。1971 年，耐克（当时称为 Blue Ribbon Sports）推出了其标志性的"耐克"品牌运动鞋（见图 16-1）。创始人菲尔·奈特和比尔·鲍尔曼意识到，只有通过创新才能在竞争激烈的运动鞋市场中脱颖而出。他们的目标市场很明确——运动员和运动爱好者，特别是跑步者。为了满足这个群体的需求，耐克投入了大量资源进行科技创新和产品设计。

图 16-1 耐克（NIKE）

耐克深知，即便在"运动员和运动爱好者"这一广泛的分类中，不同运动类型运动者的需求也大相径庭。因此，耐克将市场进一步细分，针对不同的运动项目（如篮球、足球、跑步等）开发专门的产品线。耐克不仅关注专业运动员，也着眼于日常运动爱好者，甚至是追求时尚的消费者。通过这样的细分，耐克能够更精准地识别和满足各个子群体的需求，从而在各个细分市场中建立了稳固的品牌地位。

耐克的市场细分和目标定位策略取得了巨大成功。通过不断的技术创新，如 Air Zoom、Flyknit 等，耐克为各个运动细分市场提供了高性能的产品。同时，耐克还通过赞助运动员和体育赛事，以及与时尚界合作，成功地将品牌形象与"创新"和"胜利"的理念紧密联系起来。耐克的成功也体现在其营销策略上。耐克深知如何与目标市场中的消费者建立情感联系，其广告经常强调自我超越和勇于挑战的主题，与消费者的价值观产生共鸣。

耐克的案例向我们展示了市场细分与目标定位的重要性。它告诉我们，即使是面向广泛市场的品牌，也需要深入理解不同消费者群体的独特需求，并有针对性地提供解决方案。此外，耐克的故事也强调了创新在保持品牌竞争力中的核心作用，以及建立品牌形象与消费者情感连接的重要性。

16.1.1 市场细分为什么重要

在营销管理领域中，市场细分是一项至关重要的策略，它使企业能够识别并定位到具有相似需求和偏好的消费者群体。结合 STP 框架，市场细分成为企业制定有效营销战略的基础。通过这一框架，企业可以更准确地识别和选择目标市场，以及在目标市场中有效地定位其产品和服务。

市场细分的概念最早可以追溯到 20 世纪 50 年代，随着营销理论的发展和市场竞争的加剧，企业开始寻求更有效的方式来理解和服务于日益多样化的消费者需求。传统的营销策略往往采用"一刀切"的方法，即对所有消费者采用相同的营销策略，而市场细分的出现，标志着营销策略向更加细化和个性化的方向发展。通过将广泛的市场划分为具有相似特征的消费者群体，企业能够更有效地针对每个细分市场制定和实施营销策略。STP 框架进一步扩展了市场细分的概念，为企业提供了一个全面的营销策略制定过程。在市场细分阶段，企业通过研究市场来识别不同的消费者群体，这些群体可以基于地理位置、人口统计、心理特征、行为特征等多种因素进行划分。接下来，在目标市场选择阶段，企业评估各个细分市场的吸引力和企业自身的竞争能力，以确定哪些市场细分值得投入资源。最后，在市场定位阶段，企业通过制定具体的产品、价格、促销和分销策略在目标消费者心中建立独特的品牌形象。

市场细分的重要性在于，它使企业能够更深入地了解和满足消费者的具体需求，从而提高营销效率和效果。在竞争日益激烈的市场环境中，企业面临的挑战是如何在众多竞争者中脱颖而出，并吸引和保留顾客。市场细分通过识别消费者的特定需求和偏好，使企业能够开发出更为精准的产品和服务，提供更加个性化的营销沟通，从而建立更强的顾客关系，提高顾客满意度和忠诚度。此外，市场细分还有助于企业更有效地分配营销资源，通过聚焦于最有潜力的市场细分，企业可以实现更高的投资回报率。

随着时间的推移，市场细分的理论和实践都得到了不断的发展和完善。从最初的单一维度细分，如地理或人口统计细分，发展到多维度细分，结合消费者的生活方式、价值观和行为模式，企业现在能够更加精细地划分市场，发现更加细致的消费者细分群体。技术的进步，特别是大数据和分析工具的应用，进一步加强了市场细分的能力，使企业能够通过分析大量数据来识别消费者的细微差别，预测消费者行为，从而更精确地定位其产品和服务。

实践市场细分策略时，企业需要进行全面的市场调研，收集和分析关于消费者特征和行为的数据。这包括利用定量研究如问卷调查，以及定性研究如焦点小组和深度访谈来收集数据。数据分析后，企业可以识别出不同的市场细分，评估每个细分市场的大小、增长潜力和竞争状况。在选择目标市场后，企业需要开发出符合目标市场需求的产品和服务，制定相应的价格策略，选择适合的分销渠道，以及设计有效的促销活动来与目标消费者沟通。

总之，市场细分及其在 STP 框架中的应用，是现代营销管理不可或缺的一部分。通过精确地识别和满足消费者的需求，企业可以在竞争激烈的市场中获得优势，实现可持续的增长和发展。随着市场环境的不断变化和技术的不断进步，市场细分的策略和实践也将继续演化，为企业提供更多机会来创新和优化其营销策略。

16.1.2 细分消费者市场的基础

市场细分的过程涉及将广泛的消费者市场分解为更小、更具有同质性的子群体，这些子群体根据特定的标准或特征进行定义，如人口统计学特征、地理位置、心理特征以及行为特征等。通过这一过程，企业能够识别并目标定位到那些最有可能对其产品或服务产生兴趣的消费者群体，从而制定更加个性化和有效的营销策略。本节主要介绍细分消费者市场的几种基础方式：人口统计学特征、地理位置的细分、心理特征的细分、行为特征的细分。

（1）人口统计学特征，作为市场细分中最传统也是最容易获取的数据类型，为企业提供了关于消费者基本特征的宝贵信息。年龄、性别、家庭结构、教育水平、职业和收入等因素，都是影响消费者购买行为的关键因素。例如，年轻消费者可能对最新的科技产品有更高的兴趣，而高收入群体可能更倾向于购买奢侈品。通过对这些人口统计学特征的分析，企业能够确定哪些人口群体最可能成为其产品或服务的潜在消费者，并据此制定相应的营销策略。

（2）地理位置的细分，依据消费者所处的国家、城市、乡镇或居住区等地理标准进行。不同的地理区域可能存在着截然不同的消费习惯和需求，这种差异可能由气候条件、文化背景或经济水平等多种因素造成。例如，寒冷地区的消费者可能对保暖产品有更迫切的需求，而沿海城市的居民可能更偏爱海鲜相关产品。因此，地理位置的细分使企业能够更准确地调整其产品线和营销信息，以适应不同地区消费者的特定需求。

（3）心理特征的细分，关注消费者的生活方式、价值观和性格类型，这种细分方式认为消费者的购买决策受其内在心理状态的驱动。这使得企业能够捕捉到那些不容易通过外在表现直接观察到的消费者偏好。举例来说，环保意识强的消费者可能更倾向于购买可持续发展的产品，而追求高品质生活的消费者可能愿意为奢侈品支付溢价。心理特征的细分有助于企业深挖消费者的内在需求，发现潜在的市场机会。

（4）行为特征的细分，基于消费者的实际购买行为进行，涵盖了购买频率、使用情况、品牌忠诚度、购买目的和对产品特性的偏好等方面。这种细分方法能够揭示消费者对产品或服务的具体需求和偏好，帮助企业识别出最有价值的客户群体并为他们提供定制化的服务。例如，通过分析消费者的购买频率和品牌忠诚度，企业可以识别出那些对品牌高度忠诚的重要客户，并针对这一群体开展特定的营销活动，如忠诚度奖励计划或个性化推广。

市场细分的成功实施为企业提供了一个强大的工具，帮助它在日益复杂和竞争激烈的市场环境中寻找到自己的定位。通过精准地识别和理解目标消费者群体的独特需求和偏好，企业不仅能够更有效地分配营销资源，提高营销活动的 ROI，还能够持续创新，推出更符合市场需求的产品和服务，最终实现可持续的业务增长。随着大数据和人工智能技术的不断进步，市场细分将变得更加精细和动态，为企业提供前所未有的机会来优化其营销策略并实现增长。

16.1.3 目标市场的选择

在当今日益全球化和竞争激烈的商业环境中，目标市场的选择是企业市场策略中的一个关键组成部分。目标市场的选择涉及确定企业将其产品或服务提供给哪一个特定的消费者群体的过程。这一过程不仅需要企业准确识别并理解其潜在客户的需求、偏好和购买行为，还需要评估市场的可接受度、可达性和盈利潜力。在市场策略的框架内，目标市场的选择充当着将企业资源有效分配到最有可能产生最大回报的市场领域的导航角色。

目标市场的选择是市场细分过程的自然结果，它要求企业不是在广泛的市场中随机选取一群人，而是基于细致的市场分析和消费者行为研究，选择一个或多个具有高度相关性的细分市场作为目标市场。通过这种方式，企业能够更有效地定制其营销策略和产品设计，以满足这些特定群体的独特需求，从而提高市场响应率和投资回报率。在市场策略中，目标市场的选择是实现市场定位和品牌定位战略的基础。它帮助企业在竞争中找到独特的立足点，通过为特定的客户群体提供独特的价值主张，从而区分自己与竞争对手。这种方法不仅提高了品牌的市场可见度和识别度，还加深了消费者的品牌忠诚度，为企业创造了持续的竞争优势。

在目标市场的选择过程中，企业必须综合考虑多个关键标准来评估和选择潜在的市场细分。这些标准包括市场大小、增长潜力、竞争程度、市场可达性、盈利能力等。企业需要评估目标市场的现有规模以及潜在的市场容量。市场大小对于确定市场的吸引力和可持续性至关重要，因为它直接关系到企业可以实现的销售潜力和市场份额。除了当前的市场规模，企业还应该关注市场的增长趋势和潜力。一个具有高增长潜力的市场可以为企业提供更多的扩展机会和长期盈利能力。了解市场中现有竞争者的数量、强度和策略对于企业制定有效的市场进入和增长策略也非常重要。较低的竞争程度可能意味着更大的市场机会，而高度竞争的市场则要求企业拥有更加独特和创新的市场定位。目标市场的可达性涉及企业是否能够有效地触及和服务于目标消费者的能力。这包括考虑物流、分销渠道的可用性以及与目标市场的沟通和交互的效率。企业选择目标市场的另一个关键因素是该市场的盈利能力。这包括对市场的价值评估，成本结构分析以及预期的投资回报率等。基于这些分析，企业可以采用不同的市场策略来接触和服务于选定的目标市场，这些策略大致可以分为集中式市场策略、分散式市场策略和细分市场策略。

（1）集中式市场策略，也称为利基市场（Niche Market）策略，要求企业将其所有营销资源集中在一个特定的细分市场上。这种策略适用于那些资源有限或希望通过专注于一个细分市场来建立强大市场地位的企业。通过专注于满足一个细分市场内消费者的特定需求，企业可以利用其资源进行深度市场开发，通过提供高度定制化的产品或服务来建立强大的市场地位。这种策略的优势在于能够为企业带来较高的市场专注度和消费者忠诚度，但同时也存在着较高的市场风险，因为企业的成功高度依赖于单一市场细分的表现。

（2）分散式市场策略，或称差异化市场策略，要求企业针对多个市场细分，提供差异化的产品和营销组合以满足各细分市场的独特需求。这种策略的优势在于能够扩大企业的市场覆盖范围，增加收入来源，并减少对任何单一市场的依赖。然而，分散式市场策略也要求企业投入更多的资源和精力来研究和理解不同市场的需求，同时管理多样化产品的复杂性和成本。虽然这种策略在资源分配上可能更为复杂、更具挑战性，但它为企业提供了更广泛的市场机会和更好的风险分散效果。

（3）细分市场策略位于集中式和分散式市场策略之间，企业在这种策略下选择服务于几个精心挑选的细分市场。通过为这些细分市场提供专门化的产品和服务，企业能够更有效地满足目标客户的需求，同时保持较高的市场灵活性和对市场变化的响应能力。细分市场策略适用于那些希望在保持市场专注度的同时，又能够探索新市场机会的企业。这种策略允许企业在维持一定程度的市场专注度和资源集中的同时，也能够适应市场环境的变化，寻找新的增长点。

无论采取哪种市场策略，企业都必须持续监控市场和消费者行为的变化，以便及时调整其市场细分和目标市场选择。市场环境的快速变化要求企业必须具备灵活调整市场策略的能力，以确保其营销活动保持相关性和有效性。此外，企业还需要不断创新其产品和服务，以满足目标市场消费者不断变化的需求，从而在竞争激烈的市场中保持竞争优势。

目标市场的选择是企业制定有效市场策略的基础。通过细致地分析和评估市场的大小、增长潜力、竞争程度等标准，企业可以选择最适合其资源和能力的市场细分。采用集中式、分散式或细分市场策略，企业能够更有效地达到其市场目标，实现持续的增长和成功。重要的是，企业必须持续监控市场和消费者行为的变化，以便及时调整其市场策略。

16.1.4 市场定位策略

在讨论市场细分与目标市场之后，本节介绍 STP 框架中的最后一个环节——市场定位。市场定位指的是选择性地突出企业的核心竞争优势和产品的独特价值主张，以便在消费者心中建立一个清晰、有吸引力且区别于竞争对手的形象。有效的市场定位应能够回答以下几个关键问题：我们是谁？我们在市场中为消费者提供什么？我们与竞争对手有何不同？有效的市场定位可以帮助企业清晰地了解自己的市场地位和竞争对手，从而更具针对性地制定市场策略，更精确地识别目标客户群，提升营销效果和资源使用效率，还能够增强顾客忠诚度，通过建立独特的品牌形象，吸引并保留顾客。

市场定位策略涉及定义企业及其产品在消费者心中所占据的独特地位，这个过程要求企业深入理解其目标消费者的需求、偏好以及价值观，同时考虑竞争对手的定位和市场现状。实施市场定位策略首先需要企业进行全面的市场研究和分析，包括消费者分析、竞争对手分析和自身能力分析。

（1）消费者分析让企业深入了解目标市场的需求和偏好，它要求企业收集关于目标市场的人口统计学数据、心理特征、购买行为等信息。企业应利用定性和定量研究工具，如焦点小组、调查问卷和购买数据分析，来收集这些信息。通过这些数据，企业可以描绘出目标消费者的详细画像，并基于这些画像来定制其市场定位策略。

（2）竞争对手分析能让企业了解竞争环境，并识别竞争对手的优势和劣势。这不仅包括直接竞争对手的分析，也包括那些潜在的、间接的或替代性产品的竞争对手。竞争对手的定位策略、市场份额、品牌力量和营销活动都是分析的重要方面。企业需要问自己：竞争对手在什么方面做得好？竞争对手在哪些领域表现不佳？如何利用这些信息来构建自己的竞争优势？

（3）自身能力分析则要求企业清楚认识到自己的资源、技能和核心竞争力。这包括企业的财务资源、技术能力、品牌资产和员工技能等。自身能力分析有助于企业确定其可持续的竞争优势，并在此基础上构建独特的价值主张。这一价值主张应当清晰地传达企业如何满足消费者的需求，并且与竞争对手区分开来。

作为 STP 框架的最后一步，市场定位是否精准很大程度上还取决于前两个步骤——对目标市场的深入理解和市场细分的结果。市场细分将市场分为多个具有相似需求或特征的细分市场，企业通过分析这些细分市场的特点和需求，选择一个或多个最有潜力的细分市场作为其目标市场。选择目标市场后，企业需要根据目标市场的特性和需求，以及自身的资源和优势，发展出符合这些条件的定位策略。定位策略的发展过程中，企业需要考虑多个因素，包括竞争对手的定位、自身的优势和劣势、市场的需求和期望等。通过这一过程，企业可以确定如何在消费者心目中创建独特的品牌形象，这包括选择特定的产品属性、价格策略、分销渠道和促销活动来支持其市场定位。

市场定位策略的具体表达是定位陈述，市场定位为企业提供了一个战略框架，而定位陈述则是这一战略的具体表述，简洁、明了地传达企业定位的声明，指导实际的营销执行和沟通策略。一个好的定位陈述不仅要明确品牌的独特卖点（USP），还要清晰地传达品牌对目标市场的承诺。确定独特卖点是创建定位陈述的首要任务，这要求企业深入分析自身产品或服务的特性，找出与竞争对手相比的独特优势。这一优势不仅要有吸引力，还要是企业能够持续提供的。随后，企业需要围绕这一独特卖点，构建其品牌承诺，即企业承诺给予目标顾客的价值和体验。创建定位陈述的过程中，企业需要将其简化为易于理解和记忆的语句，同时确保它能够激发目标客户的兴趣和情感。有效的定位陈述应当是明确的、具有吸引力的，并且能够区分于竞争对手，帮助目标顾客理解品牌的核心价值和为何选择该品牌而不是其他品牌。

除此之外，市场定位策略还有多种选项，包括但不限于基于品质和价值的定位、服务定位、使用或应用定位、用户定位、竞争对手定位等。每种策略都有其特定的目标和实施方法，企业需要根据自身条件和市场需求来选择最适合的定位策略。例如，基于品质和价值的定位强调产品的高品质和对消费者的价值提升；服务定位则侧重于提供卓越的客户服务体验；而用户定位则专注于特定的消费者群体。

特斯拉是市场定位策略成功实施的一个典型案例。特斯拉识别了一群对新技术和可持续性有强烈兴趣的消费者，并将其作为主要的目标市场。这一群体通常有较高的收入，对品牌形象和产品质量有较高要求，而且对环境问题有着深切的关注。通过针对这一细分市场推出创新和高质量的产品，特斯拉成功地满足了这些消费者的需求。此外，特斯拉的市场定位不仅停留在产品层面，还涵盖了整个消费者体验。特斯拉的直营店提供了一种新的汽车购买和服务体验，与传统汽车经销商的模式截然不同。这种直接与消费者接触的模式加强了特斯拉对消费者体验的控制，使其能够更好地传递品牌信息，增强品牌忠诚度。特斯拉不仅成功区分了自己与传统汽车制造商和其他电动汽车竞争对手，还在消费者心中建立了创新和可持续发展的品牌形象。特斯拉通过不断的技术创新和优质的消费者体验，强化了其市场定位，吸引了一大批忠实的消费者，成为电动汽车市场的领导者。

总而言之，市场定位和策略的发展是一个系统的过程，是对 STP 框架从市场细分、目标市场选择到竞争分析和定位陈述的创建等多个环节的总体概括。有效的市场定位策略对于企业在竞争激烈的市场中取得成功至关重要。通过深入分析目标消费者的需求和偏好，结合企业的核心竞争力和竞争环境，企业可以制定出能够吸引目标消费者、区别于竞争对手的市场定位策略。随着市场环境的不断变化，企业也需要持续监测和调整其市场定位，以确保其始终保持相关性和竞争力。特斯拉的成功案例向我们展示了通过明智的市场定位策略，企业不仅能够有效地吸引和保留消费者，还能在市场中建立强大的品牌影响力。

即测即练

第 17 章

市场细分的定量方法

17.1 市场细分的定量方法:奈飞的数字革命

在数字时代的浪潮下,一家公司利用数据科学和算法精细化市场细分,重新定义了娱乐消费的模式。这家公司就是奈飞(Netflix)(见图 17-1),它不仅颠覆了传统的视频租赁业务,更在流媒体服务市场上建立了庞大的帝国。奈飞的成功,部分归功于其对市场细分的定量方法的应用,特别是市场歧视和聚类分析的策略,使其能够精确地识别和满足不同用户群体的需求。

图 17-1 奈飞(Netflix)

奈飞创建于 1997 年,最初是一家 DVD 邮寄租赁服务商。随着技术的进步和人们消费习惯的改变,奈飞很快意识到,未来属于数字流媒体。在转型过程中,奈飞开始收集大量的用户数据,包括观看习惯、偏好类型、搜索历史和评分反馈等,利用这些数据对其用户基础进行细致的分析和细分。奈飞采用的关键策略之一是聚类分析,这是一种将用户根据某些相似特征分组的统计方法。通过分析用户的观看模式,奈飞能够识别出具有相似喜好的用户群体,并为这些群体推荐他们可能感兴趣的内容。这种方法的应用极大地增强了用户体验,提高了用户满意度和忠诚度。此外,奈飞还利用市场歧视的原理,即通过定量分析确定哪些内容特征对不同用户群体更有吸引力。这不仅帮助奈飞在内容采购和原创制作时做出更明智的决策,还使其能够为每个用户提供个性化的观看推荐。

这些定量方法为奈飞从一个 DVD 租赁服务商到全球领先的流媒体平台的跃迁作出了重要贡献。通过聚类分析和市场歧视策略，奈飞不仅优化了产品推荐，也实现了市场细分的精准化。奈飞的算法能够精准预测用户的偏好，为他们推荐内容，从而使用户发现新的电影和电视剧。这种个性化的服务模式不仅提升了用户体验，也为奈飞带来了前所未有的市场增长。随着大数据的发展和人工智能技术的不断进步，定量方法在市场细分中的作用将越来越重要。对于那些希望在竞争激烈的市场中保持领先地位的企业而言，学习并应用奈飞等成功公司的经验，将是走向成功的关键方式之一。

本篇前两章中，我们已经完整介绍了 STP 框架及其各个环节，本章旨在为读者补充市场细分的定量方法的理解。我们知道，市场细分涉及将广阔且多样化的市场划分为较小、相对同质的消费者群体的过程。这些群体基于共同的需求、偏好、购买行为或其他显著特征被区分开来，以便企业针对不同的群体采取不同的营销策略。之前的章节中我们提供了进行市场细分的一些定性方法，然而数据驱动的决策过程在今天的营销管理中更加重要。奈飞的案例向我们展示了市场细分定量方法的强大力量。在数据驱动的商业世界中，能够准确理解并满足消费者需求的公司将脱颖而出。因此，本章将聚焦于市场细分步骤中的定量方法，包括 *K*-mean 聚类方法、市场歧视及其具体实现。

17.1.1 市场细分的 *K*-mean 聚类方法

K-mean 聚类是一种广泛应用于数据分析的无监督学习算法，特别是在市场细分领域。该方法的基本原理是将一组数据分成 *K* 个聚类，每个聚类由那些在特征空间中彼此接近的数据点组成。*K*-mean 聚类的目标是最小化每个点到其聚类中心（即质心）的距离的平方和。在市场细分中，这种方法可以帮助企业识别出具有相似需求和偏好的顾客群体，从而制定更有针对性的营销策略。

实施 *K*-mean 聚类方法时，首先需要选择适合的数据集，通常包括顾客的行为、偏好、购买历史等信息。数据预处理是关键步骤，包括数据清洗、标准化或归一化，以确保数据质量和算法性能。确定 *K*-mean 聚类中最佳聚类数 *K* 是实施聚类分析的关键步骤之一。肘部法则（Elbow Method）和轮廓系数（Silhouette Score）是两种常用的方法来估计最佳的 *K* 值，下面分别介绍这两种方法。

肘部法则是一种基于聚类内差异最小化原则的直观方法。这种方法的核心思想是随着聚类数目\(K\)的增加，样本划分成更小的群，每个群内的聚合度（即群内的相似度）会增加，导致总的群内平方和（Within-Cluster Sum of Squares，WCSS）减少。WCSS 是衡量群内数据点与其聚类中心距离平方和的指标，其表达式如下：

$$\text{WCSS} = \sum_{k=1}^{K} \sum_{i \in C_k} \|x_i - \mu_k\|^2$$

其中，*K* 是聚类数目，C_k 是第 *k* 个聚类中的数据点集合，x_i 是第 *i* 个数据点，μ_k 是聚类 *k* 的中心。在应用肘部法则时，我们绘制不同 *K* 值对应的 WCSS 图。随着 *K* 值的增加，WCSS 会下降，但下降速率会减缓，直至达到一个点后下降得非常缓慢。这个点就像人的肘部一样，因此被称为"肘点"。选取肘点对应的 *K* 值作为最佳聚类数，因为在这一点之后，增加聚类数目所带来的群内相似度提高已不再显著，而且可能导致过度拟合。

轮廓系数则是一种衡量聚类效果好坏的指标，它结合了聚类的凝聚度（Cohesion）和分离度（Separation）两个方面。轮廓系数的值范围在–1到1，值越高表示聚类效果越好。轮廓系数为每个样本计算一个分数，表达式如下：

$$s(i) = \frac{b(i) - a(i)}{\max\{a(i), b(i)\}}$$

其中，$a(i)$是数据点i与同一聚类内其他数据点的平均距离（即凝聚度），$b(i)$是数据点i与最近的另一个聚类中所有数据点的平均距离（即分离度）。计算所有数据点的轮廓系数后，求其平均值得到整个数据集的轮廓系数。通过比较不同K值下的平均轮廓系数，可以选择平均轮廓系数最高的K作为最佳聚类数，因为这表示该K值下的聚类既凝聚又分离。

肘部法则更侧重于找到增加聚类数量带来的收益递减的点，而轮廓系数则提供了一种量化聚类效果（既凝聚又分离）的方式。在实际应用中，这两种方法可以结合使用，以更全面地评估不同K值下的聚类效果，从而做出更合理的选择。通过任意方式确定好最佳聚类数K值后，便需要通过迭代过程分配数据点到最近的聚类中心，并更新聚类中心的位置，直到满足收敛条件或达到预定的迭代次数。数学上，K-mean聚类可以表示为最小化目标函数：

$$J = \sum_{i=1}^{n}\sum_{k=1}^{K} w_{ik} \|x_i - \mu_k\|^2$$

其中，n是数据点的总数，K是聚类的数量，x_i是数据点，μ_k是聚类K的中心，w_{ik}是指示函数，如果数据点x_i属于聚类(k)，则$w_{ik}=1$，否则$w_{ik}=0$。算法通过迭代优化此目标函数来确定每个聚类的最优中心位置和每个数据点的所属聚类。

以一家电商平台为例，该平台希望通过顾客购买历史和浏览行为的数据来细分市场。首先，收集和预处理数据，包括顾客的年龄、性别、购买频率、平均消费金额和页面浏览偏好等。通过肘部法则确定最佳聚类数目K，进而应用K-mean聚类算法进行市场细分。分析过程中，电商平台可能发现三个明显的顾客群体：高价值频繁购买者、中等价值偶尔购买者和低价值稀少购买者。这些细分结果帮助平台针对不同群体制定差异化的营销策略，如针对高价值频繁购买者推出忠诚度计划，针对中等价值偶尔购买者提供定期折扣，而针对低价值稀少购买者采取更积极的吸引策略。

K-mean聚类方法在市场细分中的主要优势在于其简单性和效率，适用于处理大规模数据集。此外，通过揭示数据中的自然群体，K-mean聚类有助于企业更好地理解顾客行为和偏好。然而，该方法也存在一些局限性。首先，需要预先确定聚类的数量K，这可能需要依赖经验判断或额外的分析方法。其次，K-mean聚类对初始中心的选择敏感，可能导致局部最优解。再次，该算法假设聚类是球形且大小相似，这在实际应用中可能不总是成立。最后，对于具有噪声和异常值的数据集，K-mean聚类的性能可能会下降。尽管存在这些挑战，K-mean聚类方法仍是市场细分中一种强大而灵活的工具。通过综合使用其他聚类算法和技术，企业可以克服这些局限性，更深入地理解市场细分，并制定有效的营销策略。

17.1.2 市场歧视的概念与原因

市场歧视是一种定价策略，其中企业根据消费者的不同属性（如年龄、性别、地理位置等）或购买能力对同一商品或服务采取不同的价格。这与市场细分紧密相关，因为市场细分旨在将市场划分为不同的消费者群体，而市场歧视则进一步在这些细分的基础上实施差异化定价，以最大化利润。市场歧视展现了企业对不同市场细分群体的深入了解，并利用这些信息来调整价格策略，以适应每个群体的需求和支付意愿。

市场歧视的主要动机在于利润最大化。企业通过识别并利用消费者需求的差异性，以及对价格敏感度的不同，能够更精细地定位其产品和服务，从而提取更高的消费者剩余。例如，学生和老年人可能对某些产品的价格更为敏感，而企业通过为这些群体提供折扣，可以吸引更多的消费者购买，同时对那些支付意愿更高的群体维持或提高价格。此外，消费者需求的差异性也促使企业进行市场歧视，因为不同消费者对产品的价值认知不同，企业通过差异化定价可以更好地满足这些不同的需求和价值认知。

市场歧视可以分为三种主要类型：完全歧视、二级歧视和三级歧视。完全歧视，亦称为个别定价或第一级歧视，代表了市场歧视的最极端形式。在这种模式下，企业拥有足够的信息精确识别每一位消费者的最大支付意愿，并据此设定个性化的价格。理想情况下，这种策略能够让企业从每位消费者手中获得其愿意支付的最高价，实现消费者剩余的完全吸收。然而，完全歧视的实施在实际操作中遇到诸多障碍，主要包括获取和处理有关每个消费者支付意愿的精确信息所需的高昂成本，以及与消费者隐私权、道德和公平性相关的问题。尽管如此，某些数字化产品和在线服务通过使用大数据分析和算法定价，已经在某种程度上实现了向这一理想模式的接近。

二级歧视，或称为产品版本定价，聚焦于为商品或服务的不同版本设定不同的价格。这种策略不要求企业了解每位消费者的具体支付意愿，而是依赖于产品差异化和市场细分来驱动消费者的选择。通过提供多个产品版本（如基础版、高级版）或在不同时间（如高峰期与非高峰期）设定不同价格，企业能够吸引不同支付意愿的消费者群体。这种方法的挑战在于如何巧妙设计产品和价格结构，以吸引广泛的消费者，同时确保不同产品版本之间有足够的区分度，避免引起消费者的困惑或不满。

三级歧视，也称为群体定价，是一种通过识别消费者所属的不同群体并据此设定不同价格的策略。这种歧视的依据通常是消费者的一些可观测特征，如年龄、职业、地理位置等。通过对特定群体如学生、老年人提供优惠价格，企业利用对这些群体一般支付意愿的了解，实施针对性的定价策略。尽管三级歧视可以提高市场覆盖率和企业利润，但它也可能引发对群体内部差异性忽视的批评，以及对特定群体可能面临的不公平待遇的担忧。

这三种类型市场歧视的主要区别在于对消费者支付意愿了解的深度和精确度。完全歧视要求了解每个消费者支付意愿的精确信息，而二级和三级歧视则是基于对消费者群体特征的一般了解。从实施难度和道德考量来看，完全歧视虽然理论上可以实现最大利润，但在实际操作中面临的挑战使其难以广泛应用。相比之下，二级和三级歧视提供了更为实用的替代方案，它们通过较为粗略的市场细分来实现价格歧视，从而减轻了对精确消费者支付意愿信息的需求。这两种策略在实施上相对简单，能够较好地平衡产品设计的复杂性和市场接受度，但同时也需考虑到消费者对价格公平性的感知。总之，市场歧视策略的选择和设计需综合考虑企业的具体情况、市场环境以及消费者的接受度。有效的市场歧视策略不仅可以帮助企业实现利润最大化，还能维护消费者关系和品牌形象，促进市场的健康竞争。因此，在制定市场歧视策略时，企业必须仔细权衡其潜在的经济效益与道德、法律风险，确保策略的长期可持续性和市场的整体福祉。

市场歧视涉及一系列复杂的经济、社会和伦理问题。通过深入了解和合理应用市场歧视的原理，企业能够更加精细地调整其产品、服务和价格策略，不仅可以提高其利润最大化的能力，还可以在保持竞争力的同时，促进产品和服务的创新和多样化。然而，市场歧视策略的设计和实施需谨慎处理，以确保公平性和道德性，避免损害企业声誉或导致消费者不满。在营销管理的实践中，对市场歧视策略的精确运用，要求企业不断收集和分析市场数据，同时保持对消费者需求和市场变化的敏锐洞察。

17.1.3 市场歧视的实施

价格歧视策略通过对不同消费者或消费者群体设置不同的价格来反映他们的支付意愿和购买能力的差异。例如，电影院通常会为学生、老年人提供折扣票价，而对于普通成人则收取全价。这种策略的成功在于能够有效识别消费者的价格敏感度，并据此进行细分。价格差异化的策略还包括高峰时段和非高峰时段的定价差异（如电力公司对高峰时段的电力消费进行更高的收费）、早鸟票价与普通票价的差别等。通过这些方法，企业能够吸引不同需求和支付能力的顾客，优化资源分配，提高总体收入。

除了价格歧视，产品差异化和服务歧视也是企业进行市场细分的重要手段。通过提供不同版本的产品或服务，企业可以满足不同消费者群体的特定需求。版本控制，即提供具有不同功能和价格点的产品版本，是一种常见的策略。软件行业经常使用这种策略，提供从免费的基础版本到高级版本的多个产品选项。捆绑销售，即将多个产品或服务作为一个包进行销售，也是一种有效的市场歧视手段，它利用了消费者对不同产品组合的不同需求和支付意愿。通过这些方法，企业能够更精细地细分市场，提高顾客满意度和忠诚度，同时增加销售额和利润。

实施市场歧视策略时，企业需要考虑多个因素，以确保策略的有效性和可持续性。首先，法律限制是一个重要考虑因素。在某些行业和地区，价格歧视可能受到法律的限制或禁止，因此企业需要确保其策略符合相关法律规定。其次，消费者反应对市场歧视策略的成功至关重要。消费者可能对价格差异感到不公平，这可能影响他们的购买决策和对品牌的态度。因此，企业需要通过透明的沟通和增值服务来管理消费者的期望和感知。最后，品牌形象也是一个重要的考量因素。市场歧视策略需要与企业的总体品牌定位和价值主张相一致，以避免潜在的负面影响。

许多行业成功地运用市场歧视策略进行市场细分和定位，实现了显著的商业效果。

例如，航空公司可以通过灵活的票价设置，对提前预订的乘客提供折扣，而对需要在出发前短时间内购票的乘客收取更高的价格。这种策略不仅提高了航班的填充率，也使收入最大化。同时，通过为特定群体（如学生和军人）提供特殊折扣，公司能够吸引更广泛的顾客基础，增加市场份额。然而，这种策略也面临挑战，包括如何维持价格体系的透明度，避免消费者对价格公平性的疑虑，以及如何应对竞争对手可能采取的类似或反击策略。

总之，市场歧视是一种复杂但强大的营销策略，它要求企业对市场有深入的了解，包括消费者的需求、行为和支付意愿。通过精确的市场细分和差异化的产品/服务提供，企业可以更有效地满足消费者的需求，实现利润最大化。然而，成功实施市场歧视策略需要企业在策略设计、法律合规、消费者沟通和品牌管理等方面进行仔细规划和执行。

17.1.4　新兴技术在市场细分领域的应用

新兴技术，如机器学习和大数据分析，正在重塑市场细分的方式。这些技术的应用使得市场细分成为一项更加动态和实时的活动，它不仅使企业能够识别出更为细致的消费者群体，还提供了预测消费者行为和需求变化的能力。借助机器学习的模式识别和大数据分析的深度洞察，市场细分已经从简单的人口统计学标准转变为一个更加复杂的构造，涵盖了消费者的行为习惯、生活方式、情感态度等多维度信息。这些深度信息使得个性化营销成为可能，并且通过实时反馈和行为数据的分析，企业现在能够实施更加精细化的市场歧视策略，调整价格和产品供应策略，以适应每一个消费者的具体需求。

人工智能技术，特别是自然语言处理（Natural Language Processing，NLP）和预测分析，也在市场细分中发挥了关键作用。企业利用这些技术分析从社交媒体、在线评论、消费者互动中收集的大量非结构化数据，来获得对市场趋势和消费者情感的深入了解。这些分析结果对于制定有针对性的市场细分和营销策略至关重要。例如，通过分析社交媒体上的消费者讨论，企业可以迅速捕捉到新兴的消费趋势或者品牌声誉问题，从而迅速调整营销策略以优化产品和服务。

区块链技术的引入为消费者隐私保护和透明的价格机制建设提供了新的机会。随着消费者越来越关注个人数据的安全和隐私，区块链提供了一种能够安全存储和传输数据的手段。这为企业提供了一个加强消费者信任、建立品牌诚信的新途径。通过区块链技术，企业可以更有效地管理消费者信息，同时在确保安全性的前提下，提供更透明的价格和供应链信息。

实施定量市场细分和市场歧视策略的关键在于建立一个以数据为核心的决策体系。为了实现这一点，企业首先需要在数据收集和分析能力上进行投资。这涉及建立一个全面的消费者数据库，采用最先进的数据分析工具和技术，比如数据挖掘、机器学习算法和大数据处理平台。这样的投资不仅能够提高企业处理和分析数据的能力，还能够帮助企业更好地理解消费者并预测市场变化。其次，企业应当培养一个能够跨学科工作的分析团队。这个团队需要将市场营销的专业知识和数据科学的技术技能相结合，确保能够将数据分析的结果转化为实际的营销策略。这样的跨学科团队可以从不同的角度理解市场和消费者行为，从而制定出更加有效的市场细分策略。除此之外，企业还需要建立起灵活的业务流程，以便能够快速响应市场的变化和消费者需求的演进。这意味着企业需要在组织结构、内部流程和技术系统等方面具备高度的适应性和灵活性。只有当企业能够迅速响应外部变化时，才能够确保市场细分策略的有效性和及时性。最后，企业在实施定量市场细分和歧视策略时，必须注意维护品牌形象和消费者信任。这意味着在追求个性化营销和利润最大化的同时，企业也需要确保其定价机制是透明和公正的，尊重消费者隐私，并且积极响应消费者反馈。通过这种平衡，企业能够在竞争激烈的市场中获得优势，建立起长期的消费者关系和品牌忠诚度，进而帮助企业在市场中保持稳定的收入流和增长潜力。

即测即练

自学自测　扫描此码

第 8 篇

品牌资产、产品和服务设计、价格策略

在上一篇中,我们讲了 STP 框架与基础、STP 的重要性、细分市场的重要性,以及细分后如何选取目标、市场细分的定量方法、造成价格歧视的原因等。本篇将继续讨论品牌资产、产品和服务设计、价格策略。

苹果公司是一家总部位于美国加利福尼亚州库比蒂诺的跨国技术公司,由史蒂夫·乔布斯、史蒂夫·沃兹尼亚克和罗纳德·韦恩于 1976 年创立。苹果开发、销售消费电子、计算机软件和在线服务,是全球最具价值的品牌之一,以其创新的产品和营销策略闻名。

苹果的品牌资产极其强大。苹果拥有极高的品牌认知度,其标志性的苹果 Logo 和"Think Different"(非同凡想)的广告语深入人心。苹果成功地建立了忠实的顾客基础,很多消费者对其产品极度忠诚,愿意为新产品排队等待。苹果以其在产品设计和技术创新上的领先地位而著称,其产品经常被视为行业标准。苹果构建了一个包括 iPhone、iPad、Mac、Apple Watch、Apple TV 等在内的整合性产品生态系统,加上 iCloud、App Store 等服务,形成了强大的品牌资产。

苹果的产品和服务设计以用户体验为中心,强调简洁、直观和优雅。苹果的设计哲学体现在其产品的每一个细节:苹果的硬件产品以其优雅的设计和高质量的材料使用而闻名;操作系统如 iOS 和 MmacOS 以其简洁、易用的用户界面著称;苹果的在线服务(如 iCloud、Apple Music 和 Apple Pay)与其硬件产品无缝整合,提供了一致的用户体验。

苹果采取的是高端定价策略,苹果利用其品牌形象和产品的独特价值来支持较高的价格,目标是市场上对质量和设计有高要求的消费者。近年来,苹果开始提供更多价格层次的产品,如 iPhone SE,以吸引更广泛的消费者群体,同时保持其高端市场的主导地位。苹果还通过提供各种订阅服务(如 Apple Music、iCloud 存储和 Apple TV+)来增加持续收入源,这些服务的定价通常与市场竞争对手相仿,但强调更高的品质和独家内容。

总体而言,苹果公司通过其强大的品牌资产、以用户为中心的产品和服务设计以及精明的价格策略,成功地在全球市场上保持了其技术领导地位和商业成功。

第 18 章

品 牌 资 产

18.1 品牌资产的定义

品牌资产是指一个品牌本身相对于无品牌或竞争品牌所拥有的附加价值，这种价值不仅体现在消费者的认知中，还反映在他们的态度和行为上。品牌资产的构成是多维的，涉及品牌认知、品牌形象、品牌忠诚度、品牌联想、感知质量以及品牌差异化等关键方面。这些要素共同构成了品牌资产，对企业的市场表现具有决定性影响。一个强大的品牌资产能够显著提高产品的市场竞争力，从而为企业带来更高的市场份额和利润率。因此，企业通过有效的品牌管理和营销策略来增强自身的品牌资产，是获取市场竞争优势的关键途径。

以下我们通过苹果、可口可乐和耐克三个典型的案例来分析并论述品牌资产的重要性，并具体描述品牌资产的重要组成部分在市场营销中的作用。

18.1.1 品牌资产的重要性：案例分析

案例一

苹果（Apple Inc.）

苹果公司是全球科技行业的佼佼者，其品牌资产是其商业成功的关键之一。苹果的品牌知名度和品牌感知质量都非常高，这归功于其创新的产品设计、一致的用户体验和有效的市场营销策略。苹果品牌的消费者忠诚度极高，许多消费者对苹果产品的发布充满期待，并愿意为此支付溢价。苹果的品牌资产不仅促进了其产品的销售，还使公司能够在多元化的市场中保持竞争优势，从智能手机到个人电脑，再到在线服务。

案例二

可口可乐（Coca Cola）

可口可乐是全球饮料行业的标杆品牌之一，其品牌资产促进了其全球市场的成功。可口可乐的品牌知名度几乎遍及全球每个角落，品牌关联包括快乐、分享和国际友好等正面形象。可口可乐通过一系列的营销活动和广告策略，如圣诞老人广告、名字瓶标签活动等，成功地加深了其品牌关联和提高了品牌忠诚度。可口可乐的强大品牌资产使其能够在全球饮料市场中保持领导地位，即使面对众多竞争对手。

案例三

耐克（Nike）

耐克是世界领先的体育用品品牌，其品牌资产在体育和时尚行业中占据了重要地位。耐克通过与顶级运动员的合作、鼓励消费者参与运动的广告活动（例如"Just Do It"）以及不断的技术创新，成功地建立了品牌知名度和品牌关联。耐克品牌的消费者忠诚度非常高，许多消费者不仅重复购买耐克产品，还将耐克视为运动时尚的象征。耐克的品牌资产有助于其在全球范围内维持竞争力，吸引新的消费者群体，同时保持现有客户的忠诚度。

通过苹果、可口可乐和耐克这三个案例，我们可以看到品牌资产对于企业成功的重要性。强大的品牌资产可以提升消费者对品牌的认知度、建立积极的品牌关联、增加消费者忠诚度，并最终提升企业的市场份额和盈利能力。因此，企业应重视品牌资产的建设和管理，通过一致的品牌信息、高质量的产品和服务以及有效的市场营销策略，来增强其品牌资产，从而在激烈的市场竞争中获得优势。品牌资产不仅是企业的无形资产，更是企业持续增长和发展的基石。

18.2　建立和管理品牌资产

建立和管理品牌资产对于任何企业来说都至关重要，因为强大的品牌资产不仅能够增加企业的市场识别度，还能提升消费者信任，从而增加市场份额和盈利能力。品牌资产包括品牌知名度、品牌形象、品牌忠诚度等关键要素，这些都是企业在激烈的市场竞争中获得优势的基础。

首先，品牌知名度是品牌资产的基础。一个广为人知的品牌更容易吸引消费者的注意力，这是因为消费者倾向于购买他们熟悉的品牌产品。例如，耐克（Nike）通过广泛的营销和广告活动，以及与著名运动员的合作，建立了极高的品牌知名度，使其成为全球领先的运动品牌之一。

其次，品牌形象代表了消费者对品牌的看法和感知。一个积极的品牌形象能够吸引更多的顾客，并增加他们对品牌产品的偏好。例如，特斯拉（Tesla）通过推广环保和可持续性的价值观，建立了一个创新和负责任的品牌形象，吸引了一大批对环保有高度责任感的消费者。

再次，品牌忠诚度是衡量消费者对品牌再购买意愿的重要指标。高品牌忠诚度不仅能够保证稳定的销售额，还能减少营销成本。亚马逊（Amazon）通过提供优质的客户服务和 Prime 会员制度，成功地提高了消费者的品牌忠诚度。

最后，持续监测和管理品牌表现对于维护品牌资产至关重要。企业需要定期评估品牌的市场表现，包括品牌知名度、形象和消费者忠诚度等，以便及时调整品牌战略。星巴克（Starbucks）通过社交媒体监听和顾客满意度调查，有效地监控和管理其品牌表现，确保品牌资产的持续增长。

综上所述，通过有效地建立和管理品牌资产，企业不仅能够提高其产品的市场竞争力，还能增加消费者对品牌的信任和忠诚度，从而实现长期业务的增长和成功。建立和管理品牌资产包括明确品牌定位、构建品牌身份、提升品牌知名度、建立和维护品牌关联、增强消费者品牌忠诚度、监测和管理品牌表现以及品牌创新与适应这七个方面。

18.2.1 明确品牌定位

明确品牌定位对于任何企业的市场策略都至关重要，它决定了品牌如何在目标市场中被理解、感知和价值化。品牌定位不仅影响消费者对品牌的认知和情感联系，还直接关联到品牌的市场竞争力和长期发展。以下是关于明确品牌定位重要性的详细阐述：

1. 提供市场方向

明确的品牌定位为企业提供了清晰的市场方向和焦点。它帮助企业确定其目标客户群、满足这些客户的特定需求，以及帮助企业通过其产品和服务与竞争对手区分开来。这种专注使企业能够更有效地分配资源，专注于其核心竞争力。

2. 增强市场区分性

在竞争激烈的市场中，明确的品牌定位可以帮助企业的产品和服务脱颖而出。通过强调品牌独特的价值主张和属性，企业可以在消费者心中建立独特的品牌形象，从而增加其市场的区分性。例如，苹果通过强调其产品的创新性、设计和易用性，在市场中成功定位其品牌。

3. 促进消费者认知

明确的品牌定位有助于加强消费者对品牌的认知。当品牌信息一致且清晰时，消费者更容易理解品牌所代表的价值和承诺。这种认知不仅增加了品牌的可识别性，还促进了品牌形象的积极建设。

4. 建立情感连接

品牌定位不仅是关于逻辑和理性的，还包括与目标消费者建立情感连接的能力。通过与消费者的价值观、生活方式和愿景相呼应，品牌可以建立深厚的情感纽带，这种连接是促进品牌忠诚度和口碑传播的关键。

5. 指导营销策略

明确的品牌定位为营销策略提供了基础。它指导企业如何在广告、公关活动、社交媒体和其他营销渠道中传达一致的信息，确保所有营销活动都与品牌的核心信息和价值主张保持一致。这种一致性有助于加强品牌信息，在消费者心中留下持久印象。

6. 支持定价策略

品牌定位还影响企业的定价策略。通过明确品牌所代表的独特价值和优势，企业可以为其产品和服务制定相应的价格策略。例如，奢侈品牌通过高端定位，可以为其产品设定高价位，而不会失去目标消费者。

综上所述，明确的品牌定位是企业成功的关键，它不仅帮助企业在竞争激烈的市场中脱颖而出，还促进了消费者的认知和情感连接，指导了一致的营销策略，并支持了有效的定价策略。通过精确和一致的品牌定位，企业可以建立强大的品牌资产，从而实现长期的市场成功和增长。

18.2.2 构建品牌身份

构建品牌身份对于任何企业来说都是至关重要的，它是企业与消费者之间沟通的桥梁，直接影响消费者对品牌的认知、情感和忠诚度。品牌身份不仅包括视觉元素（如标志、色彩方案、字体等），还包括品牌的语言风格、价值观和个性。以下是关于构建品牌身份重要性的详细阐述：

1. 提升品牌可识别性

品牌身份的视觉元素，如标志和色彩方案，使品牌在众多竞争对手中脱颖而出，提升品牌在消费者心中的可识别性。一个独特且一致的视觉形象可以帮助消费者在第一时间内识别品牌，从而提升品牌的可见性和认知度。

2. 建立品牌形象和声誉

品牌身份是企业文化和价值观的体现，它传达了品牌的核心信息和承诺给目标消费者。通过清晰和一致的品牌身份，企业可以建立一个积极的品牌形象和声誉，增加消费者的信任和尊重。

3. 促进情感连接

品牌身份的构建不仅是为了视觉识别，更重要的是为了与消费者建立情感连接。品牌的个性、语言风格和价值观可以反映消费者的身份和生活方式，当消费者在品牌中看到自己的反应时，更容易形成情感上的认同和忠诚。

4. 支持营销和沟通策略

一个明确和一致的品牌身份可以增强所有营销和沟通活动的效果。无论是在线广告、社交媒体内容还是传统媒体宣传，一致的品牌形象和信息可以帮助企业在不同渠道中保持一致性，提升营销活动的整体效果。

5. 差异化竞争

在激烈的市场竞争中，一个鲜明的品牌身份可以成为企业的竞争优势。通过突出品牌的独特属性和价值主张，企业可以从竞争对手中脱颖而出，吸引目标市场的注意力。

6. 促进品牌忠诚度

品牌身份的一致性和持续性有助于增强消费者对品牌的认知和信任，从而促进品牌忠诚度。长期以来，消费者对品牌的情感连接和信任将转化为重复购买和口碑推荐，为企业带来长期的益处。

总之，构建品牌身份是企业建立市场竞争力、增加消费者信任和忠诚度以及实现长期增长的关键。一个强有力的品牌身份不仅能够提升品牌的可识别性和形象，还能够在消费者心中建立深刻的情感联系，支持企业的营销策略，并最终驱动业务的成功和增长。

18.2.3 提升品牌知名度

提升品牌知名度在建立和维护一个成功品牌的过程中扮演着至关重要的角色。品牌知名度不仅是品牌被消费者识别和记住的程度，也是企业在目标市场中获得可见性、增加影响力和驱动销售的关键。以下详细阐述提升品牌知名度的重要性：

1. 增强市场存在感

高品牌知名度意味着当消费者考虑购买某类产品或服务时，高知名度的品牌首先浮现在他们的脑海中。这种即时的品牌回忆增加了企业在市场上的存在感，使其在众多竞争对手中脱颖而出。

2. 建立信任和可信度

消费者倾向于信任他们熟悉的品牌。提升品牌知名度有助于构建消费者信任，因为人们通常认为广为人知的品牌更可靠、更有信誉。这种信任是促使消费者进行首次购买和重复购买的重要因素。

3. 促进消费者决策过程

在消费者的购买决策过程中，高知名度的品牌往往更容易被考虑进入购买选择集。消费者在面对选择时，往往会倾向于选择那些他们认识和记得的品牌，因为这减少了他们做出决策的不确定性和风险。

4. 加速新产品的市场接受度

对于已经拥有高品牌知名度的企业来说，推出新产品或服务时会更加容易获得市场的接受。消费者对品牌的熟悉感可以转化为对新产品的好奇心和尝试意愿，从而加速产品的市场渗透。

5. 增强营销效果

提升品牌知名度可以增强营销活动的效果，因为消费者更可能注意到并响应他们已经认识的品牌的营销信息。这不仅提高了营销投资的回报率，还可以通过口碑传播进一步扩大品牌影响力。

6. 支持长期增长

长期来看,高品牌知名度为企业的持续增长和扩张提供支持。知名品牌更容易吸引合作伙伴和投资者的兴趣,同时也有助于吸引和保留优秀人才,这些都是企业长期成功的关键因素。

提升品牌知名度是企业战略规划中不可忽视的一环。通过有效的营销策略、持续的品牌传播和高质量的产品或服务,企业可以成功提升其品牌知名度,从而在竞争激烈的市场环境中取得优势,实现业务的长期可持续增长。

18.2.4 建立和维护品牌关联

建立和维护品牌关联对于企业的品牌战略至关重要。品牌关联指的是消费者对品牌所持有的知识和情感,包括与品牌相关联的属性、好处、经历、生活方式和价值。这些关联形成了消费者对品牌的整体感知,并且直接影响他们的购买决策和品牌忠诚度。以下是关于建立和维护品牌关联重要性的详细阐述:

1. 塑造品牌形象

品牌关联是塑造品牌形象的关键因素。它帮助定义品牌在消费者心目中的位置,以及品牌与消费者生活方式、需求和价值观如何相匹配。通过与正面属性和独特好处相关联,品牌可以在消费者心中建立一个积极且吸引人的形象。

2. 差异化竞争

在众多品牌中脱颖而出的一个有效方式是通过独特的品牌关联来实现差异化。这些关联可以基于产品质量、客户服务、创新技术或企业社会责任等方面。差异化的品牌关联有助于品牌在竞争激烈的市场中保持独特性,吸引目标消费者群体。

3. 增强消费者忠诚度

强烈的品牌关联可以促进消费者的情感投入,从而增强其忠诚度。当消费者与品牌之间建立起情感连接时,他们更可能重复购买,并且推荐给他人。忠诚的消费者群体是品牌长期成功的基石,也是品牌口碑传播的重要来源。

4. 提升品牌价值

正面的品牌关联直接提升品牌价值。高品牌价值不仅吸引消费者,也吸引投资者和合作伙伴。品牌关联通过影响消费者的购买决策,间接提高了销售额和市场份额,这些都有助于提升企业的整体价值。

5. 促进品牌延展

强大的品牌关联为品牌延展提供了基础。当品牌想要扩展到新的产品类别或市场时,已经建立的正面品牌关联可以帮助企业将消费者信任和好感转移到新的产品或服务上。这减少了市场进入的障碍和风险,加速了新产品的市场接受度。

6. 应对市场变化

维护良好的品牌关联使品牌能够更有效地应对市场变化和危机管理。在危机情况下，强大的品牌关联可以作为一个缓冲，保护品牌形象免受负面信息的影响。同时，它也使品牌能够更快地恢复，继续保持与消费者的积极关系。

总之，建立和维护正面的品牌关联对于任何企业都是至关重要的。它不仅塑造品牌形象，提升品牌价值，还有助于差异化竞争，增强消费者忠诚度，促进品牌延展，并有效应对市场变化。为了实现这些目标，企业需要通过持续的沟通、创新和优质的客户体验来不断强化和更新品牌关联。

18.2.5 增强消费者品牌忠诚度

增强消费者品牌忠诚度对于任何企业来说都具有重要意义，它直接影响企业的收入增长、市场份额和长期稳定性。品牌忠诚度不仅反映在消费者重复购买的行为上，还包括对品牌的积极推荐以及在面临竞争品牌时的忠诚度。以下是对增强消费者品牌忠诚度重要性的详细阐述：

1. 提升消费者留存率

增强品牌忠诚度可以显著提升消费者留存率。忠诚的顾客更倾向于持续购买品牌的产品或服务，这直接减少了获新的成本和努力，因为维护现有客户的成本远低于吸引新客户的成本。

2. 增加销售额和利润

忠诚客户往往购买更多，也更愿意尝试品牌的新产品或服务。随着时间的推移，他们对品牌的总支出会显著增加，这不仅增加了销售额，也增加了企业的利润。此外，忠诚顾客对价格不那么敏感，他们更注重品质和品牌价值，这为企业提供了更好的定价权力。

3. 降低营销成本

通过增强消费者品牌忠诚度，企业可以有效降低营销成本。忠诚的消费者通过口碑传播自然而然地推广品牌，这种形式的推广比传统广告更具成本效益，也更能赢得潜在顾客的信任。

4. 提供市场竞争优势

在竞争激烈的市场中，高品牌忠诚度为企业提供了显著的竞争优势。忠诚的顾客群体形成了一道防线，保护品牌免受竞争对手的侵蚀，尤其是在价格战或市场营销攻势中。

5. 促进产品和服务改进

忠诚顾客更倾向于提供反馈和建议，这对于企业改进产品和服务至关重要。这些反馈可以帮助企业更好地理解消费者需求和偏好，从而制订更有效的产品开发和改进计划。

6. 增强企业的危机抵御能力

在面临负面公关事件或市场危机时，忠诚的顾客群体可以为品牌提供支持。他们的正面评价和持续购买行为有助于快速恢复品牌形象和销售，减轻危机对企业的长期影响。

增强消费者品牌忠诚度对于企业具有深远的影响，不仅能提升消费者留存率、增加销售额和利润，还能降低营销成本、提供市场竞争优势、促进产品和服务改进，以及增强企业的危机抵御能力。因此，企业应通过提供卓越的客户体验、建立强有力的品牌形象和价值，以及积极聆听和响应顾客的需求和反馈，来不断增强品牌忠诚度。

18.2.6 监测和管理品牌表现

监测和管理品牌表现是企业维护品牌健康、优化市场策略和确保长期成功的关键环节。通过对品牌表现的持续监控和分析，企业可以获得宝贵的洞察，指导决策过程，及时调整品牌战略，从而在竞争激烈的市场中保持领先地位。以下详细阐述了监测和管理品牌表现的重要性：

1. 及时识别问题和机会

定期监测品牌表现可以帮助企业及时发现潜在的问题和机会。无论是消费者对品牌形象的负面看法，还是市场趋势的变化，早期识别都能使企业有时间做出反应，采取措施纠正问题或抓住新的市场机会。

2. 优化营销策略

通过分析品牌表现数据，企业可以了解不同营销渠道和活动的效果，识别哪些策略最有效，哪些需要改进。这种洞察力使企业能够优化其营销预算分配，专注于那些产生最大回报的活动，从而提高整体营销效率和投资回报率。

3. 加强客户洞察

监测品牌表现也涉及收集和分析消费者反馈，这为企业提供了深入了解客户需求、偏好和行为模式的机会。这种客户洞察对于定制产品开发、提升服务质量和创建更有针对性的营销信息至关重要。

4. 跟踪竞争动态

持续监控品牌表现还包括对竞争对手的观察。了解竞争品牌的表现和策略可以帮助企业识别自身的相对优势和弱点，制定有效的竞争对策，保持或提升市场地位。

5. 提升品牌忠诚度和价值

通过监测和管理品牌表现，企业可以确保品牌信息和体验的一致性，增强消费者对品牌的信任和满意度。长期而言，这将促进品牌忠诚度的提升，增加客户终身价值，从而直接影响品牌的整体价值和盈利能力。

6. 支持战略决策

最后，对品牌表现的深入了解支持企业做出更加信息化的战略决策。无论是扩展市场、调整产品线,还是重新定位品牌,基于数据的决策过程可以大大减少风险,提高成功率。

总之,监测和管理品牌表现对于确保品牌健康、优化营销投资和加强市场竞争力至关重要。它不仅帮助企业及时调整战略,应对市场变化,还为企业提供了增强与消费者连接、提升品牌价值和支持长期增长的基础。因此,企业应将品牌表现监测作为其核心品牌管理活动的一部分,以数据驱动的方式持续优化其品牌战略。

18.2.7 品牌创新与适应

品牌创新与适应是企业在不断变化的市场环境中保持竞争力和相关性的关键。随着消费者需求、技术进步和市场趋势的快速变化,企业必须不断创新和调整其品牌战略,以满足新的市场条件。以下是对品牌创新与适应重要性的详细阐述:

1. 维持品牌的市场相关性

随着市场动态和消费者偏好的变化,昨天成功的品牌策略可能不再适用于今天。品牌必须不断创新,以保持其对目标消费者的吸引力和相关性。这包括更新产品线、采用新的营销渠道和技术,以及重新定义品牌信息。

2. 增强消费者参与度

品牌创新能够通过提供新颖的产品、服务和体验来增强消费者的参与度。创新不仅可以吸引新客户,还可以重新激发现有客户的兴趣,从而增加品牌忠诚度和提高消费者满意度。

3. 提升竞争优势

在竞争激烈的市场中,创新是区分品牌并获得竞争优势的有效方式。通过不断推出创新的产品和服务,品牌可以领先于竞争对手,占据市场的先机。这种先发优势是实现市场领导地位的关键因素。

4. 应对市场和技术变化

技术进步和市场趋势的变化对所有品牌构成挑战。通过持续地创新和适应,品牌可以更好地应对这些变化,利用新技术和趋势为自己赢得优势。例如,数字化转型已成为许多传统品牌适应数字时代的关键。

5. 驱动长期增长

持续的品牌创新不仅可以带来短期的市场成功,还能驱动长期增长。通过不断探索新的市场机会和增长领域,品牌可以扩大其市场份额,增加收入来源,确保长期的财务健康和增长。

6. 建立品牌领导地位

在某些情况下,品牌创新不是跟随市场,而是塑造市场。通过领先于市场趋势和消费者需求,品牌可以建立起行业领导者的形象,为消费者和其他企业树立标杆。

总之，品牌创新与适应对于维持品牌的市场相关性、增强消费者参与度、提升竞争优势、应对市场和技术变化、驱动长期增长以及建立品牌领导地位至关重要。随着市场环境的不断演变，企业必须将创新和适应作为其核心品牌战略的一部分，以确保其品牌能够持续发展和成功。

18.3 制定品牌战略

品牌战略是企业通过系统性的规划和执行来管理其品牌资产，以便在消费者心中建立一个独特、吸引人且一致的品牌形象的长期计划。它包括定义品牌的核心价值、目标市场、竞争定位以及如何通过各种营销和沟通手段传达这些价值观的决策过程。

实施品牌战略可以带来多方面的积极效果，包括但不限于：

1. 提升品牌知名度和市场份额

通过精心设计的营销活动和一致的品牌信息传播，增加品牌在目标市场中的可见性。

2. 增强消费者忠诚度

通过提供一致的高质量体验和有效的顾客关系管理，建立稳固的消费者基础。

3. 实现价格优势

强势品牌通常能够为其产品或服务收取更高的价格，因为消费者愿意为品牌所提供的附加价值付费。

4. 创造竞争壁垒

独特的品牌定位和强大的品牌忠诚度可以为企业创造竞争壁垒，难以被竞争对手复制或取代。

品牌战略的成功实施需要跨部门的协作、对市场的深入理解以及对品牌价值的持续投资和维护。通过这些策略，企业可以在竞争激烈的市场中成功地建立和维护一个强势品牌。

案例分析

以星巴克（Starbucks）为例，这家全球知名的咖啡连锁店通过精心制定的品牌战略成为咖啡行业的领导者，成为有效制定和执行品牌战略的典型案例。星巴克的品牌战略涵盖了品牌定位、品牌身份、品牌传播和顾客体验等多个方面，以下是其关键步骤：

1. 明确品牌定位

星巴克将自己定位为"第三空间"，即除家和工作场所之外的另一个舒适场所，强调提供高品质的咖啡和独特的消费体验。这种定位不仅让星巴克与传统咖啡店区分开来，还成功地吸引了追求高品质生活方式的消费者。

2. 构建品牌身份

星巴克的品牌身份围绕着其高品质的咖啡和一致的品牌体验。从店铺设计、员工制服到产品包装，星巴克都精心设计，确保在全球范围内保持一致性。其标志性的绿色标识和双尾美人鱼图案成了品牌身份的重要组成部分,易于识别,传递出星巴克对品质和传统的承诺。

3. 执行品牌传播策略

星巴克通过多种渠道传播其品牌信息,包括社交媒体、数字营销和传统广告。星巴克特别注重利用社交媒体来与顾客建立联系,通过分享咖啡知识、促销信息和顾客故事来增强品牌亲和力。此外,星巴克还通过社会责任活动,如环保倡议和公平贸易咖啡的推广,进一步强化其品牌形象。

4. 提供卓越的顾客体验

星巴克非常重视顾客体验,从进店的那一刻起,顾客就能感受到温馨舒适的氛围。店内的布置、音乐的选择以及员工的服务态度都旨在营造一种放松和享受的氛围。此外,星巴克还通过其忠诚度计划和移动应用,提供个性化服务和便利的支付选项,增强顾客满意度和忠诚度。

星巴克的成功展示了如何通过明确的品牌定位、构建有力的品牌身份、执行有效的品牌传播策略以及提供卓越的顾客体验来制定品牌战略。这种综合性的品牌战略不仅帮助星巴克在全球范围内建立了强大的品牌,也为其带来了持续的商业成功。

即测即练

第 19 章

产品和服务

19.1 产品特征和分类

在营销和产品管理领域,产品特征和产品分类是两个核心概念,它们对于企业有效地定位、推广和销售其产品至关重要。通过深入理解这些概念,企业可以更好地满足市场和消费者需求,从而提高其产品的市场竞争力。

19.1.1 产品特征

产品特征涵盖了产品的各种属性和特性,既包括有形的也包括无形的,这些特征共同构成了产品的总体价值和吸引力。主要的产品特征包括:

(1)功能性体现了产品能够执行的任务或提供的服务。例如,一款智能手表的功能性不仅包括显示时间,还包括追踪健康指标、接收通知等。

(2)质量关注产品的耐用性、可靠性和性能水平。举例来说,一辆汽车的质量可以通过其故障率、安全性能和驾驶体验来评估。

(3)设计涵盖了产品的外观、感觉和用户体验。以苹果的 iPhone 为例,其简洁的设计和直观的用户界面为其赢得了广泛的市场认可。

(4)品牌代表了产品背后的品牌价值和声誉。如耐克品牌的运动鞋,凭借品牌效应,常常成为消费者的首选。

(5)创新性指产品在技术或使用上的新颖程度。例如,特斯拉电动汽车的自动驾驶技术在推出时便是一大创新。

(6)定制性是指产品能在多大程度上根据消费者的特定需求进行定制。定制化家具就是根据客户的具体需求设计和制作的。

(7)环保性考虑了产品的生产、使用和处置对环境的影响。如使用可再生材料制成的包装,减少了对环境造成的负担。

(8)价格反映了产品的成本和消费者的支付意愿。比如,高端品牌手表的价格通常反映了其品牌价值、材质和工艺等因素。

通过这些特征的综合考量,企业能够更好地定位产品,满足不同消费者的需求,并在竞争激烈的市场中占据有利地位。

19.1.2 产品分类

产品分类基于产品特征、用途、目标市场等因素，将产品划分为不同的类别，以便企业针对不同消费者群体制定更为精准的策略。常见的产品分类包括：

（1）消费品：进一步分为便利品（如食品和日用品）、选购品（如家电和服装）、特殊品（如豪车和高端电子产品）和非渴求品（如人寿保险和紧急救援服务）。

（2）工业品：用于进一步加工或在生产过程中使用的产品，如原材料、机器和工具。

（3）服务：指无形的、不可触摸的产品，如教育、金融服务和医疗保健。

不同类型的产品需要不同的营销策略和销售方法。例如，便利品可能需要广泛的分销网络以便于消费者频繁购买，而特殊品则可能更侧重于品牌形象和独特卖点的建立。对产品特征和分类的深入理解不仅有助于企业更有效地推广和销售其产品，也是企业提升市场竞争力、满足消费者多样化需求的关键。通过精准的市场定位和策略制定，企业可以在激烈的市场竞争中脱颖而出。

19.2 服务特征和分类

服务作为市场上的无形产品，其特性明显不同于有形的商品，这些特性对于服务的营销策略产生了重要影响。同时，为了更好地满足不同市场和消费者需求，服务还可以根据多种标准进行细致分类。

19.2.1 服务的四大基本特征

（1）无形性强调了服务不能被触摸、看见、尝到或感觉到的特点，使得消费者在购买前难以准确评估服务的质量。

（2）不可分割性指出服务的生产和消费通常同时发生，消费者往往直接参与到服务的实施过程中。

（3）异质性表明服务的质量可能因提供者、地点、时间和方式的不同而各异。

（4）易逝性说明服务无法存储或保存，未被使用的服务容量即意味着损失。

19.2.2 服务的分类方式

根据服务的不同属性，可以将服务分为多个类别：

（1）按服务对象分为针对人的服务（如教育、医疗和美容）和针对物品的服务（如维修、清洁和运输）。

（2）按服务性质分为核心服务（提供基本价值，如住宿、交通服务）和增值服务（在核心服务基础上提供额外价值的服务，如免费 Wi-Fi、快速办理入住）。

（3）按服务提供方式分为线上服务（通过互联网提供的服务，如在线教育、网络咨询）和线下服务（在实体地点提供的服务，如餐厅就餐、实体店购物）。

（4）按服务使用频率分为频繁使用服务（消费者经常使用的服务，如银行服务、公共交通）和偶尔使用服务（消费者偶尔使用的服务，如旅游服务、大型活动服务）。

19.2.3　管理服务特征的策略

为了有效管理这些服务特征，企业采取了多种策略：

（1）增强有形线索，利用有形元素来补充服务的无形性，如设计独特的服务环境、使用标志性的服装。

（2）提高服务标准化，通过培训和技术支持增强服务的一致性和可靠性。

（3）管理顾客期望，通过沟通和透明化流程合理设定顾客对服务的期望。

（4）优化容量管理，利用预约系统、调整价格等方式应对服务的易逝性和需求波动。

通过深入理解服务的特征和分类，企业可以设计出更加有效的营销策略和服务提供方式，从而更好地满足消费者的需求，提升顾客满意度和忠诚度。

19.3　产品和服务的区别

在市场经济中，产品和服务作为两种主要的价值提供形式，存在一系列显著的差异。这些差异对于企业制定市场策略、设计顾客体验至关重要。以下是产品与服务之间关键区别的整体呈现，以及这些差异对企业运营和消费者决策的影响：

1. 有形性与无形性

产品是可见、可触摸的实体，如手机、汽车或书籍，它们为消费者提供了直观的质量和价值评估依据。相反，服务是无形的，表现为一种行为或性能，如银行服务、咨询或维修服务，消费者在服务提供前无法看到或触摸。

2. 生产与消费的关系

产品可以在消费之前被生产、存储和运输，这意味着它们的生产和消费过程是分离的。而服务的生产和消费几乎总是同步发生的，一旦提供即被消费，不可存储或转移。

3. 标准化与定制化

产品通常是标准化的，每个单位都是相同的，如批量生产的电子设备。而服务往往根据顾客的具体需求进行定制化，即使是相同类型的服务，在为不同顾客提供时也可能有所不同。

4. 所有权

购买产品时，消费者获得了该产品的所有权，可以随意使用、转卖或赠送。而购买服务时，消费者获得的是性能的承诺或体验，而非所有权，服务一旦完成，就不存在任何可以转移的实体。

5. 易逝性

相对于产品，服务具有更强的易逝性。服务一旦提供就无法再次使用或销售给其他顾客，而产品（除了易腐产品）通常不具有易逝性，可以长时间保存。

6. 消费者参与

在产品购买过程中，消费者的参与通常较少，主要涉及选择和购买。在服务提供过程中，消费者的参与度通常较高，许多服务如教育和咨询要求消费者的积极参与以实现最佳效果。

尽管产品和服务在多个方面存在明显区别，但在实践中，许多企业提供的是产品和服务的组合，旨在满足消费者的综合需求，提升消费体验。深入理解这些区别可以帮助企业在设计、营销及提供其价值主张时作出更加明智的决策。

19.4　产品和品牌的关系

产品和品牌之间存在着密切且复杂的关系。产品是企业提供给市场的具体物品或服务，是满足消费者需求的直接手段。品牌，则是指消费者对产品的一种深层次的、情感化的认知，它通过一系列的标识（如名称、标志、设计）和与之相关联的价值、文化和承诺，在消费者心中形成独特的印象和感受。以下是产品和品牌之间关系的几个关键点：

1. 品牌为产品赋予意义

品牌通过其故事、价值观和个性，为产品赋予了超越其基本功能的额外意义。消费者往往基于这些品牌传达的意义来作出购买决策，而不仅仅是基于产品的功能性或性价比。

2. 产品是品牌承诺的体现

品牌承诺是企业对消费者的一种承诺，涉及品质、服务、体验等多个方面。产品作为这些承诺的直接体现，其性能和质量直接影响消费者对品牌的信任和忠诚度。因此，产品的成功与否在很大程度上决定了品牌形象的建立和维护。

3. 品牌区分产品

在市场上，很多产品在功能和性能上可能相差无几。品牌是区分这些相似产品的关键因素之一。强势品牌可以使其产品在消费者心中脱颖而出，即使面对功能上相似的竞品也能保持竞争优势。

4. 产品创新强化品牌

新产品的推出和现有产品的创新是品牌持续发展的重要驱动力。通过不断的产品创新，品牌能够保持其市场的领先地位和吸引力，同时也能反过来加强消费者对品牌的认可和忠诚。

5. 品牌建立在产品基础上

尽管品牌的构建涉及多个方面，但优秀的产品始终是品牌建立和发展的基础。没有高质量、满足消费者需求的产品，品牌建设将无从谈起。因此，产品的质量和创新是品牌成功的基石。

总之，产品和品牌之间的关系是互补和相互增强的。优秀的产品是品牌建立和维护的基础，而强势的品牌则能提升产品的市场表现和竞争力，为企业带来更大的价值。企业需要通过持续的产品创新和有效的品牌管理，实现产品和品牌的协同发展，以满足消费者的需求并赢得市场的认可。

19.5 新产品开发面临的挑战

新产品开发是企业持续增长和保持市场竞争力的关键活动，但它同时也面临着多种挑战。这些挑战不仅涉及产品本身的设计和创新，还包括市场、技术、财务和组织等多个方面。以下是新产品开发过程中常见的一些挑战：

1. 市场需求的准确预测

识别和理解市场需求是新产品开发的首要步骤，但准确预测市场对新产品的反应极其困难。市场需求可能因为多种因素（如经济状况、消费者偏好变化、竞争态势等）而快速变化。

2. 高昂的开发成本和财务风险

新产品的研发往往需要巨额投资，包括市场研究、产品设计、原型制作、测试以及市场推广等。高昂的开发成本带来的财务风险可能会对企业的资金流和利润率产生负面影响。

3. 技术创新与实现的挑战

技术的快速发展要求新产品在技术上不断创新。将创新技术有效地融入产品设计，并确保技术的可靠性和生产的可行性，是新产品开发中的一大挑战。

4. 时间压力和加速上市的需求

在快速变化的市场环境中，将新产品快速推向市场是企业获得竞争优势的关键。然而，缩短产品开发周期可能会影响产品质量和彻底性的测试，增加产品失败的风险。

5. 满足法规和安全标准

新产品必须遵守相关的法律法规和行业标准，这对于某些行业尤其重要，如医药、食品和汽车。满足这些复杂且不断变化的要求可能会增加开发成本和时间。

6. 内部资源和能力的限制

成功的新产品开发需要跨部门的协作和高效的项目管理。企业可能面临内部资源（如资金、人才和技术）和能力（如创新能力、市场推广能力）的限制。

7. 正确的定位和市场推广

即使产品本身设计得很好，错误的市场定位和不足的推广策略也可能导致新产品的失败。找到正确的目标市场并制订有效的推广计划是新产品成功的关键。

面对这些挑战,企业需要采取战略性的方法来管理新产品开发过程。这包括进行彻底的市场和技术研究、实施严格的项目管理、采用灵活的开发方法、保持与法规的一致性以及制定有效的市场推广策略。通过这些策略,企业可以最大限度地减少失败风险,确保新产品开发的成功。

19.6 提升服务的方法

将服务提升至卓越水平是提高消费者满意度、增强品牌忠诚度和推动业务增长的关键。实现这一目标需要企业在多个方面进行系统性的改进和创新。以下是一些实现卓越服务的策略:

1. 深入了解顾客需求

进行定期的市场研究和顾客调研,了解消费者的期望、偏好和痛点。利用顾客反馈进行服务设计,确保服务能够满足或超出消费者的期望。

2. 培养员工

对员工进行全面的服务培训,包括沟通技巧、问题解决技巧和消费者服务礼仪等。创建一个支持性的工作环境,激励员工积极参与提升服务质量。

3. 提供个性化服务

利用消费者数据和先进的技术(如 CRM,Customer Relationship Management,客户关系管理系统)提供个性化的服务体验。关注消费者的特定需求和偏好,为他们提供量身定制的服务解决方案。

4. 确保服务质量的一致性

建立标准化的服务流程和质量控制体系,确保在所有接触点提供一致的服务体验。定期监控服务表现,及时调整服务流程以消除任何质量问题。

5. 运用技术创新

利用最新的技术(如人工智能、移动应用和自助服务终端)来提升服务效率和顾客体验。保持对行业趋势的敏感,不断寻求通过技术改进服务的机会。

6. 构建强大的服务文化

在企业内部构建以消费者为中心的服务文化,确保每位员工都认识到卓越服务的重要性。领导层应作为服务卓越的模范,通过自己的行动展示对卓越服务的承诺。

7. 持续改进

将持续改进作为企业文化的一部分,鼓励员工提出创新的服务改进意见。定期评估服务流程和结果,利用消费者反馈和业绩指标来指导服务的改进。

8. 加强顾客关系管理

建立有效的消费者关系管理机制，维护与消费者的长期关系。在服务过程中积极解决消费者的问题和投诉，将消费者的不满转变为忠诚。

通过实施上述策略，企业可以显著提升服务质量，从而使服务走向卓越。卓越的服务不仅能够增加消费者满意度和忠诚度，还能在竞争激烈的市场中为企业赢得显著的竞争优势。

19.7 实现产品和服务相互赋能的策略

在当今的市场环境中，产品和服务不再是相互独立的实体，而是相互依赖、相互赋能的组成部分。实现产品和服务的相互赋能可以增强顾客体验，提升品牌价值，并推动企业利润的持续增长。以下是一些实现产品和服务相互赋能的策略：

1. 集成产品和服务

开发产品时考虑服务的集成，确保产品设计能够支持后续的服务提供。例如，智能家电可以集成云服务，提供设备监控、远程控制等服务。反过来，服务也应考虑如何增强产品的使用体验，如提供定制化的使用建议、维护和升级服务。

2. 增值服务

为现有产品提供增值服务，以提升产品的整体价值。例如，为软件产品提供免费的在线培训和技术支持。这些增值服务不仅能够提高消费者满意度，还能作为差异化的因素，加强品牌的市场竞争力。

3. 数据驱动的个性化

利用从产品使用中收集的数据，提供个性化服务。例如，基于健康追踪器收集的数据，提供个性化的健康建议和运动计划。个性化服务能够提升消费者的满意度和忠诚度，同时为企业带来更多的收入机会。

4. 跨界合作

与其他行业的企业合作，将产品和服务相结合，创造新的消费者价值。例如，汽车公司与音乐流媒体服务合作，为消费者提供无缝的音乐体验。跨界合作可以打开新的市场空间，为产品和服务的创新提供更多可能性。

5. 服务设计思维

采用服务设计思维，从消费者的角度出发，设计整体的产品和服务体验。这包括消费者旅程的每一个触点，从产品购买、使用到服务交付。服务设计思维有助于识别和填补产品和服务之间的空白，确保消费者获得无缝和一致的体验。

6. 持续反馈和改进

建立持续的消费者反馈机制，定期收集关于产品和服务的反馈信息。利用这些信息来持续改进产品和服务。反馈和改进不仅能够提升产品和服务的质量,还能增强消费者的参与感,提高消费者的满意度。

通过实施上述策略,企业可以实现产品和服务的相互赋能,从而创造更大的消费者价值,建立竞争优势,并促进业务的长期发展。在这个过程中,关键是将产品和服务视为一个整体,注重消费者体验的全面性和一致性。

即测即练

第 9 篇

价 格 策 略

商品有很多属性，有颜色、大小、款式等水平属性，也有品牌、质量、创新等竖直属性。然而，价格，作为一个极为重要的商品属性，既不是水平属性，也不是竖直属性。价格的特殊性在于它是商品价值的货币体现，而商品价值由商品的非价格属性（水平属性和竖直属性）决定，也要考虑生产、运作、市场营销等成本，同时还受到市场竞争的影响。

让我们简单回顾一下前面章节讲过的内容：第一，当产品的价格升高时，其市场需求会相应降低，这是市场需求原理，也是市场竞争的基础；第二，当产品差异较小时，市场竞争激烈，企业的定价权下降，所以企业只能降低价格。极限情况如伯川德悖论中所讲的当产品差异化消失时，企业的最优定价等于生产成本，也就是说企业利润为零；第三，当产品差异变大时，市场竞争减弱，企业可以制定更高的价格获取更大的利润，这也是霍特林模型的主要结论；第四，当市场中某个企业具有创新优势时，竞争使得企业定价只反映出企业之间的差异，而商品的基础功能和性能则在定价中体现得较弱，所以企业需要在创新竞争中做到"出人头地"；第五，具有创新优势的企业在定价时会产生"溢出效应"，进一步压低劣势企业的价格。后两点是霍特林改进模型的主要结论。

然而，定价的精彩程度其实远超上面的内容，其是一门体现大智慧的艺术。举一个百思买（BestBuy）的例子。百思买是美国最大的家用电器和电子产品零售商，总部位于明尼苏达州明尼阿波利斯。百思买提供消费类电子产品、家庭办公产品、娱乐产品、家电和相关服务。可是，因为老冤家电商平台亚马逊的步步紧逼，百思买这个美国最大的家用电器和电子产品零售商在几年前濒临破产。百思买最大的困局是，它成为电商平台亚马逊免费线下实体体验店：消费者往往先去百思买实体店试用新产品（比如数码相机和手机等），亲自感受产品细节，并享受百思买店中训练有素的专业销售人员对产品的细心讲解，在确定喜爱的产品后，随即从兜里拿出手机，登录亚马逊 App 搜索同款产品进行购买，因为亚马逊上的价格更加便宜，且送货速度快。不知不觉中，百思买为对头亚马逊做了"嫁衣"，沦为其免费的线下体验店。

当然,亚马逊上同款产品价格便宜容易理解:亚马逊不用经营实体店面,免去了租金、水电、雇员等一系列的费用;此外,更重要的是,线上消费者动动手指就从卖家 A 跑到了卖家 B,所以为了挽留消费者,线上竞争更加激烈,价格被进一步压低。因此,在价格上,百思买完全不是亚马逊的对手,同时还因为其实体店的天然劣势,沦为亚马逊的免费实体店,进一步增加了亚马逊的竞争优势,这看上去完全是一个"死局"。

但是,百思买做了两件事后,便起死回生。第一件事和价格间接相关,百思买为品牌供应商开设"店中店"服务(store within store),即对进入其实体店的品牌收取进店费;第二件事和价格直接相关,百思买提出了价格匹配策略(price matching),即如果百思买的价格高于亚马逊的价格,则百思买会匹配亚马逊的价格。在本篇后面的内容里,我们会具体讨论这两件事是如何力挽狂澜,把百思买从破产的悬崖边上拉回来的。

第 20 章

理 解 价 格

20.1 价 格 概 述

价格是指一种商品或服务的货币价值,是消费者为获取商品或服务所必须支付的金额。它是市场经济中的一个核心概念,反映了供给与需求之间的关系,同时也是企业和消费者决策过程中的一个重要考虑因素。价格不仅是交易的基础,还是影响市场竞争、调节经济活动和传达市场信息的关键工具。

20.1.1 价格的作用

1. 信号功能

价格作为一个信号,向市场传达了商品或服务的稀缺程度。高价格通常表明高需求或低供给,而低价格可能表明低需求或高供给。

2. 资源配置

在市场经济中,价格机制帮助资源向最有效的用途转移。生产者根据价格决定生产什么商品,而消费者根据价格决定购买什么商品。

3. 激励机制

价格为生产者提供了盈利的激励,鼓励他们提高效率,创新产品和服务以满足消费者需求。

4. 成本补偿

价格帮助企业回收生产商品或提供服务的成本,并获取利润,从而支持其持续运营和发展。

20.1.2 价格的决定因素

1. 成本

生产商品或提供服务的成本是价格的基础,企业通常会在成本基础上加上利润来确定价格。

2. 市场需求

消费者对商品或服务的需求量影响价格。高需求往往可以支撑更高的价格。

3. 竞争

市场上的竞争状况，特别是竞争对手的价格策略，也会影响企业的定价决策。

4. 政府政策

税收、补贴、最低价格限制等政府政策也会影响商品或服务的价格。

5. 外部因素

包括但不限于经济环境、社会趋势和技术进步等，这些都可能影响价格的决定。

总之，价格是市场交易的基石，它不仅反映了商品或服务的价值，也是市场经济中资源配置、信息传递和激励机制的重要组成部分。

20.2　价格是最特殊属性的原因

苹果公司在推出新款 iPhone 时，常常设定高于竞争对手的价格。尽管高价可能限制了某些消费者的购买能力，但强大的品牌忠诚度和消费者对苹果产品的高度期待，使得许多人仍然愿意支付高价。此外，苹果通过提供不同存储容量的产品版本以及较旧型号的 iPhone，以较低的价格点来吸引更广泛的消费者群体，这种策略展示了价格策略在市场分割和消费者定位中的重要作用。通过苹果公司的例子，我们可以看到价格不仅是商品交换的货币表达，还是品牌战略的核心组成部分，直接影响品牌形象、消费者感知和企业的盈利能力。这种多维度的影响力使价格成为最特殊的产品属性之一，需要企业进行精心的管理和策略规划。

我们通过分析以上实例，得出价格具有以下几个独特的特性，使其在产品属性中占据特殊地位：

1. 直接影响消费者感知

价格通常是消费者在购买决策过程中首先考虑的因素之一。它直接影响消费者对产品价值的感知和满意度。高价格可能被视为高质量或高地位的象征，而低价格可能吸引价格敏感的消费者。

2. 快速调整市场反应

与产品的其他属性相比，价格具有独特的灵活性。企业可以较快地调整价格以响应市场变化、竞争对手行为和消费者需求。这种灵活性使价格成为影响市场动态和企业销售策略的关键工具。

3. 直接关联企业盈利

价格是直接决定企业收入和利润的关键因素。正确的定价策略不仅能够吸引消费者，还能确保企业的成本得到覆盖，并实现利润最大化。相反，错误的定价策略可能导致企业收入下降或市场份额丧失。

4. 作为市场定位的工具

价格是企业进行市场定位的重要工具。通过定价，企业可以将其产品定位为高端或经济实惠，吸引特定的目标市场和消费者群体。价格策略反映了企业的品牌形象和市场策略。

5. 影响心理定价的感知

价格不仅涉及经济因素，还涉及心理因素。心理定价（如定价为99元，而非100元）可以影响消费者的购买行为。价格的感知效应说明了价格不仅是数值，还包含消费者对价格的心理反应和情绪。

6. 竞争策略的组成部分

在激烈的市场竞争中，价格常常被用作竞争策略的一部分。通过价格战、促销活动和折扣，企业可以吸引消费者，增加市场份额，或对抗竞争对手。

综上所述，价格之所以被视为最特殊的产品属性，是因为它在影响消费者行为、调整市场策略、确保企业盈利、实现市场定位以及激发消费者心理反应方面具有独特的作用。正确的定价策略对于企业的成功至关重要。

20.3　价格和价值的区别

价格和价值是经济学和营销中两个基本且重要的概念，它们之间存在着本质的区别：价格是商品或服务用货币衡量的成本。它是消费者为了获得某个商品或服务所必须支付给卖方的金额。价格可以被视为商品或服务在市场上的标签或指示，是由供给和需求的市场力量决定的，也受到成本、竞争、政府政策和消费者感知等因素的影响。价值是指商品或服务对消费者的重要性或有用性。它是主观的，因人而异，取决于商品或服务能够在多大程度上满足消费者的需要或愿望。价值可能基于商品的功能性、情感连接、品牌形象、社会地位标志等因素。换句话说，价值反映了商品或服务对个人的实际意义和重要性。

20.3.1　价格与价值的区别

1. 本质区别

价格是客观的，可以量化和衡量；而价值是主观的，根据个人的需求和感知而变化。

2. 决定因素

价格通常由市场供求关系、成本和竞争等外部因素决定；价值则由个人的需求、偏好和商品或服务提供的满足度决定。

3. 影响

价格是交易的基础，决定了商品或服务的交换条件；价值则影响消费者的购买决策和满意度，决定了消费者是否觉得某一价格是"值得"的。

4. 变动性

价格在市场条件变化时可能会频繁变动；而价值更多反映了长期的、稳定的消费者感知。

理解价格和价值之间的区别对于企业制定有效的定价策略、提升产品和服务的价值以及满足消费者需求至关重要。企业通过提供高价值的产品和服务来吸引和保留顾客，同时通过合理的定价确保产品的市场竞争力。

20.4 价格的种类

价格在市场经济中扮演着核心角色，不同的市场环境和销售策略会产生不同种类的价格。以下是一些常见的价格种类：

1. 市场价格（Market Price）

这是商品或服务在市场上的实际成交价格，由供求关系决定，可能会随市场条件的变化而波动。例如，一家农产品市场的新鲜蔬菜价格根据当天的供求状况而定，可能每天都有所不同。

2. 定价价格（List Price）

定价价格也称为标价或吊牌价，是卖方为其商品或服务设定的官方售价，通常是消费者在讨价还价或折扣之前看到的价格。比如，一家电子产品零售商为最新款智能手机设定的吊牌价是 999 元。

3. 成本加成价格（Cost Plus Price）

这种定价方法基于商品或服务的生产成本，然后加上一个固定的利润率来确定最终售价。一家家具制造商生产一张桌子的成本是 100 元，商家决定加上 50% 的利润率，将桌子定价为 150 元。

4. 竞争导向价格（Competition Based Pricing）

在这种情况下，企业在定价时主要参考竞争对手的价格水平，以确保自身的价格具有竞争力。如果竞争对手 A 的同类洗发水售价为 5 元，竞争对手 B 可能将其同类产品定价为 4.95 元，以吸引价格敏感的消费者。

5. 心理定价（Psychological Pricing）

通过将价格定在某些心理阈值以下（例如，9.99 元而不是 10 元）来吸引消费者，基于消费者对价格的心理感知影响其购买决策。例如，超市里的商品标价为 9.99 元而不是 2 元，利用了消费者倾向于感觉 1.99 元比 2 元便宜的心理。

6. 穿透定价（Penetration Pricing）

初入市场时采用低于竞争对手的价格，目的是快速增加市场份额和消费者认知度。

一家新的视频流媒体服务以每月 5.99 元的低价入市，意图快速增加订阅者数量，后续逐步提高价格。

7. 撇脂定价（Price Skimming）

对新产品设定高价格以最大化短期利润，然后随着市场饱和逐步降低价格。高端智能手机在市场首发时定价为 1200 元，随着时间推移和新款手机发布，价格逐步降至 800 元。

8. 动态定价（Dynamic Pricing）

价格根据当前的市场需求、库存水平或其他因素动态调整。航空票价和酒店房价常用这种定价策略。航空公司根据航班预订情况和出行日期临近程度动态调整机票价格。

9. 捆绑定价（Bundle Pricing）

将多个产品或服务捆绑在一起销售，并设定一个优惠的捆绑价格，鼓励消费者购买更多。电信公司提供网络、电话和电视三合一的捆绑套餐，价格比单独购买某一项服务更优惠。

10. 优惠定价（Discount Pricing）

提供折扣、促销或优惠券来降低商品的实际销售价格，通常用于清理库存、提升短期销量或应对竞争压力。黑色星期五时，许多零售商提供大幅折扣，如原价 50 元的衣服打 5 折销售。

11. 高低定价（High Low Pricing）

定期在较高的标价基础上提供促销或折扣，吸引价格敏感的顾客同时保持高利润率。一家服装零售商平时将衣服定价较高，但定期进行促销活动，提供大幅度折扣。

12. 价值定价（Value Based Pricing）

定价基于消费者对产品或服务感知价值的估计，而非仅仅基于成本或市场竞争。这种策略要求企业深入了解顾客的需求和支付意愿。一家提供个性化健康饮食计划的服务公司，根据其对顾客健康改善的潜在价值，而非仅仅成本，来定价。

这些价格种类体现了不同的市场策略和目标，企业在制订定价策略时需考虑多种因素，包括成本、市场定位、竞争状况、消费者行为和企业目标等，以制订最适合自身条件的定价策略。

20.5 理解和调整价格

理解和调整价格是企业在市场上成功运营的关键。价格策略的制定和调整需要综合考虑市场需求、成本结构、竞争环境、消费者心理等多个因素。

20.5.1 内容

1. 成本分析

了解产品的全部成本，包括直接成本（如材料和劳动力）和间接成本（如管理费用和营销费用），确保定价能覆盖成本并实现利润。

2. 市场定位

根据目标市场和目标消费者群体的需求定位产品，确定产品的价值主张，以此为基础制定价格策略。

3. 竞争分析

研究竞争对手的定价策略和市场表现，识别市场上的价格范围和行业标准。

4. 消费者感知

理解消费者对价格和价值的感知，包括消费者对价格变动的敏感度（价格弹性）和对高/低价格的心理反应。

5. 供需关系

考虑市场供需状况对价格的影响。在供不应求的情况下，提高价格可能是可行的；而在供过于求的市场，可能需要通过降低价格来吸引消费者。

20.5.2 基本原则和策略

1. 动态定价

根据市场需求、季节变化和库存状况动态调整价格。例如，使用数据分析工具来预测需求波动，并据此调整价格。

2. 心理定价策略

利用消费者的价格心理，如设置 9.99 元而不是 10 元来吸引消费者，或采用奢侈品定价策略来强调产品的独特价值。

3. 促销和折扣

通过有限时间的促销活动或折扣吸引顾客和增加销量。需要平衡促销频率和强度，以免影响品牌形象或降低消费者对正常价格的接受度。

4. 价格分层

为不同的产品或服务版本设定不同的价格点，以满足不同消费者群体的需求和支付意愿。例如，提供基础版和高级版产品，以不同的价格满足不同消费者需求。

5. 捆绑销售

通过将多个产品或服务捆绑在一起以优惠价格出售，提升整体销售额，并提高单个顾客的购买价值。

6. 价值定价

调整价格以更好地反映产品或服务为消费者带来的实际价值。这可能需要通过营销沟通来加强消费者对产品价值的认知。

理解和调整价格是一个持续的过程，需要企业不断收集市场信息、评估策略效果，并灵活应对市场变化。成功的定价策略能够帮助企业实现销量和利润的最大化，同时保持与消费者的良好关系。我们以亚马逊（Amazon）的动态定价策略的案例来进一步论证理解和调整价格的优势。

20.5.3　案例分析——背景

亚马逊是全球最大的在线零售商之一，以其广泛的产品线、优质的顾客服务和创新的技术解决方案而闻名。亚马逊采用动态定价策略，即根据市场需求、竞争对手价格、库存水平等因素实时调整产品价格，是其市场成功的关键因素之一（见图 20-1）。

图 20-1　亚马逊

亚马逊通过复杂的算法和大数据分析来理解价格的多个维度：

1. 竞争监控

亚马逊持续监控竞争对手的价格变动，确保其价格具有竞争力。

2. 消费者行为

通过分析消费者的购买历史和浏览行为，亚马逊能够洞察消费者对价格变动的敏感度。

3. 供需状况

亚马逊使用先进的预测模型来估计特定商品的需求，并据此调整价格以管理库存。

20.5.4　调整价格取得的成果

1. 提高销售和利润

通过动态定价，亚马逊能够在需求高峰时提高价格，以最大化利润；在需求低迷时通过降价促销清理库存，保持销售流动性。

2. 增强市场竞争力

动态定价使亚马逊能够快速响应市场变化和竞争对手行动，保持价格竞争力，吸引更多顾客。

3. 优化库存管理

通过调整价格应对预测的供需变化，亚马逊能够有效管理库存，减少积压，提高资金周转率。

4. 个性化定价

亚马逊能够根据消费者的购买历史和偏好实施个性化定价，提高转化率和顾客满意度。

综上所述，亚马逊的动态定价策略展示了灵活调整价格的强大优势。它不仅帮助亚马逊优化了库存管理，还增强了其在激烈的市场竞争中的地位。此案例强调了在当今快速变化的市场环境中，灵活和数据驱动的定价策略对于企业维持竞争力和实现业务增长的重要性。

20.6　应对价格变化的相关策略

应对价格变化是企业在动态市场环境中维持竞争力和盈利能力的关键。有效的策略需要基于对市场趋势的深入理解、对消费者行为的准确洞察以及对竞争对手策略的仔细分析。以下是一些应对价格变化的策略，以及通过一个案例分析来具体说明如何实施这些策略。

20.6.1　应对价格变化的策略

1. 灵活的定价策略

实施动态定价，根据市场需求和供应状况调整价格。

2. 增加价值体验

强化产品或服务的独特价值，通过增加非价格因素（如质量、服务、品牌形象）来减少对价格竞争的依赖。

3. 多元化产品组合

提供不同价格点的产品或服务，以满足不同消费者群体的需求和支付能力。

4. 促销和折扣

灵活使用促销活动和限时折扣来刺激需求和清理库存。

5. 成本控制

优化运营效率和供应链管理,降低成本以应对市场价格下降的压力。

20.6.2 案例分析:星巴克应对咖啡豆价格波动

星巴克作为全球最大的连锁咖啡店,面临着原材料(特别是咖啡豆)价格波动的挑战。咖啡豆价格受多种因素影响,包括气候变化、政治不稳定和市场投机等。

星巴克的应对策略如下。

1. 多元化采购

星巴克通过从全球多个产区采购咖啡豆,分散供应链风险,减少对单一市场的依赖。

2. 长期采购合同

与咖啡豆供应商签订长期采购合同,锁定价格,减少原材料成本的波动影响。

3. 增加价值体验

星巴克通过提供优质的产品和独特的消费体验(如舒适的店内环境、个性化服务),增强顾客忠诚度,保持其产品对价格变化的弹性。

4. 成本控制和提升效率

通过提高运营效率和优化供应链管理,控制成本,以应对原材料价格上涨的压力。

通过上述策略,星巴克成功地应对了咖啡豆价格波动的挑战,保持了较稳定的利润率和市场竞争力。同时,通过强化品牌价值和顾客体验,星巴克降低了消费者的价格敏感度,提高了消费者对价格变化的容忍度。

星巴克的案例展示了企业如何通过多元化采购、长期采购合同、增加价值体验、成本控制和提升效率等策略,有效应对原材料价格波动的挑战。这些策略不仅帮助企业保持了盈利能力,还增强了其在动态市场环境中的竞争力。对于所有企业来说,灵活和前瞻性的定价和成本管理策略是应对市场价格变化、保持长期成功的关键。

星巴克代表的更多的是消费者视角,工业角度受更多方面的影响,我们以石油和天然气行业作为典型进行分析。石油和天然气行业是一个典型的高度全球化且价格波动性强的行业。价格受多种因素影响,包括地缘政治、供需关系、货币汇率、环境政策及技术进步等。以下是石化行业应对价格变化的策略。

1. 对冲操作

企业可以通过期货、期权等金融工具在能源交易市场进行对冲操作来锁定燃料价格。例如,如果一家石油公司预计油价将上升,它可以提前购买期货合约来锁定较低的价格。反之,如果预计价格下跌,则可以通过期货市场卖出,以保护自己免受未来价格下跌的影响。

2. 多元化供应链

通过多元化其原油和天然气的来源,公司可以减少对任何单一市场或供应商的依赖。这不仅包括地理上的多元化,也包括采购渠道的多元化。这样,即使某一地区的供应受到干扰,公司也可以从其他地区获得必要的资源。

3. 灵活的生产计划

在价格高时增加产量,在价格低时减少产量。这要求企业拥有灵活的生产能力和成本控制能力。通过调整生产速度,企业可以更好地适应市场需求和价格变化。

4. 长期合约

与关键客户和供应商签订长期合约,以稳定未来的收入和供应。这些合约可以包括价格调整机制,以反映市场价格的变化,同时保证一定程度的价格和供应稳定性。

5. 投资多样化

将投资组合扩展到受石油和天然气价格波动影响小的业务或地区。例如,一些大型石油公司投资可再生能源项目,既可以减少对传统能源市场波动的敏感性,也能适应全球能源结构转型的趋势。

这些策略使能源公司能够更有效地管理市场的复杂性,确保在燃料价格固有的不确定性中保持更稳定的运营。

即测即练

第 21 章

定价：艺术与智慧

21.1 百思买如何摆脱亚马逊"体验店"的困局？

前面讲过的百思买沦为亚马逊免费"体验店"的困局，是由其实体店本质决定的，而这个本质很难扭转。但是，当时的 CEO 休伯特·乔利（Hubert Joly）具有强大的逆向思维能力，他做对了两件事情使得百思买重获新生：

第一件事，百思买开设"店中店"服务，品牌供应商的产品如果想进入百思买实体店，需要缴纳进店费。

在休伯特的逆向思维中，实体店沦为"体验店"虽然是实体店的宿命，但是既然消费者愿意离开舒适的家来到百思买体验产品，就证明"体验店"对于消费者来说是有价值的。消费者为什么来实体店体验产品？因为他们不知道什么产品最符合自己的需求，消费者可以通过体验来消除对产品的不确定性，这样他们可以做出更加正确的购买决策，而这也意味着消费者会更加愿意为自己的购买决定支付更高的价格，即支付意愿提高了（相反，当消费者不确定是不是喜欢一个产品的时候，支付意愿不会高）。

而具有高支付意愿的消费者对于品牌供应商意味着什么？意味着消费者对价格敏感度下降，所以品牌供应商之间的竞争会减弱，它们可以提价了，这对于品牌供应商来说意味着更高的利润。因此，"体验店"对于品牌供应商是有价值的，品牌供应商对"体验"是有支付动机的。而"体验"是线上渠道所无法提供的，是专属于百思买的优势。因此，百思买可以以"店中店"的方式，对品牌供应商征收进店费。

同时百思买让品牌供应商招募训练自己的专业销售人员，他们的薪水也由品牌供应商负担，进一步压缩了成本，提高了利润。

第二件事，百思买运用了价格匹配策略：对于同一款产品，如果百思买的价格低于或者等于对手亚马逊的价格，则消费者在百思买购买产品的时候支付百思买的价格；如果百思买的价格高于亚马逊的价格，则百思买会匹配亚马逊的价格，消费者在百思买购买产品的时候支付亚马逊的价格。

休伯特逆向思维的精彩之处在于，百思买实体店如果与电商亚马逊平台打价格战，必然无法摆脱失败的宿命，既然如此，何必为了那 1 美元与对手拼个你死我活？更何况还拼不过对手……何不退让一小步，比如退让 1 美元，让百思买来匹配对手亚马逊的价格。

这样做有什么好处呢？要知道，亚马逊也是玩定价策略的高手，当亚马逊知道百思买现在转为匹配自己价格的时候，亚马逊会心领神会地悄悄地把价格提高，"既然你匹配我的价格，那我也就不再卖10美元了，卖20美元吧"，于是双方会心照不宣地从打破头的"竞争对手"，转变成为暗通款曲的市场价格制定的"合作共赢者"。

这就是1美元的魔力，定价的艺术，退一小步，海阔天空。

21.2　频繁打折：激化了竞争？弱化了竞争？

我们都习惯了市场中各种打折活动和花样百出的促销，商家告诉我们打折是在回馈消费者，是在大酬宾，我们的直觉也告诉我们价格的确低了，我们获得了实惠和好处。可是，事实真的如此吗？

打折中的折扣价格是相对价格，是相对于不打折时候的价格的折扣力度，那么是否存在这样的可能，打折反而推高了平时不打折的价格，导致即使打了折比平时便宜了，但是从时间轴上看，平均价格不但没有下降反而上升了？

要说明这个问题就要理解消费者忠诚度上的差异性，有的消费者价格敏感，在同品类产品中热衷于寻求低价，缺乏产品忠诚度，但是有的消费者的确是忠实用户，对价格不太敏感，一直忠实于一个品牌的产品。那么，企业的最优价格策略是什么呢？有如下三种可能的策略。

策略1：企业一直定高价，来收割忠实消费者；

策略2：企业一直用低价，来竞争寻求低价的消费者；

策略3：企业一会用高价来收割忠实消费者，一会用低价来竞争寻求低价的消费者。

先看策略1，如果企业一直定高价来收割忠实消费者的话，那么就相当于放弃了寻求低价的消费者，这将使竞争对手获利，竞争对手可以以一个微小的优惠价格获得可能人数众多的寻求低价的消费者。

再看策略2，企业一直用低价来竞争寻求低价的消费者的话，那么就相当于便宜了忠实消费者，损失了本该轻松收割到的利润。

最后看策略3，企业一会用高价来收割忠实消费者，一会用低价来竞争寻求低价的消费者，这个时候，可以杜绝策略1中的问题，因为竞争对手往往难以预测企业什么时候打折（黑色星期五和双十一除外），所以无法通过一个微小的优惠价格而获得海量的寻求低价的消费者；同时也可以杜绝策略2中的问题，因为高价位的时候可以收割忠实消费者。所以当市场中同时存在忠实消费者和寻求低价的消费者的时候，策略3是最优的定价策略，我们称为混合定价策略（mixed pricing strategy）。

类比一下猜拳，为什么你猜拳的时候从来不一直出"石头"，或者一直出"剪子"，或者一直出"布"？是因为如果你的策略一成不变的话，你的对手会根据你一成不变的策略而改变他的策略来赢你，所以猜拳的时候一定要不停地改变策略，也就是"石头""剪子"和"布"混合着出，这就是混合策略。

同样的道理，混合定价策略也会让竞争对手对你的定价策略捉摸不透，从而无法根据你的定价来制定对他自己有利的定价，从而无法在竞争中轻易赢你。而如果竞争对手不用混合定价策略的话，你就可以根据他的定价来赢他，因此你的竞争对手也会选择混合定价策略。所以最终导致的局面就是，竞争的企业都会时不时打折降价，时而用高价来收割忠实消费者，时而用低价来竞争寻求低价的消费者，让对手捉摸不透，无法对此加以利用。

读到这里，你还会认为打折"很香"吗？在混合定价策略下，打折是相对于给收割忠实消费者制定的价格而言的，而不是相对于一个本就比较实惠的、比较低的价格而言的。因此，从时间轴上来看打折这件事，打折往往会推高了平均价格。

21.3 囚徒困境与价格迷惑

在前面我们讨论过价格战的问题，伯川德悖论也从数学上科学地描述了价格战问题，并给出了经典结论：当产品同质化时，竞争加剧导致企业的最终定价等于生产成本。也就是说，同质化产品加剧了竞争，把企业的利润"卷"成零。这里的"卷"其实就是典型的囚徒困境问题，如图 21-1 所示。

		疑犯 1	
		揭发对方	不揭发对方
疑犯 2	揭发对方	（8 年，8 年）	（10 年，释放）
	不揭发对方	（释放，10 年）	（1 年，1 年）

图 21-1　囚徒困境问题

有两个疑犯 1 和 2 是共犯，警方掌握了一些他们的犯罪证据，同时警方相信他们还有更多的共同犯罪行为，但是并不掌握直接证据，因此在疑犯都不揭发对方的时候，只能将他们判刑各 1 年；如果有一方揭发对方，另一方不揭发对方的话，揭发对方的疑犯戴罪立功可以释放，而不揭发对方的疑犯被判刑 10 年；如果双方都揭发对方的话，则警方掌握所有的犯罪证据，两名疑犯各判刑 8 年。那么最终这两名疑犯会怎么做呢？

一定是相互揭发对方：因为如果自己不揭发对方的话，那么对方一定会揭发你，因为这样他就被释放了，所以两名疑犯一定相互揭发对方，各判刑 8 年。这也就是说，在一个群体中，当个体只寻求自身利益最大化的话，那么可能导致群体利益最小化。

回来再看价格战，道理是一样的，两个同质产品的公司不停杀价，最终双方价格越来越低，最后都不赚钱。所以，价格战是典型的囚徒困境问题，属于负和博弈（饼越变越小了）。

那么，现实商战中，该如何避免囚徒困境这样的负和博弈？商家除了进行前面提到的"石头""剪子"和"布"的混合价格策略外，往往还通过价格迷惑（price obfuscation）来进行。比如，大家买东西的时候经常看到下面的场景：每个产品都明码标价，但是单价却往往很难比较，同样的产品，有的卖 15 元 500 克，有的卖 27 元 800 克，有的说 40 元买一送一，有的说 29 元第二个半价等，这些看着有的是打折，有的不是打折，但是其实它们的背后都是同一个目的，对消费者进行价格迷惑，使消费者很难看清谁更便宜。

试想，消费者去一次超市，可能要购买 10 样商品，肉、蛋、奶、蔬菜、水果、尿不湿、纸巾等。当你面对这充斥着价格迷惑的各类商品时，你是否和时间和精力去计算每一样商品的单价，你是否能精确地挑选出最实惠的商品？对于绝大多数人来说，答案可能是否定的。

21.4　消费者锁定与沉没成本：非理性无处不在

你是否有过在购买了健身房的会员之后，又在健身房里购买了本来不是很需要的培训课程？你是否在成为山姆店会员之后，发现自己和家人吃得越来越多？你是否在上了邮轮之后，又购买了沿途停靠口岸城市的各种旅游产品？其实你可能并不需要这些产品或者服务。

这里讲的概念是消费者锁定和沉没成本。无论你是成为健身房的会员、山姆店的会员，还是已经支付了邮轮价格，这些对你来说都已经成了你的沉没成本，这些成本是你已经付出且无法收回的成本。记住一个铁律：沉没成本不应该影响你对当前或者对未来的判断，否则很可能做出错误的决定。

下面列举一些根据沉没成本做出错误决定的例子：你已经购买了一张电影票，但是当到电影院时，你发现这部电影的评价很差，可是你因为已经支付了电影票所以选择继续看完这个无聊的电影；你本科学习了一个你不喜欢的专业，但是你在研究生阶段仍然继续攻读这个专业，你的理由是你本科为这个专业花了 4 年的宝贵时间；你所在的公司投资了一个陌生领域损失了 100 万元，公司老总决定再追加 500 万元投资，理由是已经砸进去了 100 万元。

上面的这些例子可能你觉得听着挺熟悉的，并不觉得可笑，但是请你类比下面的例子：你吃一个馒头，第一口就发现馒头已经馊了，但是你坚持要吃完这个馊馒头，理由是你已经吃了一口。这些例子本质上是一样的，被沉没成本所拖累，做出了错误的决定。如果你清楚吃第一口馒头就知道馊了，应该扔掉，那么你也应该清楚其他关于沉没成本的例子中正确的做法。

但是，人们往往是非理性的，会被沉没成本所拖累，这就解释了为什么你在成为山姆店会员之后越吃越多，因为你觉得已经支付了会员费，所以就要多用多吃多喝，尽量多用山姆店会员的权益，否则就亏了；你在购买健身房会员后，又购买了本来不是很需要的培训课程，因为你觉得健身房会费已经支付了，而这些课程只对会员开放，自己不买的话就亏了；你登上邮轮后，又购买了沿途停靠口岸城市的各种旅游产品，虽然你对这些旅游产品不感兴趣，但是你觉得已经支付了邮轮价格，不顺便在口岸城市旅游的话就亏了。

商家就是利用消费者往往被沉没成本所累的非理性行为，通过提前让消费者付出一些成本后，将消费者锁定，之后持续购买本不需要的额外的产品或者服务，获得持续的利润回报。

即测即练

扫描此码 自学自测

第 22 章

定价模型：盲盒

22.1 盲盒产品的逻辑

盲盒销售（probabilistic selling）最先出现在美国，比如 Kinder 公司著名的 joy egg，各种小玩具（如漫威英雄等）被蛋形外表包裹，只有砸碎蛋皮后才能看到里面是什么玩具。后来盲盒销售也出现在了美国的在线票务服务公司，如 Hotwire.com 和 Priceline.com 等，这些公司用盲盒销售运营酒店、机票和租车的租售业务。

比如，当消费者订盲盒酒店的时候，他只知道这个酒店在洛杉矶的圣莫妮卡海滩，以及价格和星级，但是不知道具体的地址和酒店名称；当消费者订盲盒机票的时候，他只知道机票的日期、出发地和终点，以及机票的价格，但是不知道具体的起飞和降落时间；当消费者订盲盒租车的时候，他只知道用车日期、价格和车型种类（是 SUV 还是小轿车），但是不知道车辆具体的品牌是什么。

图 22-1 所示是美国在线票务服务公司 Hotwire.com 上的一个盲盒酒店的例子：在支付前，消费者只能看到酒店位置在美国加州的西比佛利山庄的 Century City 地区，以及价格、星级和上一个购买此盲盒酒店的消费者订到的酒店是在 Century City 地区日落大道的 Luxe Hotel 等信息；只有在支付以后，消费者才能看到酒店在 Century City 地区的

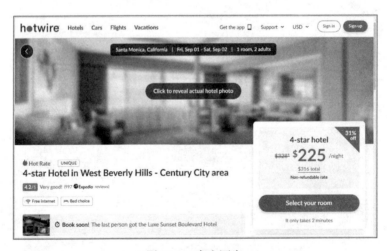

图 22-1　盲盒酒店

具体地址以及酒店名称。有趣的是，第一，消费者在支付前可以通过点击 Click to reveal actual hotel photo 看到酒店内部的照片，但是看不到酒店外部照片（有本事你就猜）。第二，上一个购买此盲盒酒店的消费者订到的酒店，与你订到的酒店有一定概率不是同一家（撞大运吧）。第三，支付后你会看到酒店的真身和地址，但是不管你喜欢不喜欢，概不退换（不喜欢也得认栽）。

再后来，盲盒销售也来到中国，比如著名的泡泡玛特。但是不论是在中国还是在美国，盲盒销售都遵循同一套逻辑：消费者在购买前对盲盒产品的某些关键信息并不掌握（例如，盲盒机票不显示具体的执飞航空公司和出发当天具体的起飞时间等），只有在支付完成后，这些隐藏的关键信息才会披露给消费者，这也就是说，消费者在购买盲盒产品时，不得不面对一定程度的不确定性，并承担由此带来的需求不完全匹配的风险，而盲盒销售通常会通过低价来对消费者进行补偿。

因此，在盲盒销售中，消费者面临的抉择是：花高价买透明销售的产品（掌握所有关键信息），还是花低价买盲盒产品（承担部分风险）。

下面，我们用霍特林模型来刻画盲盒销售中消费者的抉择、盲盒的设计与定价、竞争公司之间的博弈以及数字平台的利润，模型重点解释以下问题。

问题 1：平台什么时候选择卖盲盒产品？

问题 2：盲盒产品的最优混合概率应该怎么设计？

问题 3：为什么盲盒产品的价格通常会低于普通透明销售的产品（即平时大家喜闻乐见的非盲盒方式销售的产品）？

22.2　盲盒产品设计与定价模型

假设两个卖家 A 和 B 在数字服务平台 P 上卖产品。用霍特林模型的模型设定：消费者均匀分布在长度为 1 的线段上；产品没有质量差异，且分别处于线段的 0 点和 1 点上，如 A 在 0 点，B 在 1 点；水平差异由 t 表示，t 越大表明消费者认为产品的水平差异越大；U 为产品的基本效用（如酒店的住宿功能）。

由此，位于 x 点上的消费者从卖家 A、B 处购买产品的效用 u_A、u_B 分别为：

$$u_A = U - tx^2 - p_A, \; u_B = U - t(1-x)^2 - p_B$$

其中，p_A、p_B 分别为卖家 A、B 产品的价格。也就是说，消费者在支付价格 $p_A (p_B)$ 后会得到明确的产品 A(B)，我们称之为"透明销售"。

卖家 A、B 可通过平台对产品进行"盲盒销售"：消费者只有在支付盲盒销售的价格 p_R 后才能确定买到的是 A 还是 B。假设消费者有盲盒概率 $a \in (0,1)$ 的概率得到 A，有 $1-a$ 的概率得到 B。因此，位于 x 点上的消费者购买此盲盒的效用 u_R 等于：

$$u_R = a(U - tx^2) + (1-a)[U - t(1-x)^2] - p_R$$

上面式子中，$a(U - tx^2)$ 表示消费者有 a 的概率购买到卖家 A 的产品并得到效用 $U - tx^2$，$(1-a)[U - t(1-x)^2]$ 表示消费者有 $1-a$ 的概率购买到卖家 B 的产品并得到效用

$U - t(1-x)^2$。

卖家 A、B 在数字服务平台 P 上卖产品，平台所收取的佣金抽成利润为 $\pi_P = \rho(R_A + R_B)$，其中 ρ 为佣金费率且满足 $\rho \in (0,1)$，R_A、R_B 分别为卖家 A、B 的产品收益。

博弈模型的时间顺序如下：第一阶段，平台 P 决定是否卖盲盒，如果卖的话要决定盲盒价格 p_R；第二阶段，卖家 A 和 B 同时决定各自"透明销售"产品价格为 p_A 和 p_B；第三阶段，消费者做出购买选择。

下面我们将分析数字服务平台在什么条件下选择卖盲盒产品。

首先，我们看市场非全覆盖的情况（有的消费者选择不购买任何产品），这个情况发生在 $t > \dfrac{4U}{3}$ 条件下，即产品差异 t 足够大时。分析两种不同的子情况：子情况 1，平台不卖盲盒；子情况 2，平台卖盲盒。其次，比较两种子情况下平台的利润，就可以知道平台什么时候应该选择卖盲盒，什么时候选择不卖。

子情况 1：平台不卖盲盒

先求出边际消费者（买或不买无所谓的消费者）在线段上的位置，满足 $u_A = 0$ 和 $u_B = 0$。解出位置 x_A 和 x_B 为：

$$x_A = \sqrt{\frac{U - p_A}{t}}, \quad x_B = 1 - \sqrt{\frac{U - p_B}{t}}$$

这意味着，线段上位置在 $[0, x_A]$ 的消费者选择购买 A 产品（有 x_A 这么多的消费者购买 A），位置在 $[x_B, 1]$ 的消费者选择购买 B 产品（有 $1 - x_B$ 这么多的消费者购买 B），而位置在 (x_A, x_B) 的消费者选择既不购买 A 也不购买 B（有 $x_B - x_A$ 这么多的消费者两手空空退出市场，所以市场是非全覆盖的）。

由此可得，两个卖家的期望利润为：

$$\pi_A = (1-\rho) p_A x_A, \quad \pi_B = (1-\rho) p_B (1 - x_B)$$

注意因为平台抽走了卖家 ρ 比例的收益，所以卖家自己还剩 $1-\rho$ 比例的收益。

由此可知，平台的期望利润为：

$$\pi_P = \rho[p_A x_A + p_B (1 - x_B)]$$

令 $\dfrac{\partial \pi_A}{\partial p_A} = 0$，$\dfrac{\partial \pi_B}{\partial p_B} = 0$，联立求解，可得两个卖家的均衡价格为 $p_A^* = p_B^* = \dfrac{2U}{3}$，且满足二阶条件 $\dfrac{\partial^2 \pi_A}{\partial p_A^2} < 0$，$\dfrac{\partial^2 \pi_B}{\partial p_B^2} < 0$（均衡价格可以最大化卖家利润）。

由此可得平台的期望利润 $\pi_P^* = \rho \dfrac{4U^{3/2}}{3\sqrt{3t}}$，$\pi_P^*$ 随着产品差异 t 的增加而减小，随着产品基本效用 U 的增加而增加：当水平差异 (t) 变大，x_A 变小而 x_B 变大，由此导致卖家 A、B 的市场需求都萎缩（即 x_A 和 $1 - x_B$ 变小），因此卖家 A 和 B 的总收益减小，平台抽成也减小；当产品的基础效用 (U) 增加时，卖家 A、B 的市场需求都增加，所以卖家 A 和 B 的总均衡收益增加，平台抽成也增加。

子情况 2：平台卖盲盒

当平台卖盲盒产品时，卖家 A 和 B 如子情况 1 中一样同时分别买产品 A 和 B。因此，边际消费者（买或不买无所谓的消费者）在线段上的位置也与子情况 1 中一样，满足 $u_A=0$ 和 $u_B=0$，解出位置为 $x_A=\sqrt{\dfrac{U-p_A}{t}}$，$x_B=1-\sqrt{\dfrac{U-p_B}{t}}$。同样这意味着，线段上位置在 $[0,x_A]$ 的消费者选择购买 A 产品（有 x_A 这么多的消费者购买 A），位置在 $[x_B,1]$ 的消费者选择购买 B 产品（有 $1-x_B$ 这么多的消费者购买 B）。

与子情况 1 中不一样的是，子情况 1 中平台不卖盲盒，所以位置在 (x_A,x_B) 的消费者两手空空退出市场（既不购买 A 也不购买 B），但是当平台卖盲盒产品时，这些消费者中的一部分可能会选择购买盲盒产品。

非常重要的是，这些消费者的位置在线段中间，本来就远离产品 A 的位置（线段 0 端）和产品 B 的位置（线段 1 端），也就是说对买 A 还是买 B 都不是太能满足他们的需求，所以他们本来对 A 和 B 就都不太热衷，换句话说，买到哪个产品都无所谓，这就为盲盒打下了基础，同时如果盲盒价格便宜的话，会让他们觉得买盲盒会比什么都不买强。

求出上面这些边际消费者的位置，解 $u_R=0$ 可以得到：

$$x_{R1}=1-a-\sqrt{\dfrac{U-p_R-at+a^2t}{t}},\quad x_{R2}=1-a+\sqrt{\dfrac{U-p_R-at+a^2t}{t}}$$

由此可得两个卖家期望利润为：

$$\pi_A=(1-\rho)(p_A x_A+aR_R),\quad \pi_B=(1-\rho)[p_B(1-x_B)+(1-a)R_R]$$

R_R 为盲盒的期望收益，$R_R=p_R(x_{R2}-x_{R1})$，其中有 $(1-\rho)aR_R$ 的收益属于卖家 A，而 $(1-\rho)(1-a)R_R$ 的收益属于卖家 B，再次提醒这里 a 为购买盲盒是买到 A 的概率。

平台的期望利润表达式为：

$$\pi_P=\rho[p_A x_A+p_B(1-x_B)+p_R(x_{R2}-x_{R1})]$$

卖家 A、B 选择透明销售的最优价格 p_A、p_B 来分别最大化 π_A、π_B，平台选择盲盒价格 p_R 来最大化 π_P。

令 $\dfrac{\partial \pi_A}{\partial p_A}=0$，$\dfrac{\partial \pi_B}{\partial p_B}=0$，$\dfrac{\partial \pi_P}{\partial p_R}=0$，联立求解，可得透明销售的最优价格和盲盒价格分别为 $p_A^*=p_B^*=\dfrac{2U}{3}$，$p_R^*=\dfrac{2[U-(1-a)at]}{3}$，且满足二阶条件 $\dfrac{\partial^2 \pi_A}{\partial p_A^2}<0$，$\dfrac{\partial^2 \pi_B}{\partial p_B^2}<0$，$\dfrac{\partial^2 \pi_P}{\partial p_R^2}<0$（均衡价格为可以最大化利润的价格）。

容易得出，对于任何混合概率 $a\in(0,1)$ 和 $t>\dfrac{4U}{5}$，都有 $p_A^*=p_B^*>p_R^*$ 成立，即盲盒价格要低于透明销售的产品价格。这就说明了问题 3，即为什么盲盒产品的价格通常会低于普通透明销售的产品（即平时大家喜闻乐见的非盲盒方式销售的产品）。

这里有两个重要结果：第一，平台是否提供盲盒产品不会影响透明销售产品的价格，这是因为在市场非全覆盖的情况下，这些产品间不存在竞争（即消费者不存在重叠的情况）。

第二，盲盒产品的价格通常会低于透明销售产品的价格，因为本来最后选择购买盲盒产品的消费者就是之前没有盲盒时不购买 A 或 B 退出市场的那些消费者，所以盲盒产品必须用低价格来吸引他们进行购买，同时低价还能弥补盲盒本身的不确定性对消费者的影响。

下面分析第一个问题："平台什么时候选择卖盲盒产品？"

将均衡价格代入卖家的利润和平台利润可得：

$$\pi_A^* = (1-\rho)\frac{2U\sqrt{\frac{U}{t}} + 4a[U-(1-a)at]\sqrt{\frac{U-(1-a)at}{t}}}{3\sqrt{3}},$$

$$\pi_B^* = (1-\rho)\frac{2U\sqrt{\frac{U}{t}} + 4(1-a)[U-(1-a)at]\sqrt{\frac{U-(1-a)at}{t}}}{3\sqrt{3}},$$

$$\pi_P^* = \frac{4\rho}{3\sqrt{3}}\left\{U\sqrt{\frac{U}{t}} + [U-(1-a)at]\sqrt{\frac{U-(1-a)at}{t}}\right\}$$

比较上面平台利润（卖盲盒时）和子情况 1 中平台利润（不卖盲盒时）可知，当如下条件满足时：

$$\begin{cases} \frac{12U}{(2a+1)^2} < t < \frac{U}{a(1-a)} & \frac{1}{4} < a \leq \frac{1}{2} \\ \frac{12U}{(2a-3)^2} < t < \frac{U}{a(1-a)} & \frac{1}{2} < a < \frac{3}{4} \end{cases}$$

平台选择卖盲盒时的利润更高。

上面这个条件说明：当混合概率(a)、产品水平差异(t)和基础效用(U)都适中的时候，平台会选择卖盲盒，否则平台会选择不卖盲盒。

原因解释如下：当上面条件不满足时，如当混合概率(a)很大或者很小时，购买盲盒的不确定性很容易给消费者带来很大的负效用，因此消费者不愿意买盲盒，盲盒不会提高平台的利润；当产品的水平差异(t)很大时，一旦盲盒与消费者的需求不匹配，就会给消费者带来很大的负效用，所以消费者不会冒险购买盲盒，平台也不会从盲盒中获利；当水平差异(t)很小时，市场会进入全覆盖情况，后面会说明在此情况下盲盒有价无市。

最后讨论第二个问题："盲盒产品的最优混合概率应该怎么设计？"

$\frac{\partial \pi_P^*}{\partial a} = 0$ 可得 $a^* = \frac{1}{2}$，它是唯一的纳什均衡解（满足二阶条件 $\frac{\partial^2 \pi_P^*}{\partial a} < 0$），平台的盲盒中将会等概率混合卖家 A、B 的产品，即最优混合概率 $a^* = \frac{1}{2}$，这符合直觉，因为卖家 A、B 的产品只存在水平差异，不存在质量差异，是对称的。

值得注意的是，当产品水平差异较小（$0 < t \leq \frac{4U}{5}$），市场全覆盖（所有消费者不是购买 A 就是购买 B），平台销售的盲盒价格等于卖家 A、B 的"透明销售"产品（即平台没有意愿降低盲盒的价格），此外再加上购买盲盒的不确定性，没有消费者会选择购买，即盲盒有价无市，消费者只会购买透明销售的产品，所以盲盒不会给平台带来更高的利润。

即测即练

扫描此码 自学自测

第 10 篇

渠 道 策 略

第 23 章

了解营销渠道

23.1 营销渠道概述

营销渠道是企业将产品或服务传递给最终消费者的路径和方式。它涵盖了产品的生产、分销、销售和营销过程。不同的营销渠道有着各自独特的特点和应用场景，因此在企业发展中具有至关重要的作用。

不同的营销渠道有着自己独特的特点和魅力。比如说直销渠道就像是一匹飞驰的野马，直接冲向消费者，不拐弯抹角，直戳人心。而零售渠道则像是一座繁华的城市，吸引着无数的购物者，他们穿梭在商店之间，体验着各种各样的商品，享受着购物的乐趣。在线渠道则宛如一张无边的网，将世界各地的消费者紧密相连，让他们随时随地都能购买到自己心仪的商品。而批发渠道则像是一座巨大的仓库，储存着无数的货物，它们等待着被送往各个角落，满足消费者的需求。

（1）直销渠道：直接销售给最终消费者，特点是快速、直接，但需要耗费较多的人力和物力。例如，Avon 公司通过独立销售代表直接向消费者销售产品。

（2）零售渠道：通过零售商将产品销售给消费者，可以广泛覆盖，但可能降低产品利润。例如，苹果公司通过苹果专卖店和其他零售商销售 iPhone 等产品。

（3）在线渠道：通过互联网销售产品，具有便捷、全天候的特点，但需要解决物流、支付安全等问题。例如，亚马逊、淘宝等电商平台提供了广泛的在线营销渠道（见图 23-1）。

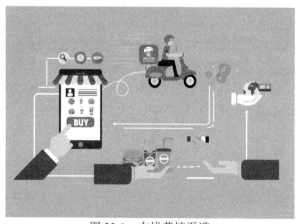

图 23-1 在线营销渠道

（4）批发渠道：将产品批量销售给其他企业或零售商，具有规模效益和成本优势，但需要管理好与批发商的关系。例如，可口可乐通过批发商将饮料产品销售给各大超市和便利店。

在现实生活中，有许多企业通过巧妙地运用不同的营销渠道，取得了巨大的成功，宝洁公司就是一个典型的例子，它通过零售渠道、在线渠道和直销渠道等多种方式将产品推向市场。例如，宝洁旗下的护发产品海飞丝（Head & Shoulders）不仅在超市和药店销售，还通过电商平台和社交媒体进行推广销售。这种多元化的渠道策略，使得宝洁公司能够更好地满足不同消费者的需求，实现了销售业绩的持续增长。

另外一个成功的案例是耐克公司。它拥有全球范围内的零售渠道，包括专卖店、经销商和在线商店等多种形式，并通过品牌营销渠道进行品牌推广，与体育明星和社交媒体合作，吸引了大量的消费者，提升了品牌的知名度和美誉度。

总的来说，营销渠道是企业销售产品和服务的重要途径，不同的渠道具有各自的特点和优势。在实际应用中，企业需要根据产品特性、目标市场和资源情况选择合适的营销渠道，并且不断优化和调整以适应市场变化。通过多元化的渠道策略，企业可以更好地满足消费者需求，提高销售业绩，实现可持续发展。

23.2　渠道管理的作用

在商业世界中，渠道管理是指企业对其销售渠道进行有效管理和优化的过程。它涉及与渠道成员的合作、资源配置、销售推广和渠道绩效评估等方面，旨在实现最佳的渠道效益和企业利益最大化。

渠道管理在企业发展中发挥着至关重要的作用。首先，它可以帮助企业建立稳固的销售网络，覆盖更广泛的市场。通过与各种渠道成员建立合作关系，企业可以将产品或服务推向更多的消费者，实现销售量和市场份额的增长。其次，渠道管理可以提高产品的市场知名度和品牌价值。通过有效的推广和宣传，企业可以加强品牌形象，提升消费者对产品的认知和信任度。最后，渠道管理还可以帮助企业实现成本控制和效率提升。通过优化渠道结构、降低销售成本，企业可以提高销售利润率，提升竞争力。

渠道管理涉及多个方面，需要综合考虑各种因素。首先，企业需要进行渠道成员的选择和管理。这包括评估渠道成员的能力和信誉，选择合适的渠道伙伴，并建立良好的合作关系。其次，企业需要进行渠道结构的设计和优化。这包括确定渠道层次、渠道长度、分工和责任，以及优化渠道流程和资源配置。再次，企业需要进行销售推广和市场营销。这包括制定营销策略、开展促销活动、培训渠道销售人员，以及建立客户关系管理系统。最后，企业需要进行渠道绩效评估和监控。这包括制定指标和评估体系，收集和分析数据，及时调整和优化渠道管理策略。

以可口可乐公司为例，该公司在渠道管理方面有着丰富的经验和成功的案例。首先，可口可乐公司通过与各种渠道伙伴的合作，建立了一个庞大而多样化的销售网络。其产品不仅在超市和便利店销售，还通过餐饮连锁店、自动售货机和电商平台等渠道销售。

其次，可口可乐公司通过不断创新和推广，提升了产品的市场知名度和品牌价值。例如，可口可乐公司经常推出各种各样的促销活动、广告宣传和赞助活动，吸引了大量的消费者。最后，可口可乐公司通过建立客户关系管理系统和销售数据分析平台，实现了对渠道销售情况的及时监控和分析，为决策提供了有力支持。

可以说，渠道管理是企业发展中不可或缺的一部分，它涉及与渠道成员的合作、渠道结构的设计、销售推广和渠道绩效评估等方面。通过有效的渠道管理，企业可以实现销售网络的拓展、品牌价值的提升和成本效益的优化，从而取得更大的市场份额和竞争优势。在实际应用中，通过选择合适的渠道伙伴、优化渠道结构、进行销售推广和市场营销，以及进行渠道绩效评估和监控，企业可以实现渠道管理的有效实施，促进企业的长期发展和持续增长。

23.3 渠道设计与管理

渠道设计与管理，可以说是企业销售战略的蓝图和执行者。它不仅涉及如何选择合适的渠道，还包括如何与渠道成员合作、如何管理渠道关系、如何优化渠道结构等方面。在这个过程中，企业需要深入了解市场需求、竞争环境以及消费者行为，以制定出最符合实际情况的渠道策略。

在渠道设计与管理中，有许多技术方法可以帮助企业实现销售目标。首先，市场调研是至关重要的一环。通过市场调研，企业可以了解目标市场的特点、消费者的需求和竞争对手的情况，从而有针对性地选择合适的销售渠道。其次，渠道成员的选择和管理也是一个关键步骤。企业需要评估渠道成员的能力、信誉和市场影响力，以确保合作的顺利进行和销售目标的实现。最后，渠道结构的设计和优化也是渠道管理的重要内容。企业需要确定渠道层次、分工和责任，以及合理配置资源，以提高销售效率和成本效益。

苹果公司作为一家全球知名的科技巨头，其渠道设计与管理策略也是世界一流的。苹果在世界各地建立自己的专卖店网络，这些专卖店不仅是销售产品的场所，更是品牌文化的展示窗口。这些专卖店不仅提供产品销售，还提供技术支持、培训课程等服务，吸引了大量忠实消费者。此外，苹果还通过与运营商合作、在线商城等多种渠道，将产品覆盖到更广泛的市场，实现了销售的多元化。

星巴克作为全球领先的咖啡连锁品牌，不仅在城市繁华地段开设连锁店，还在办公楼、学校、机场等各种场所设立分店，满足了不同消费者的需求。同时，星巴克通过与超市合作销售咖啡豆、开发线上订购平台等多种渠道，扩大了产品的销售范围，提升了品牌的知名度和影响力。

特斯拉是全球知名的电动汽车制造商，它采用了直销模式，通过自己的专卖店和在线渠道直接销售产品，不依赖于传统的经销商渠道。通过建立品牌专卖店，特斯拉为消费者提供了独特的购车体验，展示了其先进的技术和创新的理念。此外，特斯拉还通过在线渠道销售，为消费者提供了便捷的购车途径。通过直销模式和在线渠道的结合，特斯拉成功地实现了销售网络的拓展和销售效率的提升，进一步加强了品牌的竞争力。

麦当劳是全球最大的快餐连锁品牌之一，它通过建立大型连锁餐厅网络，将产品销售覆盖到全球各地。其产品不仅在餐厅内销售，还通过外卖、自助餐厅、儿童乐园等多种形式进行销售。此外，麦当劳还通过与合作伙伴、加盟商的合作，实现了产品的快速销售和市场覆盖范围的不断扩大。通过多渠道销售和全球化布局，麦当劳成功打造了一个全球性的品牌形象和销售网络。

宜家是全球著名的家居零售企业，其渠道设计与管理策略也颇具特色。宜家通过在城市郊区建设大型家居体验店，为消费者提供一站式购物体验。除了实体店销售，宜家还通过官方网站和手机应用提供在线购物服务，方便消费者随时随地选购家居产品。此外，宜家还与合作伙伴合作，如家居设计公司、装修服务商等，共同推广品牌并拓展销售渠道。

以上所述的企业案例展示了渠道设计与管理在不同行业和领域中的应用。通过多渠道销售、直销模式、品牌合作等方式，企业可以实现销售网络的拓展、品牌影响力的提升，进而实现可持续发展和长期成功。渠道设计与管理是企业销售战略中不可或缺的一环，需要企业全面考虑市场需求、渠道成员、资源配置等因素，制定出最适合自身发展的销售渠道策略，以实现销售目标和持续增长。

23.4　电子商务营销渠道与智能终端营销渠道的区别

在当今数字化时代，电子商务营销渠道和智能终端营销渠道成为企业营销的两大重要方向。电子商务营销渠道是指利用互联网和数字技术进行产品销售和推广的渠道，而智能终端营销渠道则是通过智能手机、智能手表、智能音箱等智能设备进行产品推广和销售的渠道。虽然二者都属于数字化营销渠道，但在具体应用和策略上存在一些明显的差异。

电子商务营销渠道是基于互联网平台，如电子商务网站、手机应用程序等，进行产品展示、促销和销售。电子商务营销渠道的优势在于覆盖面广、便捷快速，消费者可以随时随地通过互联网购买所需产品。举例来说，亚马逊、淘宝等电子商务平台就是典型的电子商务营销渠道，它们为企业提供了一个线上销售的平台，帮助企业拓展市场、增加销售额。

与之相对应的是智能终端营销渠道，这种渠道利用智能设备的普及和便利性，将产品推广和销售直接融入到消费者的日常生活中。智能终端是"信息平台+数据中台+渠道载体+体验空间"的集合体，作为商业价值的延伸，企业品牌可基于智能终端及其所在场景，面向消费者开展商业推广及营销传播活动。围绕终端产品对于用户的触达能力、场景优势、数据能力等，智能终端营销价值日益显现。例如，通过智能手机上的应用程序或社交媒体平台，企业可以向消费者推送个性化的广告和促销信息，引导消费者进行购买。此外，智能音箱、智能手表等智能终端设备也成为企业推广产品的重要渠道。例如，一些智能手表厂商会预装购物应用，让用户可以直接在手表上购买商品，增加了购买渠道的便捷性。

电子商务营销渠道和智能终端营销渠道在应用场景上存在一些不同。电子商务营销渠道更适合于大型商品销售、跨区域销售和线上服务提供等场景。它通过互联网的全球化优势,可以让企业的产品覆盖更广泛的市场,拓展更多的销售机会。而智能终端营销渠道则更适合于个性化推广、精准营销和移动端用户的场景。它通过智能设备的个性化推送和定位服务,可以更精准地触达目标用户,提高营销效率和转化率。

企业在决策选择电子商务营销渠道和智能终端营销渠道时,需要综合考虑多种因素。首先,企业需要根据自身产品特点、目标市场和消费者行为习惯等因素,确定最适合的营销渠道。例如,如果企业的产品适合在线销售、面向全球市场,那么电子商务营销渠道可能更为合适;如果企业的产品是针对特定群体或地域市场,那么智能终端营销渠道可能更具优势。其次,企业需要考虑到营销预算、人力资源和技术支持等方面的因素。不同的营销渠道可能需要不同的投入和资源支持,企业需要根据自身情况进行权衡和决策。

总的来说,电子商务营销渠道和智能终端营销渠道都是数字化时代的重要营销方式,它们各具特点、应用场景和优势。企业在选择营销渠道时,需要根据产品特点、目标市场和资源情况进行综合考量,确定最适合自身发展的营销策略,以实现销售目标和持续增长。

23.5 数字平台

数字平台是数字化时代的产物,它们基于互联网和数字技术构建,提供了在线服务和交易平台,连接了供应商和消费者,促进了信息的流动和价值的创造。数字平台的出现极大地改变了传统的商业模式,为企业和个人提供了更广阔的商机和交流空间。数字平台的营销渠道具有以下几个显著特点:

(1)外部性:数字平台具有明显的网络效应,即随着平台用户数量的增加,平台的价值也会随之增加。这种外部性使得平台具有强大的吸引力,吸引更多的用户和供应商加入,从而进一步提高了平台的价值和影响力。

(2)双边市场:数字平台通常是双边市场,同时服务于供应商和消费者。平台为供应商提供了销售渠道和服务支持,为消费者提供了便捷的购物体验和丰富的产品选择,实现了供需双方的有效匹配和交易。

(3)数据驱动:数字平台通过收集和分析用户数据,可以实现个性化推荐、精准营销等服务,提高用户体验和交易效率。同时,数据也成为平台运营和管理的重要依据,帮助企业更好地了解用户需求、优化产品和服务。

尽管数字平台带来了巨大的商机和发展机会,但也面临着一些问题和挑战:

(1)多宿主问题:数字平台通常面临多宿主的问题,即供应商可能同时在多个平台上开展业务活动。在这种情况下,平台可能面临用户流失、竞争加剧等问题,影响平台的发展和盈利能力。

(2)平台竞争:数字平台市场竞争激烈,存在着来自国内外各种竞争对手的竞争。这种竞争可能导致平台之间的价格战等,降低整个行业的盈利水平,甚至导致市场垄断。

(3)垄断问题:一些数字平台由于具有强大的网络效应和市场地位,可能会滥用市场优势，实施垄断行为，限制竞争和创新，损害消费者和供应商的利益，甚至影响整个行业的健康发展。

面对这些问题和挑战，数字平台需要加强自身规范和监管，保障用户和供应商的权益，维护市场的公平竞争环境。同时，数字平台也需要不断创新和进化，提升自身的竞争力和服务水平，以适应不断变化的市场环境和用户需求。

数字经济在未来一定是市场经济的主力军，前景十分广阔。本书对数字平台的未来有以下几点展望：

（1）共享经济和公共平台：数字平台可以促进资源共享和利用效率，减少资源浪费和环境污染。共享经济模式可以通过数字平台实现资源共享，减少消耗，降低碳排放。同时，公共平台可以为政府和公共服务机构提供数字化服务平台，提高公共资源的利用效率和服务水平。

（2）平台经济助力绿色低碳治理：通过数字平台的应用，可以实现绿色产品和服务的推广、碳排放数据的监测和管理、碳市场的建设和运营，从而推动绿色低碳发展，实现经济增长与环境保护的良性循环。

（3）IP、KOL 与网红经济：数字平台可以促进 IP、KOL 和网红等内容创作者的发展，推动优质内容的生产和传播。通过数字平台，内容创作者可以更广泛地触达用户，实现内容变现，从而推动知识经济和文化创意产业的发展。

（4）5G + 大数据 + 云 + AI 赋能平台经济：新一代信息技术如 5G、大数据、云计算和人工智能等的赋能，将进一步提升数字平台的服务水平和创新能力。这些技术的应用将为数字平台提供更多的发展机遇和创新空间，推动数字经济的持续发展和智能化转型。

综上所述，数字平台经济将继续发展壮大，为经济社会发展注入新的动力和活力。同时，数字平台也面临着一些问题和挑战，需要各方共同努力，加强规范和监管，保障市场的公平竞争和用户权益。随着科技的不断进步和应用，数字平台经济将迎来更加广阔的发展前景，为构建数字化、智能化和绿色低碳的未来作出贡献。

23.6 全渠道和新零售

全渠道和新零售是当前零售行业的两个重要概念，它们代表了零售业在数字化、智能化时代的发展趋势和转型方向。全渠道强调了在多种销售渠道上的全方位覆盖，而新零售则强调了通过数字技术和数据驱动，实现线上线下一体化的智能化零售模式。本文将对全渠道和新零售进行深入探讨，分析其概念、特点、优势以及对零售业的影响。

我们来了解一下全渠道的概念。全渠道是指利用多种渠道，如线下实体店、电子商务、移动应用等，将产品和服务覆盖到更广泛的市场和消费群体的销售模式。全渠道强调了销售渠道的多元化和互联互通，消费者可以通过不同的渠道进行购买和体验，实现线上线下的无缝连接。全渠道的核心理念是以消费者为中心，满足消费者多样化的购物需求和消费习惯。

新零售则是近年来兴起的一个概念，它在全渠道的基础上，通过数字技术和数据驱动，实现了线上线下一体化的智能化零售模式。新零售强调了线上线下融合、智能化服务和个性化体验，通过人工智能、大数据分析、物联网等技术，为消费者提供更便捷、更智能的购物体验。新零售的目标是打破传统零售的边界，重新定义和塑造零售业态，实现数字化、智能化的零售革命。

全渠道和新零售在零售业中都具有重要的意义和价值。首先，它们扩大了销售渠道，增加了销售机会和渠道利用率，提高了企业的销售额和盈利能力。其次，它们提升了消费者的购物体验，满足了消费者多样化的购物需求，提高了消费者的满意度和忠诚度。最后，全渠道和新零售还促进了供应链的优化和升级，提高了库存周转率和供应链效率，降低了运营成本和库存风险。

然而，全渠道和新零售也面临着一些挑战和问题。首先，要实现全渠道和新零售的顺利转型，需要企业具备先进的技术和数据能力，建设完善的信息系统和数据平台。其次，要实现线上线下的无缝连接和一体化运营，需要解决渠道间的信息不对称和数据孤岛等问题，实现数据的流通和共享。最后，还需要面对竞争激烈和市场变化的挑战，不断创新和优化产品、服务和营销策略，保持竞争优势和市场领先地位。

盒马生鲜，是阿里巴巴集团于2015年创立的新零售生鲜超市品牌，以其独特的数字化、智能化零售模式，成为中国零售业的领军品牌之一。盒马生鲜的核心理念是打造线上线下一体化的生鲜购物平台，通过数字技术和智能设备，为消费者提供新鲜、优质、安全的生鲜产品和便捷的购物体验。

盒马生鲜的独特之处在于其全渠道的布局和智能化的服务。在线上方面，盒马生鲜通过手机App和官方网站，为消费者提供了便捷的线上购物平台。消费者可以在平台上浏览各种生鲜产品，下单购买，并选择配送或到店自提。在线下方面，盒马生鲜在城市中心地段开设了多家实体门店，为消费者提供线下购物、餐饮体验等服务。这些门店配备了先进的智能设备，如智能购物篮、自助结账、智能菜篮等，消费者可以通过扫码、语音等方式快速购物结账。

盒马生鲜不仅提供多种生鲜食品，还推出了自有品牌"盒马优选"，覆盖了大部分生鲜食品，以及一些日常家居用品和熟食烘焙等产品。同时，盒马生鲜注重产品的新鲜度和品质，建立了完善的供应链体系，与全球各地的生产商和供应商建立了合作关系，通过直采、冷链物流等手段，保证了产品的新鲜度和品质。

盒马生鲜的成功经验和创新模式，为中国零售业带来了新的思路和发展方向。它充分发挥了阿里巴巴集团在电商、大数据、物流等领域的优势，打造了一个数字化、智能化的生鲜超市品牌，满足了消费者对于新鲜、健康、便捷的购物需求，推动了中国零售业的转型升级。盒马生鲜的探索和实践，为全球零售业带来了新的发展范式，成为全球零售业的典范之一。

未来，随着数字技术的不断进步和应用，全渠道和新零售将进一步发展壮大。我们可以期待更多创新的技术和应用场景，如人工智能、虚拟现实、增强现实等技术的应用，为全渠道和新零售带来更多的可能性和机遇。同时，全渠道和新零售也将促进零售业的转型升级，推动零售业迈向数字化、智能化和个性化的未来。

即测即练

扫描此码

自学自测

第 24 章

传统渠道模型

24.1 渠道上下游模型

下面考虑通过传统的渠道模型,来刻画零售商和生产商(或者批发商)的关系。比如,生产商需要生产一个关键的零件,然后按照批发价卖给下游公司,下游公司组装完成最终产品后再卖给消费者;或者上游批发商按照批发价格卖给下游零售商,下游零售商再按照零售价格卖给消费者。下面的模型讨论中,我们统一使用生产商来称呼上游公司。

我们考虑三个模型:第一,单一零售商和单一生产商渠道模型(渠道基本模型);第二,双零售商和双生产商渠道模型(适用于零售市场中有两个主要竞争对手且都有各自独立的生产商渠道);第三,双零售商和单生产商渠道模型(适用于零售市场中有两个主要竞争对手且都必须从某一个垄断生产商进货的渠道);第四,单零售商和双生产商渠道模型(适用于零售市场中有一个垄断的零售商且需要从两个生产商进零部件的渠道)。以上四个模型的博弈顺序都是生产商先选择批发价,之后零售商选择零售价。

24.1.1 模型 1:单一零售商和单一生产商渠道模型

我们先从单一零售商和单一生产商渠道模型开始。假设市场符合需求原理(law of demand):即在其他条件不变的情况下,某种商品的需求量与价格呈反方向变化,如商品的价格越低,需求量越大;商品的价格越高,需求量越小。为了方便理解,我们假设这个负相关关系由下面式子表示:

$$p = a - q$$

这里面 p 是产品的零售价,q 是需求量。为了更清楚地理解需求原理,我们把上面式子转化为 $q = a - p$,当价格 p 上升的时候,需求量 q 会下降,当 $p = 0$(免费的时候),需求量等于 $q = a$,所以 a 可以视为市场的基本需求。下面我们列出零售商的利润函数(π_R)和生产商的利润函数(π_M):

$$\pi_R = (p - p_M)q$$
$$\pi_M = (p_M - c)q$$

这里面 p_M 是批发价,c 为生产商的生产成本。通过一阶条件 $\dfrac{\partial \pi_R}{\partial p} = 0$(二阶条件分

别等于−2，即一阶条件的解为最大值）可得：

$$p = \frac{a + p_M}{2}$$

由此可见，当生产商提高批发价的话（p_M），零售商也会提高零售价 p。值得注意的是，如果生产商提高 1 元批发价，零售商不会相应地提高 1 元零售价，而是提高小于 1 元的零售价，原因是零售商离市场更近，需要考虑提价对于减小市场需求的影响。此外，当市场的基本需求 a 增加时，零售商也会提高零售价 p。

把 p 的表达式代入 π_M，通过一阶条件 $\frac{\partial \pi_M}{\partial p_M} = 0$（二阶条件等于−1，即一阶条件的解为最大值）可得最优批发价格：

$$p_M = \frac{a + c}{2}$$

可以看出，当市场的基本需求 a 增加时，或者生产成本 c 提高时，生产商也会提高批发价 p_M。值得注意的是，生产成本 c 提高 1 元，批发价提高会小于 1 元，其原因是虽然生产商不直接面对零售市场，但是它也需要考虑提高批发价会迫使零售商提高零售价，从而影响到市场需求。

把最优批发价 p_M 代回到 p、q、π_R 和 π_M 可得：

$$p = \frac{3a + c}{4}, \quad q = \frac{a - c}{4}$$

$$\pi_R = \frac{1}{8}(a - c)^2, \quad \pi_M = \frac{1}{16}(a - c)^2$$

首先需要保证零售价大于批发价（否则零售商利润为负数），$p > p_M$，这需要 $a > c$。值得注意的是，这个条件也会使得市场需求 q 为正数。

然后我们观察 π_R 和 π_M，可以看出零售商利润高于生产商利润（$\pi_R > \pi_M$），这是因为零售商更贴近零售市场，可以更加直接地通过零售价榨取消费者剩余，而生产商距离零售市场远，无法通过批发价直接榨取消费者剩余。因此，虽然前面提到生产商批发价提高 1 元时，零售商的零售价提高小于 1 元，但是零售商具有"近水楼台"的优势，会在整个零售商和生产商渠道中获得更多的利润。

最后可以看到，当市场的基本需求 a 增加时，p、q、π_R 和 π_M 全都增加，这个结果符合直觉。此外，生产商的生产成本 c 增加会使得零售商提高零售价 p，这是因为此时生产商通过提高批发价格把生产成本转嫁给了零售商，迫使零售商不得不提价，并且因为零售价格的提高，导致了市场中消费者需求 q 的降低。同时，生产商的生产成本 c 增加会使得零售商和生产商的利润都降低，这个结果也符合直觉。

24.1.2 模型 2：双零售商和双生产商渠道模型

我们考虑双零售商和双生产商渠道模型：每个零售商对应一个生产商。首先，我们先看双零售商下（零售商 1 和零售商 2）的市场需求构造：

$$p_1 = a - q_1 - rq_2, \quad p_2 = a - q_2 - rq_1$$

其中，q_1 和 q_2 分别是两个公司的需求量；p_1 和 p_2 分别是两个公司的产品价格。

值得注意的是参数 $r \in [0,1)$ 表示两个零售商产品的可替代性：当 $r=0$ 时，产品之间不具备可替代性（因为 q_2 的增加不会影响到 p_1，q_1 的增加也不会影响到 p_2）；当 $r=1$ 时，产品之间是完全可以被替代的（因为 q_1 和 q_2 分别对 p_1 和 p_2 具有完全相同的影响）。因此，当 r 越大，产品之间的可替代性就越强。同时也容易看出，市场仍然符合需求原理：某种商品的需求量与价格呈反方向变化，如商品的价格越低，需求量越大。

为了更清楚地看出需求原理，我们把上面式子转化为：

$$q_1 = \frac{a - p_1 - ar + p_2 r}{1 - r^2}$$

$$q_2 = \frac{a - p_2 - ar + p_1 r}{1 - r^2}$$

可以看出，当零售商 1 的价格 p_1 提高时，其市场需求 q_1 下降（符合需求原理），同时零售商 2 的价格 p_2 提高时，零售商 1 的市场需求 q_1 升高（符合竞争原理：公司的竞争对手提高价格则此公司的市场需求提高）；当然，基于同样的原因，当零售商 2 的价格 p_2 提高时，其市场需求 q_2 也下降，同时零售商 1 的价格 p_1 提高时，零售商 2 的市场需求 q_2 升高。

下面我们写出两个零售商的利润函数（π_{R1}，π_{R2}）：

$$\pi_{R1} = (p_1 - p_{M1})q_1$$

$$\pi_{R2} = (p_2 - p_{M2})q_2$$

这里 p_{M1} 和 p_{M2} 分别是零售商 1 和零售商 2 的批发价格。通过一阶条件 $\frac{\partial \pi_{R1}}{\partial p_1} = 0$ 和 $\frac{\partial \pi_{R2}}{\partial p_2} = 0$（二阶条件分别等于 $-\frac{2}{1-r^2} < 0$，即一阶条件的解为最大值）可得最优零售价格：

$$p_1 = \frac{2a + 2p_{M1} - ar + p_{M2}r - ar^2}{4 - r^2}$$

$$p_2 = \frac{2a + 2p_{M2} - ar + p_{M1}r - ar^2}{4 - r^2}$$

由此可见，当生产商 i 提高批发价格的话（p_{Mi}，$i=1,2$），零售商 i 也会提高零售价格 p_i。与模型 1 中的结果一样：如果生产商 i 提高 1 元批发价，零售商 i 会提高小于 1 元的零售价，因为零售商离市场更近，更加需要考虑提价对于减小市场需求的影响。

此外，还有一个有趣的现象：当生产商 1 提高批发价格 p_{M1} 的话，零售商 2 也会提高零售价格 p_2（同样当生产商 2 提高批发价格 p_{M2} 的话，零售商 1 也会提高零售价格 p_1）：这是因为当生产商 1 提高批发价格 p_{M1} 时，零售商 1 会提高零售价格 p_1，此时零售市场竞争减弱，作为竞争对手的零售商 2 也会提高零售价格 p_2。但是相对而言，相对于对手的批发价格 p_{M2} 来说，零售商 1 的批发价格 p_{M1} 对自己的零售价格 p_1 影响更大：前者的影响是 $\frac{r}{4-r^2}$ 小于后者的影响 $\frac{2}{4-r^2}$。这是因为零售商 1 的批发价格直接影响到其自身的零售价格,而零售商 2 的批发价格是通过影响其自身的零售价格然后通过竞争再影响到零售商 1 的零售价格,也就是说前者直接影响较大,而后者通过竞争实现较小的间接影响。

下面我们写出两个生产商的利润函数(π_{M1},π_{M2}):

$$\pi_{M1} = (p_{M1} - c)q_1$$
$$\pi_{M2} = (p_{M2} - c)q_2$$

这里面 p_{M1}、p_{M2} 分别是生产商 1 和生产商 2 的批发价格,c 为生产商的生产成本。通过一阶条件 $\frac{\partial \pi_{M1}}{\partial p_{M1}} = 0$ 和 $\frac{\partial \pi_{M2}}{\partial p_{M2}} = 0$(二阶条件分别等于 $-\frac{2(2-r^2)}{4-5r^2+r^4} < 0$,即一阶条件的解为最大值)可得最优批发价格为:

$$p_{M1} = p_{M2} = \frac{2(a+c) - ar - (a+c)r^2}{4 - r - 2r^2}$$

将上面最优批发价表达式带入到最优零售价可得:

$$p_1 = p_2 = \frac{2a(1-r)(3-r^2) + c(2-r^2)}{(2-r)(4-r-2r^2)}$$

与模型 1 一样,我们需要 $a > c$ 这个条件来保证模型是合理的(如利润、价格、需求为正数)。下面我们分析参数 a、c 和 r 对批发价和零售价的影响:

首先看零售商产品的可替代性 r,可以求得批发价和零售价都随着 r 的增加而减小,这是符合直觉的结果。因为当 r 增加后,产品可替代性增强,导致零售市场竞争更加激烈,这迫使零售商降低价格,同时也导致生产商不得不降低价格(否则市场需求损失太大)。

然后求出,当市场需求 a 增加时,或者生产成本 c 提高时,生产商的批发价和零售商的零售价都会升高,这个结果也是符合直觉的,不再赘述。值得注意的是,生产成本 c 提高 1 元,批发价和零售价提高都会小于 1 元,其原因与模型 1 也是一样的,生产商和零售商都考虑到提价会减小市场需求,因此只会提高小于 1 元的价格。

把最优批发价和零售价带回到生产商利润和零售商利润可得:

$$\pi_{R1} = \pi_{R2} = \frac{(a-c)^2(1-r)(2-r^2)^2}{(2-r)^2(1+r)(4-r-2r^2)^2},$$

$$\pi_{M1} = \pi_{M2} = \frac{(a-c)^2(1-r)(2+r)(2-r^2)}{(2-r)(1+r)(4-r-2r^2)^2}$$

因为模型是对称的,所以两个零售商利润、价格、需求都是相等的,我们只需要观察 π_{R1} 和 π_{M1},可以得到与模型 1 相反的结果:零售商利润低于生产商利润($\pi_{R1} < \pi_{M1}$)。这是因为此时零售商更贴近零售市场,"近水楼台"的优势会被零售市场竞争反噬,因此反而是生产商会在整个零售商和生产商渠道中获得更多的利润。

此外,可以看到零售商产品的可替代性 r 增加时,零售商利润和生产商利润都会下降,这是因为可替代性增加意味着零售市场竞争变得更加激烈,迫使利润下降。由此可得,整个零售商和生产商渠道的整体利润也下降。

24.1.3 模型 3：双零售商和单生产商渠道模型

双零售商和单生产商渠道模型，即零售市场中有两个主要竞争对手且都必须从某一个垄断生产商进货的渠道模型。与模型 2 一样，双零售商下（零售商 1 和零售商 2）的市场需求公式如下所示：

$$p_1 = a - q_1 - rq_2, \quad p_2 = a - q_2 - rq_1$$

其中，q_1 和 q_2 分别是两个公司的需求量；p_1 和 p_2 分别是两个公司的产品价格；参数 $r \in [0,1]$ 表示两个零售商产品的可替代性：r 越大，产品之间的可替代性就越强。同样为了更清楚地看出需求原理，我们把上面式子转化为：

$$q_1 = \frac{a - p_1 - ar + p_2 r}{1 - r^2}$$

$$q_2 = \frac{a - p_2 - ar + p_1 r}{1 - r^2}$$

可以看出，零售商 1 和零售商 2 的价格 p_1、p_2 对市场需求 q_1、q_2 的影响和模型 2 是一样的，此处不再赘述。下面我们写出两个零售商的利润函数（π_{R1}，π_{R2}）：

$$\pi_{R1} = (p_1 - p_M)q_1$$

$$\pi_{R2} = (p_2 - p_M)q_2$$

这里 p_M 是两个零售商共同的批发价。通过一阶条件 $\frac{\partial \pi_{R1}}{\partial p_1} = 0$ 和 $\frac{\partial \pi_{R2}}{\partial p_2} = 0$（二阶条件分别等于 $-\frac{2}{1-r^2} < 0$，即一阶条件的解为最大值）可得最优零售价格：

$$p_1 = p_2 = \frac{a + p_M - ar}{2 - r}$$

由此可见，当批发价提高时，两个零售商也会提高零售价，并且与模型 2 中的结果一样：如果生产商提高 1 元批发价，零售商会提高小于 1 元的零售价，因为零售商离市场更近，更加需要考虑到提价对于减小市场需求的影响。

下面我们写出生产商的利润函数（π_M）：

$$\pi_M = (p_M - c)(q_1 + q_2)$$

这里面 c 为生产商的生产成本。通过一阶条件 $\frac{\partial \pi_M}{\partial p_M} = 0$（二阶条件分别等于 $-\frac{4}{2+r-r^2} < 0$，即一阶条件的解为最大值）可得最优批发价格为：

$$p_M = \frac{a + c}{2}$$

关于最优批发价，这里面有一个有趣的现象：生产商的最优批发价与两个零售商产品的可替代性 r 无关。这是因为当零售商产品的可替代性增加时，零售市场更加激烈，零售商会降低零售价来吸引消费者，这对最优批发价起到一个负作用，而同时市场需求也会增加，这对批发价起到一个正作用，而两个作用在线性的市场需求函数下正好相互抵消，因此生产商的最优批发价与两个零售商产品的可替代性无关。同时可以看到，生产商的最优批发价与市场基本需求 a 和生产成本 c 正相关，这很符合直觉。

将上面最优批发价格表达式带入到最优零售价格可得：

$$p_1 = p_2 = a - \frac{a-c}{2(2-r)}$$

与模型 2 一样，我们需要 $a > c$ 这个条件来保证模型是合理的（如利润、价格、需求为正数）。下面我们分析参数 a，c 和 r 对批发价格和零售价格的影响：

首先看当市场中基本需求 a 或者生产成本 c 增加时，批发价 p_M 和零售价（p_1，p_2）会增加，这与前面模型的结果是一样的，符合直觉。同样，生产成本 c 提高 1 元，批发价和零售价提高都会小于 1 元，其原因也和前面是一样的。

再看零售商产品的可替代性 r，可以求得零售价格随着 r 的增加而减小，这是符合直觉的结果：因为当 r 增加后，产品可替代性增强导致零售市场竞争更加激烈，这迫使零售商降低价格，但是生产商批发价和 r 无关（这与模型 2 不同），原因是当下游两个零售商具有共同的生产商时，当他们的零售价随着 r 的增加而减小时，他们的市场需求随之增加，所以对于生产商来说，下游市场中总的"油水"没有变化，因此也没必要调整批发价。

把最优批发价和零售价带回到生产商利润和零售商利润可得：

$$\pi_{R1} = \pi_{R2} = \frac{(a-c)^2(1-r)}{4(2-r)^2(1-r)},$$

$$\pi_M = \frac{(a-c)^2}{2(2-r)(1+r)}$$

比较 π_M 和 π_{R1} 可得 $\pi_{R1} < \pi_M$（零售商利润低于生产商利润），这与模型 2 的结果一样，其背后的原因也是一样的。

最后看零售商产品的可替代性 r 如何影响 π_M 和 π_{R1}，经过分析可知，零售商利润 π_{R1} 随着 r 增加而减小，这与模型 2 结论一样。

但是有趣的是，批发商利润 π_M 与 r 的关系并不单调，呈 U 型关系（π_M 随着 r 是先减小后增加的关系），这与模型 2 中的结果明显不同。其主要原因在于零售端市场需求随 r 的关系并不单调：当 r 很小时，随着 r 的增加，零售端市场从没有竞争到竞争激烈，导致零售价剧烈下降，因此从批发商购买的产品数量减少；但是当 r 增加到很大时，零售端市场没有增加太多竞争，虽然零售价一直下降，但是零售端市场需求很高，因此零售商愿意从批发商那里购买的产品数量增加。

24.1.4 模型 4：单零售商—双生产商渠道模型

本模型留作作业练习。

深度学习

即测即练

自学自测　扫描此码

第 11 篇

整合营销传播和渠道策略

为什么星巴克、苹果和耐克这样的企业,在与同行的竞争中能够长盛不衰?又是为什么,瑞幸、蜜雪冰城和特斯拉这样的企业,在最近几年能脱颖而出,受到广大消费者们的喜爱?因为这些企业都在营销传播和渠道上下了大功夫,所以才成为家喻户晓的品牌。本篇将从营销传播和渠道策略的角度,与你一同探索它们成功的秘密。

整合营销传播(Integrated marketing communication, IMC)由广告界极负盛名的营销专家唐·舒尔茨首次提出。IMC是一项战略性活动,旨在通过协同利用多种传播途径,如广告、公关和促销,以提升品牌的一体感和有效传达核心信息。这不仅是简单地将各种传播渠道串联在一起,更是一种协调有序的策略,以确保品牌在市场中的一致性和深刻印象。

苹果是全球最大的科技公司,也是全球市值最高的公司之一。苹果公司的成功,与其整合营销传播有密不可分的关系。通过精心设计的广告,突出产品的独特价值和创新性,营造了浓厚的品牌情感。与此同时,巧妙的公关活动以及有限但高效的促销手段,使得苹果品牌不仅令人难以忽视,更在消费者心中树立了信任感。苹果在新品发布时的独特战略,如具有神秘感的包装和全球同步发布,都是整合营销传播的巅峰体现。这种一体化的传播策略,使得消费者从多个角度感知品牌,将苹果成功打造成引领科技潮流的品牌形象。

营销渠道(Marketing channel)是产品或服务从生产者到终端用户之间的流通路径,是连接企业与消费者之间的桥梁。渠道不仅是产品的传递,更是信息、支付和服务的整合。仍以苹果为例,其成功之处不仅在于卓越的产品设计,还在于通过线上官网、全球零售店以及与电信运营商的合作,构建了高度整合的全渠道销售体系,让消费者在不同渠道间自如切换,购物的便捷性和愉悦感大幅度提升。

第 25 章

认识营销传播

25.1 营销传播概述

营销传播是指企业通过各种渠道和手段向目标受众传递产品或服务的信息、理念和价值观,以实现品牌推广、销售促进和市场份额增长的过程。它是营销活动中至关重要的一部分,旨在建立品牌认知度、塑造品牌形象、吸引潜在客户、维护现有客户关系,最终促进销售和实现营销目标。

(1)苹果公司是一个典型的营销传播的成功案例。苹果通过创新的产品设计、时尚的品牌形象和巧妙的营销策略,成功塑造了"科技与艺术结合"的品牌形象。它的广告宣传常常强调产品的独特性、创新性和高品质,例如 iPhone 的发布活动、iPad 的宣传片等,吸引了大量关注并引发了消费者的购买欲望。通过与艺术、音乐、体育等领域的合作,苹果不仅是一个科技公司,更是一个代表潮流、创意和品位的品牌,这种品牌形象的塑造和传播正是营销传播的核心所在。

(2)谷歌以其简洁、直观的产品设计和用户体验而广受欢迎。它的营销传播策略注重于产品本身的品质和创新,通过口碑传播、产品体验和用户满意度赢得了消费者信赖。

(3)亚马逊是全球最大的电子商务平台之一,其营销传播主要通过个性化推荐、快速配送和客户服务优势来吸引用户。它的广告宣传通常强调产品丰富性、价格竞争力和便捷性,通过创新的营销手段和技术优势,不断扩大市场份额。

(4)特斯拉以其颠覆性的电动汽车产品和创始人埃隆·马斯克的个人魅力吸引了全球关注。它的营销传播策略注重创新科技、环保理念和社会影响力,通过社交媒体、产品展示和口碑传播,成功打造了"未来交通"的概念和品牌形象。

(5)耐克以其"只管去做(Just Do It)"的口号和激励人心的广告活动而闻名。它的营销传播策略着重激励、自我实现和社会影响,通过与知名运动员、体育活动和社交媒体的合作,打造了强大的品牌形象和情感连接。

(6)可口可乐是全球最著名的饮料品牌之一,其广告活动常常以欢乐、友谊和家庭团聚为主题。它的营销传播注重情感共鸣和品牌故事,通过创意广告和活动塑造了深受消费者喜爱的品牌形象。

(7)红牛以其"红牛给你翅膀"(Red Bull Gives You Wings)的广告口号和极限运动赞助而闻名。它通过与极限运动、音乐、文化和创意领域的合作,成功将品牌定位为激情、活力和创新的象征。

（8）多芬的营销传播策略以"真实美丽"为主题，强调每个人都有自己独特的美丽。它通过广告、社交媒体和实体活动，鼓励消费者接受自己的身体，并推动积极的身体形象运动。

25.2 营销传播的有效途径

在当今竞争激烈的市场环境中，营销传播是企业推动品牌发展、实现市场目标的关键战略之一。它不仅是向消费者传递产品或服务的信息，更是通过各种渠道和手段，建立品牌认知、塑造品牌形象、吸引目标受众、促进销售和维护客户关系的过程。在这个过程中，企业需要综合运用多种有效途径，以确保信息传递的广度和深度，从而实现市场竞争的优势。接下来，我们将深入探讨营销传播的几种常见有效途径，并通过实际企业案例加以阐释和分析，最后归纳出共同点和差异点。

（1）广告：利用各种媒体传播产品或服务信息，如电视、广播、互联网等。例如，可口可乐经典的圣诞广告每年都能够感动无数观众，树立品牌形象。

（2）公关：通过媒体关系、事件策划等方式提升品牌知名度和形象。例如，红牛通过赞助极限运动比赛等活动，树立了激情和活力的品牌形象。

（3）内容营销：通过有价值的内容吸引目标受众，建立品牌专业性和可信度。例如，美国运动服装品牌安德玛（Under Armour）的"Rule Yourself"系列广告，通过展示顶尖运动员的训练场景，向观众传达了品牌的精神内涵。

（4）社交媒体营销：利用社交平台进行品牌推广、互动和社群建设。例如，星巴克通过 Instagram 和 Twitter 等社交媒体平台分享用户照片和故事，与粉丝互动，提升了品牌的认知度和消费者忠诚度。

（5）促销：通过促销活动、折扣、赠品等方式刺激购买欲望。例如，苹果每年的"黑色星期五"促销活动吸引了大量消费者，促进了销售。

（6）口碑营销：通过消费者口口相传的方式传递品牌信息，建立信任和忠诚度。例如，特斯拉的顾客满意度和口碑传播对品牌的推广起到了重要作用。

（7）品牌体验：创造独特而难忘的品牌体验，让消费者在使用产品或服务时建立深刻的情感连接。例如，迪士尼乐园以其独特的主题、娱乐项目和服务体验吸引了无数游客。

（8）影响营销：利用社交媒体或专业领域内的关键意见领袖（Key Opinion Leader，KOL）来传播品牌信息，影响潜在客户。例如，许多健身品牌通过与知名健身教练或体育明星的合作，提升了品牌的影响力和认知度。

此外，还有许多营销传播途径。而且，几乎所有的企业并不是单独使用某一种营销传播途径，而是会将上述的各种途径整合起来，达到一体化的传播效果。这也就是我们开篇所提到的整合营销传播。

上述营销传播途径存在许多共同点，包括：

（1）目的导向：所有这些营销传播途径的共同目的都是向目标受众传递产品或服务的信息，以实现品牌推广、销售促进和市场份额增长的目标。

（2）品牌建立：这些途径都可以帮助企业建立和塑造品牌形象，增强品牌认知度和好感度。

（3）创意创新：无论是广告、公关、内容营销，还是社交媒体营销，都需要创意和创新来吸引目标受众的注意力和兴趣，从而达到营销目标。

（4）受众导向：这些营销传播途径都注重于了解和满足目标受众的需求和兴趣，以确保信息传递的针对性和有效性。

（5）效果评估：在营销传播过程中，企业通常会对各种途径的效果进行评估和监测，以及时调整策略和优化营销效果。

当然，不同的营销传播途径也存在差异点：

（1）执行方式：各种营销传播途径的执行方式和操作手段各有不同，例如广告需要投放媒体和创作广告素材，而口碑营销则更侧重于社交圈子和消费者口口相传。

（2）传播效果：不同途径的传播效果和影响力也有所不同，例如广告可以实现广泛覆盖和高曝光，而口碑营销则更具有信任度和持久性。

（3）成本投入：各种途径的成本投入也各不相同，例如广告投放需要较高的媒体费用，而口碑营销则更多依赖于消费者的自发传播。

（4）目标受众：不同的营销传播途径可能针对不同的目标受众群体，例如社交媒体营销更适合年轻人群体，而公关活动则更适合企业高管和行业专家。

（5）影响深度：各种途径的影响深度和持久性也不同，例如广告可能在短期内获得较大的曝光和影响，而口碑营销则更具有长期的影响力和持久性。

总的来说，虽然这些营销传播途径各有特点和优势，但综合运用多种途径才能更好地实现营销目标和提升品牌影响力。企业需要根据自身情况和市场需求，灵活选择和组合不同的营销传播途径，以最大化营销效果和品牌价值。营销传播途径只是实现营销目标的手段，其根本目的在于提升品牌知名度和形象，建立客户信任，从而推动企业的发展和增长。通过有效的传播和沟通，企业能够向目标受众传递产品或服务的价值，塑造良好的品牌形象，吸引更多的潜在客户，并与他们建立稳固的关系。这种信任和认可不仅有助于提高销售额，还能够为企业带来长期的竞争优势和持续的增长机会。

25.3 营销信息设计与效果评估

营销信息设计与效果评估是营销传播中至关重要的两个环节。营销信息设计指的是根据目标受众的需求和市场环境，精心策划和设计传达产品或服务信息的内容、形式和方式。它涉及信息的选择、呈现方式、传播渠道等方面，旨在吸引目标受众的注意力、激发购买欲望，并最终实现营销目标。而效果评估则是在营销活动实施后，对其效果和影响进行系统的分析和评估。通过收集和分析各种数据和指标，包括销售数据、品牌知名度、客户反馈等，来评估营销活动的实际效果，从而为后续的营销策略调整和优化提供依据。

常见的营销信息设计方法主要包括：

（1）目标受众分析：在设计营销信息之前，首先需要对目标受众进行深入分析，了解他们的需求、兴趣、行为特征等，以便更好地定制信息内容和传播方式。

（2）信息内容策划：根据目标受众的特点和市场需求，精心策划信息内容，包括产品或服务的特点、优势、用途、价格等方面，以及品牌的理念、文化、价值观等。

（3）传播渠道选择：根据目标受众的偏好和习惯，选择合适的传播渠道，包括广告、社交媒体、电子邮件营销、公关活动等，以确保信息的准确传达和有效传播。

（4）信息呈现方式：设计吸引人眼球的信息呈现方式，包括文字、图片、视频、动画等多种形式，以提升信息的吸引力和影响力。

（5）品牌统一性：确保营销信息与品牌形象和理念保持一致，包括视觉风格、语言风格、色彩搭配等方面，以增强品牌认知度和一致性。

常见的营销效果评估方法主要包括：

（1）销售数据分析：通过销售数据的收集和分析，评估营销活动对销售额、销售量、销售渠道等方面的影响，以判断营销活动的实际效果。

（2）品牌知名度调查：通过市场调研和问卷调查等方式，评估营销活动对品牌知名度和认知度的提升效果，以及消费者对品牌形象的态度和印象。

（3）客户反馈收集：收集和分析消费者的反馈和意见，包括客户满意度调查、在线评论、社交媒体反馈等，以了解消费者对营销信息的接受程度和满意度。

（4）竞争对比分析：对竞争对手的营销活动进行比较和分析，评估自身营销活动的优势和劣势，以指导后续的营销策略调整和优化。

（5）ROI（投资回报率）计算：对营销活动的投资和收益进行计算和比较，评估营销活动的投资回报率，以确定营销活动的成本效益和价值。

举例来说，苹果公司在推出新产品时常常通过精心设计的营销信息来吸引消费者的注意力。比如，苹果的产品发布会以独特的场景、演讲方式和宣传片吸引了全球媒体和消费者的关注，成功地营造了产品的神秘感和期待感。而在效果评估方面，苹果通过销售数据、用户反馈和媒体报道等多方面信息来评估新产品发布活动的影响力和成功程度，以指导后续的营销策略和产品推广。

另一个例子是IBM，IBM是全球知名的科技和咨询服务提供商，其营销信息设计注重展示科技创新和解决方案的能力。例如，IBM在推出人工智能和大数据分析解决方案时，通过行业报告、案例分析和客户见证等方式，展示了其在科技创新和业务应用方面的领先优势。在效果评估方面，IBM通常会通过客户满意度调查、业务增长数据和合作伙伴反馈等方式来评估营销活动的实际效果，以持续提升品牌价值和市场竞争力。

营销信息设计与效果评估的意义在于，它们不仅是品牌与消费者之间沟通的桥梁，更是引导消费者行为、塑造品牌形象的重要工具。通过精心设计的营销信息，可以有效地吸引目标受众的注意力，激发其购买欲望，并最终促成交易。而对营销效果的评估，则能帮助企业了解其营销策略的有效性，及时调整和优化宣传手段，提升市场竞争力。因此，营销信息设计与效果评估不仅是企业成功营销的关键环节，也是对市场洞察与策略执行能力的重要检验，为企业持续发展提供了可靠保障。

25.4　营销传播组合决策

营销传播组合决策是指企业在进行营销传播时，根据市场情况和品牌战略，综合考虑各种营销传播手段和渠道，制定出最佳的组合方案，以实现营销目标和提升品牌价值的决策过程。企业在进行营销传播组合决策时需要考虑的因素主要包括：

（1）目标受众特征：不同的目标受众群体具有不同的偏好、习惯和行为特征，因此需要根据目标受众的特点选择合适的营销传播手段和渠道。

（2）产品属性和品牌定位：产品的属性和品牌的定位将直接影响营销传播的选择。例如，高端品牌可能更倾向于选择高端媒体和公关活动进行宣传，而大众品牌可能更倾向于选择大众媒体和促销活动进行推广。

（3）市场环境和竞争格局：市场环境和竞争格局的变化将影响营销传播的选择和策略。企业需要根据市场竞争状况和行业趋势来调整营销传播组合，以保持竞争优势和适应市场变化。

（4）预算和资源限制：预算和资源限制将直接影响营销传播的选择和执行。企业需要根据可用的预算和资源情况来合理分配，选择适合自身情况的营销传播手段和渠道。

在一个银行 IC 卡的 IMC 案例中，目标消费对象是 18 岁至 45 岁的人群。为了覆盖广泛的目标受众，该案例采取了多种传播组合方式。首先，通过面向大众的广告宣传，包括企业形象片、IC 卡消费的广告片、ATM 柜员机广告片和积分奖励广告片，高密度投放市场。其次，针对大众消费者推出开卡奖励计划和消费积分奖励计划，并策划了覆盖全市的专题活动。再次，为机构消费者提供专职推销员开发 IC 卡服务。同时，积极拓展特约消费商户，以方便市民消费。针对年轻潜在消费者，推出优异生旅行团活动计划、科技夏令营和学生最佳进步奖计划。此外，针对社会上层人士推出纪念卡、新年音乐会等吸引人的活动。最后，制订了分阶段的报刊、电视宣传计划。这一系列传播计划有效覆盖了不同的目标受众，并通过不同的传播方式向他们传递相同的消费信息，从而促成了有效的营销传播。

华为作为全球领先的科技企业，通过多元化的营销传播组合决策，成功塑造了自己的品牌形象并吸引了广泛的目标受众。在营销传播方面，华为采取了以下具体措施：首先，华为通过广告宣传和产品展示，充分展示了其技术实力和产品优势。华为在电视、网络等多种渠道进行广告投放，精心设计的广告片展示了华为产品的创新性和优秀性能，吸引了大量消费者的关注和认可。其次，华为重视公关活动的开展。华为举办了多场产品发布会和行业峰会，邀请媒体和行业专家参与，展示最新的产品技术和解决方案，提升了品牌的知名度和信誉度。此外，华为还注重内容营销，通过创作优质内容，如技术博客、产品介绍视频等，向目标受众传递产品信息和行业洞察，增强了品牌的影响力和认知度。同时，华为积极利用社交媒体平台，与消费者进行互动和交流。华为通过微博、微信等社交媒体渠道，分享品牌故事、产品信息和用户体验，与消费者建立了紧密的联系和互动，增强了品牌与消费者之间的情感连接。通过综合运用这些营销传播手段和渠道，华为成功地提升了品牌形象和认知度，赢得了广大消费者的信赖和支持。这些营销传播组合决策的执行,助力华为在激烈的市场竞争中保持优势,实现了持续的品牌增长和市场扩张。

25.5 管理传播过程

传播过程管理是指对营销传播活动中的各个环节进行有效管理和控制,以确保传播目标的实现和传播效果的最大化。这涉及传播活动的策划、执行、监控和评估,以及及时调整和优化传播策略的过程。

(1)奈飞公司以内容丰富和个性化推荐为核心,制定了以用户需求为导向的传播策略。它通过原创内容制作、社交媒体宣传等方式,吸引了大量用户和粉丝。在执行和监控方面,奈飞定期分析用户观看数据、内容评价等信息,及时调整推荐算法和内容推荐策略。例如,奈飞根据用户观看历史和兴趣,个性化推荐内容和电影,提升用户满意度和用户黏性。

(2)三星公司通过强调产品创新和品质,制定了以用户体验为核心的传播策略。它通过广告、促销活动等方式,提升了产品知名度和市场份额。在执行和监控方面,三星定期分析销售数据、用户反馈等信息,及时调整产品定位和营销策略。例如,根据市场需求,三星推出了多款适合不同用户群体的产品,满足了用户多样化的需求。

(3)微软公司注重技术创新和服务体验,在传播过程中强调以用户为中心的品牌理念。它通过广告、社交媒体等多种渠道,提升了品牌形象和产品认知度。在执行和监控方面,微软定期分析用户数据、市场反馈等信息,及时调整产品设计和推广策略。例如,微软根据用户反馈,改进了Windows操作系统的界面设计和功能,提升了用户体验和满意度。

(4)丰田公司注重产品品质和安全性,在传播过程中强调科技创新和环保理念。它通过广告、活动赞助等方式,提升了品牌认知度和用户满意度。在执行和监控方面,丰田定期分析销售数据、用户反馈等信息,及时调整产品设计和市场推广策略。例如,丰田推出了多款混合动力汽车,满足了环保和节能的市场需求,提升了品牌形象和市场竞争力。

传播过程管理不仅是一种技能,更是一种艺术。传播过程管理就像是一场精心编排的舞台剧,每个环节都扮演着重要角色,共同构筑着企业的品牌形象和市场地位。从制定传播策略到执行和监控,再到反馈和调整,这个过程承载着企业的希望与信念,如同一个扣人心弦的故事。

首先,在制定传播策略时需要像导演一样精心策划,明确目标和定位,找准受众和关键信息点,确立品牌形象和价值主张。其次,资源的分配和调配就像是剧组的演员和道具,需要对其进行合理安排,令其充分发挥各自的作用,以确保传播活动的有效执行和目标达成。再次,执行和监控就像是舞台上的演员和导演,需要紧密配合,密切关注观众反馈和市场反应,及时调整演出节奏和表现方式。最后,反馈和调整则像是剧本的修订和演员的表现,需要根据实际情况和观众反应,灵活调整传播策略和内容表达,不断提升传播效果和用户体验。

即测即练

第 26 章

大众传播和人际传播

26.1 营销传播：Facebook 和 Twitter 的区别

在当今数字化社会中，社交媒体平台已经成为人们日常生活中不可或缺的一部分。在这个充满信息和互动的世界里，Facebook 和 Twitter 作为两个最为广泛使用的社交平台，扮演着连接人们、传播信息、构建社交关系的重要角色。它们各自呈现出独特的传播风格，从大众传播到人际传播，都展现出了不同的特点和魅力（见图 26-1）。

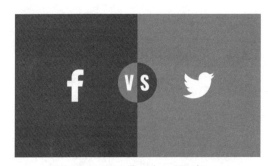

图 26-1　Facebook vs Twitter

Facebook，这个被戏称为"社交帝国"的平台，以其庞大的用户群体和丰富的功能，成了人们分享生活点滴、联络感情的重要场所。通过 Facebook，用户可以轻松创建个人资料、添加朋友、分享照片和视频，让身处世界不同角落的人们能够跨越时空的限制，互相交流和分享。无论是远在异国他乡的亲人，还是久未联系的老友，Facebook 都为他们提供了一个便捷的交流平台。大众传播在 Facebook 上呈现得淋漓尽致，用户通过发布内容、分享链接，可以迅速将信息传播给大量粉丝。这种集中式的传播模式，让每个人都有机会成为信息的传播者和接收者。无论是发布一篇感人的动态，还是分享一个有趣的视频，都能在瞬间获得朋友们的关注和回应。而在人际传播方面，Facebook 更是将人们紧密联系在一起，让朋友之间可以私聊、评论、点赞，增进彼此之间的情感联系。无论是一条简短的评论，还是一个温暖的表情包，都能让人感受到彼此之间的温暖和关怀。

相比之下，Twitter 则展现出一种截然不同的传播风格。它以短消息（推文）为主要形式，用户可以即时分享自己的想法、见解或感受。Twitter 更加强调即时性和公共性，用户发布的推文通常是公开可见的，而且交流更为开放。这种即时性的传播模式，使得热门话题可以在短时间内被迅速引爆，吸引大量关注和讨论。从政治事件到娱乐八卦，从科技前沿到社会现象，Twitter 上的话题各种各样，涵盖了几乎所有人们感兴趣的领域。在大众传播方面，Twitter 也有着不可忽视的影响力，用户可以通过转发和话题标签向大量粉丝传播信息，形成一种独特的信息流。无论是一位政治领袖的重要讲话，还是一场突发事件的发生，都能在 Twitter 上迅速引发广泛的讨论和关注。然而，在人际传播方面，Twitter 相对较少强调，因为其更多关注的是公共舆论和话题的传播，而非个人之间的私密交流。尽管用户可以在推文中提及其他用户，进行一些有限的互动，但相较于 Facebook 来说，Twitter 更多是一个信息传播的平台，而非人际交流的场所。

总的来说，Facebook 和 Twitter 各具特色，在大众传播和人际传播方面有着不同的表现。Facebook 强调个性化的互动和情感联系，用户更多地用它来维系和加强与朋友、家人之间的联系；而 Twitter 则更注重即时性和公共性的信息传递，用户更多地在这里获取最新的信息、表达自己的观点，与公众进行交流。尽管它们的功能和使用方式各有不同，但都为我们的社交生活增添了更多的可能性和乐趣，成了当代人们不可或缺的一部分。未来，随着科技的不断发展和社会的不断变迁，Facebook 和 Twitter 或许还会发生更多的变化和创新，但它们作为连接人与人之间的桥梁，将继续在我们的生活中扮演着重要的角色。

26.2　广告的开发与管理

广告开发与管理是指企业为推广产品或服务而制定广告策略、设计广告内容和创意，以及监测和优化广告效果的过程。它涵盖了从广告创意的生成到广告投放和效果评估的整个过程，是企业营销中的重要组成部分。

在广告开发与管理过程中，有许多不同的技术方法，以下是其中一些较为常见的技术方法：

（1）A/B 测试：A/B 测试是一种常用的广告测试方法，通过同时展示两个或多个版本的广告，比较它们的效果并确定哪个版本更有效。例如，可以测试不同的广告标题、图片、文字内容等，以确定哪种版本能够吸引更多的用户点击或转化。

（2）定向广告投放：定向广告投放是一种根据受众特征进行广告投放的方法，可以根据受众的地理位置、年龄、性别、兴趣爱好等特征，将广告精准地投放给目标受众群体。这样可以提高广告的曝光率和点击率，提高广告的投资回报率。

（3）数据分析和挖掘：数据分析和挖掘是通过分析用户行为数据、市场趋势数据等信息，发现潜在的广告机会和优化方案的方法。通过对大数据的分析和挖掘，企业可以更好地了解受众的行为和需求，制定更有效的广告策略。

（4）社交媒体营销：社交媒体营销是通过在社交媒体平台上发布广告内容，与用户进行互动和分享，以扩大广告影响力和传播范围的方法。通过社交媒体营销，企业可以与受众建立更直接、更紧密的联系，提高广告的曝光率和用户参与度。

（5）搜索引擎优化（SEO）：搜索引擎优化是通过优化网站内容和结构，提高网站在搜索引擎中的排名，从而增加网站流量和曝光率的方法。通过对关键词的选择和优化，以及网站内容的更新和优化，可以提高用户搜索时发现广告的机会，增加广告的点击率和转化率。

此外，在当今数字化的时代，随着社交媒体的兴起，广告的开发与管理也日益多样化，其中大众传播和人际传播两种方式的广告开发与管理，具有不同的含义、考虑因素和实际应用。

大众传播的广告是指通过广播、电视、报纸、杂志等传统媒体，向广大受众传达信息、观念或宣传理念的广告形式。在开发和管理这种广告时，企业需要考虑以下因素：

（1）目标受众的定位：在大众传播中，企业通常会将广告面向整个受众群体，因此需要准确定位目标受众，了解他们的年龄、性别、地理位置、兴趣爱好等信息，以便精准投放广告。

（2）媒体选择与投放策略：企业需要根据目标受众的特点选择合适的传统媒体，例如选择电视广告来吸引家庭主妇，选择杂志广告来吸引特定行业的专业人士。同时，还需要制定投放策略，确定广告的时段、频次和内容。

（3）广告内容和创意：在大众传播中，广告的内容和创意至关重要。企业需要设计吸引人眼球的广告语言和图像，以及有趣、创新的广告创意，以确保广告能够吸引受众的注意力，并留下深刻的印象。

（4）效果评估与优化：广告投放后，企业需要进行效果评估，了解广告的曝光量、点击率、转化率等指标，以及受众的反馈和意见。根据评估结果，及时调整和优化广告策略，以提高广告的效果和投资回报率。

人际传播的广告则是指通过口碑传播、社交媒体分享等方式，让消费者自发地在个人关系网络中传播广告信息。在开发和管理这种广告时，企业则主要需要考虑以下因素：

（1）社交媒体平台的选择：人际传播广告通常会选择在社交媒体平台上进行，例如微博、抖音、小红书等。企业需要根据目标受众的偏好和行为习惯选择合适的社交媒体平台。

（2）内容创作和分享策略：企业需要设计有趣、引人入胜的广告内容，以及能够引发分享的内容创意。通过制定分享策略，鼓励消费者在个人社交圈中分享广告信息，扩大广告的传播范围和影响力。

（3）KOL的合作：企业可以与KOL合作，通过他们的影响力和粉丝群体，将广告信息传递给更多的受众。通过寻找合适的KOL合作伙伴，可以提高广告的曝光率和影响力。

（4）用户参与和互动：人际传播广告强调用户参与和互动，企业需要积极与受众互动，回应他们的评论和反馈，建立良好的品牌形象和用户关系。

大众传播广告与人际传播广告各有自己的优劣同异。大众传播广告面向整个受众群体，而人际传播广告更注重特定社交圈和关系网络中的传播；大众传播广告通常在传统媒体上进行，而人际传播广告主要在社交媒体平台上进行；大众传播广告更注重广告内容和创意的设计，而人际传播广告更注重用户参与和互动；大众传播广告可以通过传统的数据指标来评估效果，而人际传播广告需要更多关注用户参与和分享的情况。

总的来说，企业在开发和管理广告时，需要根据目标受众的特点和传播平台的特点，选择合适的广告方式，并不断优化和调整广告策略，以提高广告的效果。

26.3　媒体选择与效果评估

　　在广告开发与管理过程中，媒体选择与效果评估是至关重要的环节。媒体选择是指企业根据广告目标和受众特征，选择合适的传播媒体进行广告投放的过程。在大众传播中，企业通常会选择传统媒体如电视、广播、报纸等，因为这些媒体覆盖面广，受众数量大，能够将广告信息传播给大量的受众。而在人际传播中，企业则更倾向于选择社交媒体平台如微博、微信、小红书、抖音等，因为这些平台能够更直接地与目标受众进行互动和分享，提高广告的传播效果。

　　效果评估是指企业对广告投放效果进行监测和评估的过程，以了解广告的曝光量、点击率、转化率等指标，并据此优化广告策略和投放效果。在大众传播中，效果评估通常通过传统的数据统计和分析方法进行，如调查问卷、媒体监测、市场调研等。而在人际传播中，效果评估则更注重用户参与和互动的情况，可以通过社交媒体平台的数据分析工具，了解广告的分享量、评论数量、点赞数量等指标，从而评估广告的传播效果。

　　在效果评估的技术方法方面，大众传播和人际传播也有所不同。在大众传播中，企业通常会利用专业的市场调研公司或媒体监测机构进行效果评估，通过调查问卷、观众收视率等方式收集数据，并进行定量分析。而在人际传播中，企业则更多地依靠社交媒体平台提供的数据分析工具，实时监测和评估广告效果。

　　写到这里，值得注意的是，在广告推广的道路上，企业常常面临一个重要选择：是选择大众传播还是人际传播？这个选择并不简单，需要根据不同的情况和需求做出明智的决策。让我们一起来探讨一下，在什么情况下企业会选择大众传播，以及在什么情况下会选择人际传播。

　　大众传播，作为传统的广告推广方式，适用于需要覆盖广泛受众群体的情况。企业推出新产品或服务时，希望尽快扩大知名度和市场份额，大众传播就成了首选。通过电视、广播、报纸、杂志等传统媒体，企业可以将广告信息传播给大量受众，快速提升品牌曝光度。特别是对于一些大型企业，拥有巨额的广告预算和全国性的分销网络，选择大众传播能够最大化发挥广告的影响力。

　　此外，当企业面对比较通俗的产品或服务时，选择大众传播也更为合适。比如日常消费品、生活用品等，这类产品通常适用于广大普通消费者，通过大众传播可以更有效地触达目标受众，提高产品的市场份额和销售量。而且大众传播的广告效果相对稳定，能够在短时间内产生较为明显的效果，对于企业来说，是一种较为可靠的广告投放选择。

　　相比于大众传播，人际传播则更加注重个性化和互动性，适用于一些需要建立深层次关系和社交互动的情况。当企业面对的是高端消费品或服务，需要与目标消费者建立更深层次的信任和认同时，人际传播就显得更加重要。通过社交媒体平台，如微博、微信、小红书、抖音等，企业可以与目标受众直接互动，分享产品故事、提供个性化服务，从而建立起更紧密的品牌与用户关系。

另外，当企业推出一些新颖、创新的产品或服务时，选择人际传播也更为合适。这类产品通常需要通过口碑传播和用户推荐来获得更多的关注和认可。通过与社交媒体上的关键意见领袖、行业专家进行合作，或者与用户进行互动和分享，可以快速提高产品的知名度和口碑效应，吸引更多潜在消费者的关注和试用。

举例来说，一家时尚潮牌企业推出了一款新的限量版运动鞋。对于这种高端时尚产品，企业选择了人际传播作为主要推广方式。它通过社交媒体平台与时尚博主、体育明星等合作，发布产品图片和体验分享，吸引了大量粉丝的关注和转发。同时，它还与一些潮流圈内的用户进行互动，邀请他们参加产品发布活动，并提供个性化的购买体验。通过这种人际传播的方式，企业成功地将产品推广给潮流人群，提高了产品的知名度和销售量。

总的来说，在选择广告传播方式时，企业需要根据产品特点、目标受众、广告预算等因素做出合理的决策。大众传播适用于覆盖广泛受众群体、产品通俗的情况，能够快速提高品牌曝光度和销售量；而人际传播适用于建立深层次关系和社交互动、高端时尚产品的推广，能够更有效地吸引目标受众的关注和认可。在实际操作中，企业可以根据自身情况和需求，灵活选择适合的传播方式，以达到最佳的广告效果。

26.4　口碑与互动

口碑与互动，在当今数字化时代中，已然成为企业营销中的利器。想象一下，当你正在社交媒体上浏览朋友的动态，突然看到一个朋友分享了一家餐厅的美食照片，对其赞不绝口地并大力推荐它。这种推荐，就是口碑的力量在起作用。而与此同时，企业利用社交媒体、电子邮件等渠道积极与消费者进行双向互动，回应用户的提问和反馈，提供个性化的服务和体验。这种互动，不仅增强了消费者对品牌的信任和忠诚度，也促进了品牌的持续发展。

口碑对企业的影响可谓深远而广泛。一个产品或服务获得了积极的口碑，就意味着消费者的认可。他们会将这种满意和信任传播给身边的朋友、家人，甚至在社交媒体上分享给更广泛的受众。这样一来，品牌的知名度和美誉度就会不断提升，吸引更多的潜在客户。另外，积极的互动也是建立良好品牌关系的重要途径。消费者在与企业的互动中，感受到了关怀和关注，会更愿意选择并忠诚于这个品牌，从而促进了品牌的持续发展。

那么，企业如何提高自己的口碑呢？首先，提供优质的产品和服务至关重要。只有让消费者满意和信任，才能赢得他们的推荐和口碑。其次，积极回应和解决消费者的抱怨和问题也是必不可少的。消费者在遇到问题时，希望得到及时的回应和解决，如果企业能够积极应对，展现出诚信和负责任的态度，就能赢得消费者的信任和好感。最后，与消费者建立良好的互动和沟通，倾听他们的需求和意见，提供个性化的服务和体验，也是提高口碑的有效途径。

在数字化时代，与消费者互动变得更加容易和便捷。企业可以利用多种技术手段与消费者进行互动。比如，通过社交媒体平台，企业可以与消费者进行直接的沟通和互动，发布产品信息、回答用户问题、分享用户故事等。此外，电子邮件和短信营销也是常用的互动方式，企业可以定期向消费者发送营销信息、优惠活动等，并鼓励他们参与互动和反馈。还有，在线客服系统和社区论坛也是重要的互动渠道，消费者可以通过这些平台提出问题和建议，得到及时的回复和解决。

当谈到口碑与互动，有一个企业无疑是一个典范——星巴克。这家咖啡连锁巨头一直以来都以其积极的社交媒体互动和强大的口碑营销而闻名。星巴克利用社交媒体平台，如 Facebook、Instagram 和 Twitter 等，与消费者进行频繁互动，塑造了一个活跃、亲近的品牌形象。例如，它经常在 Instagram 上分享顾客在咖啡店里拍摄的照片，或者是新品推出的信息，以此鼓励顾客参与互动和分享自己的体验。通过这种方式，星巴克不仅加强了与顾客之间的联系，还在社交媒体上形成了一个庞大的粉丝群体，他们会在朋友圈里传播对星巴克的好评，进而促进了品牌的口碑传播。

另一个例子是在线零售巨头亚马逊。亚马逊通过电子邮件、手机应用等渠道与消费者保持密切联系，并提供个性化的购物体验。例如，亚马逊的推荐系统会根据用户的购买历史和浏览行为，向他们推荐相关产品，提高购买转化率。而且，亚马逊还经常通过电子邮件发送个性化的促销信息和优惠券，吸引用户回访购买。这种积极的互动和个性化的服务，使得消费者更加愿意选择亚马逊购物，同时也为亚马逊树立了良好的口碑。

可以看出，星巴克和亚马逊这两家企业充分利用了口碑与互动的力量，在数字化时代取得了巨大的成功。通过积极互动和个性化服务，它们不仅加强了与消费者之间的联系，还树立了良好的品牌形象和口碑，进而促进了销售业绩的提升。在竞争激烈的市场环境下，建立良好的口碑和积极互动已经成为企业取得成功的重要法宝。

即测即练

自学自测　扫描此码

第 12 篇

营销管理与可持续发展

第 27 章

人工智能与科技伦理

27.1 营销与社会责任

案例

被誉为"国货之光"的鸿星尔克是一家专注于运动产品的公司，成立于2000年，总部位于国际花园城市厦门。鸿星尔克在其官网写道，一个企业，不应该只是关心自己企业的利益，还应该有强烈的社会责任感，回馈社会，帮助弱势群体。在鸿星尔克看来，企业是社会不可或缺的一部分，从社会中获取资源，就应该回报社会、担负一定的社会责任。

2021年7月17日至23日，河南省遭遇历史罕见特大暴雨，发生严重洪涝灾害，特别是7月20日郑州市遭受重大人员伤亡和财产损失。7月21日，鸿星尔克在官方微博宣布，捐赠5000万元物资支援河南灾区。第二天，置顶的一条评论"感觉你都要倒闭了，还捐了这么多"，让鸿星尔克成功出圈，随后，鸿星尔克电商直播间涌入大量网友，人们用"野性消费"表达对这个品牌的认同。截至2021年7月24日，鸿星尔克在抖音、淘宝等平台的4个直播间销售总额加起来已突破2亿元。与此同时，鸿星尔克还在直播间呼吁大家要理性消费，多多关注河南的灾情，多帮衬汇源果汁、蜜雪冰城这些国货品牌，因为它们同样也在勒紧裤腰带为河南出力。

事实上，社会担当在很多年前就被刻入了鸿星尔克的基因，它奉行"取之社会、回馈社会"的理念，更是把社会责任纳入了企业文化内核。从企业成立以来，鸿星尔克就持续向慈善机构或其他平台捐款捐物，先后参与"资助中小学教育""向灾区捐款"等几十项社会公益事业。不管是2008年的汶川地震，还是2020年暴发的新冠疫情，在捐赠物资的企业名单中，鸿星尔克都从未缺席。2022年7月，鸿星尔克更是向福建省残疾人福利基金会捐赠1亿元物款，用于帮助困难残疾人和家庭提高生活质量；同时设立"鸿星有爱·助残同行"项目，资助孤独症群体及其家庭、关注并扶助"一户多残"家庭，以及残疾退役军人等困难群体。

饮水思源，在回馈社会的道路上鸿星尔克从没有停止，也不会停止，他们用实际行动书写企业担当，把企业的温度传递到了更多的地方。

27.1.1 企业社会责任

企业社会责任（Corporate Social Responsibility，CSR）是指企业在追求经济利润的同时，自愿关注和承担的对社会、环境和利益相关方的道德和法律责任。企业承担的社会责任涵盖内容很广，比如，为员工提供合理的晋升体系和薪酬体系，保护消费者权益，帮助社会改善整体社区和自然环境，等等。企业社会责任这一概念自诞生起就引起了学术界的广泛讨论，历史上有两种主要观点：股东至上，企业应该承担一定的社会责任。

反对企业有社会责任的代表人物是诺贝尔经济学奖得主弗里德曼。1962年，弗里德曼在《资本主义与自由》一书中提出，鼓吹或拥护企业社会责任，从而减少对股东的回报、提高价格、降低员工工资是对"自由社会根本性的破坏"。他认为股东是企业的所有者，企业有且仅有一种社会责任，就是在游戏规则（公开的、自由的、没有诡计与欺诈的竞争）范围内，为增加利润而运用资源开展活动。此外，他认为提升社会福利是政府机构的责任，企业管理者被股东所雇佣的关系决定了他们必须对股东负责，而并没有这方面的专业能力和进行财富再分配的权利。弗里德曼指出，企业管理者既没有权利向股东征税，也没有权利决定怎么使用向股东征来的税收。

支持企业有社会责任的代表人物是阿奇·卡罗尔。1979年，美国学者卡罗尔提出，企业社会责任是指某一时期社会对企业所寄托的经济、法律、伦理和自由决定（慈善）的期望——这就是具有里程碑意义的"CSR金字塔模型（Pyramid of Corporate Social Responsibility）"（见图27-1）。模型强调了企业不仅要关注经济责任，还要在法律、道德和慈善层面履行责任。需要注意的是，从企业考虑的重要性次序而言，最高层级的慈善责任是企业自由选择的，不做慈善不意味着不履行社会责任。卡罗尔这种综合性的观点强调了企业在社会中的多重角色，强调了企业对社会的整体影响。随着社会实践的推进，目前卡罗尔的企业社会责任学说更广泛地被人们接受。

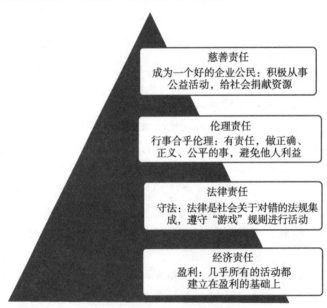

图27-1 CSR金字塔模型

27.1.2 社会责任营销

1. 社会责任营销的概念

对于社会责任营销可以有广义和狭义两方面的理解。广义的社会责任营销是指企业在产品生产及流通的各环节，以履行一定的社会责任为己任，以关注及解决一定的社会问题为企业发展的基石，从而追求企业和社会共同的、长远和谐发展的一种战略选择。狭义的社会责任营销是指企业承担一定的社会责任的同时，借助新闻舆论影响和广告宣传，来改善企业的名声、美化企业形象，提升其品牌知名度、增加客户忠诚度，最终增加销售额的营销形式。

广义的社会责任营销概念立足于企业的长远发展，立足于企业和社会的和谐共赢，是企业发展战略层面的选择，它把社会责任内化于企业使命和宗旨，能够保证社会责任履行贯穿企业生命始终。狭义的社会责任营销概念考虑的是增加销售额的短期利益，把承担一定的社会责任作为一种市场营销的策略。从这个意义上说，塑造品牌的社会责任形象不仅仅是为了被尊敬，在企业身体力行实践社会责任的同时，能够较为快速地提升品牌的知名度和美誉度，从而提高企业的长期盈利能力。正像美国运通公司（公认的"社会责任营销"创始者）的一位总经理所说的那样："社会责任是一个很好的营销诱饵。"

不管怎样，社会责任营销的核心就是信任营销，社会责任营销的目的，实质上就是创建一个正向循环：通过积极的社会贡献来增强品牌形象和消费者信任，促进企业的长期发展，进而实现企业和社会的"双赢"。

2. 社会责任营销的内容

进行社会责任营销是企业健康发展的需要，优秀的企业完全可以将社会责任转化为实实在在的竞争力。目前，社会责任营销的方式有善因营销、社会营销和绿色营销等。

1）善因营销

善因营销（Cause-related Marketing）又称为事业关联营销，是指企业与非营利组织，特别是慈善组织合作，将产品销售与社会问题或公益事业相结合，在为相关事业进行捐赠、资助其发展的同时，达到提高产品销售额、实现企业利润、改善企业社会形象的目的的活动。

善因营销不同于传统的企业公益慈善活动，一般具有以下几个特点。

（1）消费者参与：企业与非营利组织合作，消费者参与和互动，三者缺一不可。

（2）长期维度：善因营销不是一次性的活动，而是建立在长期合作基础上，旨在持续推动社会事业和企业品牌共同成长。

（3）社会影响：善因营销在提升企业形象的同时，能够产生积极的社会影响，比如提高公众对某些社会问题的认识。

（4）双重目的：善因营销是一种营销策略，强调营销与社会责任的结合，具有商业利益和社会利益双重目的，而企业公益慈善活动则更多是基于道义和价值观，不直接寻求商业回报。

善因营销最早起源于美国。1981年，美国运通公司向"艾丽斯岛基金会"进行捐赠，用于翻新"自由女神像"。而其捐赠不是直接取自企业的利润，而是采用"顾客每使用一次运通卡，运通公司就捐赠 1 美分，或每增加一位运通卡客户，运通公司就捐赠 1 美元"的形式。活动期间运通公司捐款高达 170 万美元，而美国运通卡的使用量增加了 28%。此后，善因营销在北美、欧洲等地迅速得到推广，也涌现了大量成功案例。例如，肯德基通过"填满空盘"活动募集资金，支持联合国世界粮食计划，与消费者共同参与到全球饥饿问题的解决中；阿里巴巴的"天天正能量"活动，鼓励用户在社交媒体上分享正能量内容，每个故事都有机会获得阿里巴巴公益基金会的捐赠，以支持公益项目……

善因营销的运作模式如图 27-2 所示，企业选择一个产品并将其与一个社会事业相结合，通过广告和公关活动向消费者传达其支持的社会事业信息，当消费者认同这一事业并进行购买时，企业的销售额增加，同时一部分收益被用于支持该社会事业。这不仅帮助了社会事业，也提升了企业的品牌形象和市场份额，形成了一个积极的反馈循环，增强了消费者的品牌忠诚度，并且可能吸引新的顾客群体。

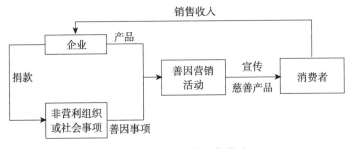

图 27-2　善因营销运作模式

2）社会营销

社会营销（Social Marketing），是一种应用商业营销原理和技巧来推广社会变革和非商业目的的策略。这种营销形式的目标不在于直接增加销售，而在于影响社会行为和态度，促进公共利益。

社会营销是市场营销原理在社会领域的扩展和应用，具有以下几个特点。

（1）影响社会行为，最终目标是实现社会价值。这里的社会行为，是指具有一定规模的目标人群的行为，而不仅仅是个体行为。社会影响的行为变革目标不仅要改变人群的行为，还要使受众人群保持其变革后的行为，最终改善个人福祉和社会福利。

（2）促使受众自愿的行为变革。市场营销旨在满足消费者的现有需求，而社会营销的目标是促进公众行为的改变，即使这种改变对于公众来说可能是不必要的或甚至是不受欢迎的（例如，改变公众的价值观）。社会营销通过采用系统的营销技术，期望目标受众产生对变更行为的自我兴趣，并"自愿"改变行为，这是其区别于高压政策、政治约束、法律条款、经济诱导等其他方法的主要不同之处。

（3）受众对象和受益方是群体和社会。一般来说，在传统的服务营销领域中，营销者通常可以在整个市场中区隔出自己最具竞争力的部分作为目标市场，来营销消费者需要的产品。然而社会营销则不同，社会营销机构在多数情况下恰恰要向整个社会灌输某种观念或采取某种行动。社会营销是非营利的，它把公共利益放在首位，其受益者非组织所有者，而是相关的群体及社会。

社会营销的概念最早可以追溯到很多年以前。1971年，杰拉尔德·蔡尔曼最早提出了"社会营销"的概念，强调企业在追求利润的同时，应考虑其活动对社会福利的影响。菲利普·科特勒进一步发展了这一观念，促使人们将市场营销原理运用于环境保护、计划生育、改善营养、使用安全带等具有重大推广意义的社会目标方面。20世纪70年代，瑞典推出了社会营销活动，倡导"不吸烟、不喝酒""拒绝毒品""戒烟"和"锻炼身体"。20世纪80年代，世界银行和世界卫生组织开始使用"社会营销"一词，人们也开始注意到这种营销方式。中国在社会营销领域也有许多成功的案例，覆盖了公共健康、环境保护、交通安全等多个方面，例如反吸烟行动、节能减排宣传活动、"文明交通"行动、防治艾滋病宣传活动、"共享书屋"项目等。通过改变公众行为和观念，促进全社会健康、环保、安全和文化发展，社会营销已成为连接政府、企业和公众，共同促进社会福祉的重要手段。

3）绿色营销

绿色营销（Green Marketing）是一种营销策略，它关注产品或服务在设计、生产、营销和消费过程中对环境的影响，旨在促进环保产品的使用，减少对环境的负面影响，并满足消费者对健康、环保产品的需求。它要求企业在经营中贯彻自身利益、消费者利益和环境利益相结合的原则。绿色营销不仅体现在产品的环保特性上，也涵盖了企业的环保理念、生产过程、包装方式和营销手段等方面。

绿色营销以其独特的环保理念和实践方式，体现了企业对社会责任的承担和对可持续发展的追求。其核心特点包括：

（1）全流程"绿色"：绿色营销强调在产品的整个生命周期中减少对环境的损害，包括从生产技术的选择、产品的研发与设计、材料的采用、生产工艺及程序的制定、包装材料的选用、废弃物的处置、营销策略的运用，直到产品消费的全过程，都要体现"绿色"。

（2）长期承诺：绿色营销强调社会效益与企业经济效益统一在一起，它不是一次性的营销策略，而是企业长期承诺于环保事业和可持续发展的体现。

（3）双向性：绿色营销不仅要求企业树立绿色观念、生产绿色产品、开发绿色产业，同时也要求社会公众培养绿色意识，自觉购买绿色产品，抵制有害产品。

绿色营销的概念自20世纪70年代初在西方国家兴起，最初受到环保运动和消费者对健康、环保产品需求上升的推动。到了20世纪80年代和90年代，随着全球环境问题的日益严峻，企业开始认识到环保不仅是社会责任，也能成为市场竞争的优势。进入21世纪，绿色营销成为全球企业战略的重要组成部分，特别是在气候变化和可持续发展成为全球共识的背景下，绿色营销的重要性日益突出。目前，西方发达国家对于绿色产品的需求非常广泛，而发展中国家由于资金和消费导向和消费质量等原因，还无法真正实现对所有消费需求的绿化。在我国，随着技术进步、消费者意识提高和政策支持，绿色产品和服务的市场需求将持续增长，这为企业提供了巨大的市场潜力，特别是在清洁能源、绿色建筑材料、环保技术等领域。例如，2023年，中国新能源汽车表现强劲，全年产销量均突破900万辆，稳居全球第一，成为推动全球汽车产业转型的重要力量。

27.2 人工智能与市场营销

案例

2023年，随着ChatGPT爆火，各大中国互联网集团与软件企业纷纷宣布入局，推出自己的AI模型，如文心一言（百度）、通义千问（阿里）、讯飞星火（科大讯飞）等。这些生成辅助工具大幅提升了人们的工作效率，更多AI模型与应用场景也已运用到营销行业中。从数据收集与分析、广告投放、人群精准定向到内容生产，以AIGC为首的技术革新正在席卷广告领域，例如腾讯一站式AI广告营销创意生成平台可以帮助广告主快速"复制"好创意，实现一个变千个的产能提效。同时，AI也为品牌做到了降本增效。2023年"五一"假期，飞猪就已成功尝试将创意投喂给AI，在短时间内完成1000张海报用于户外广告投放。不难发现，AI相关的数字营销技术正在以洪荒之力席卷现在的营销市场（见图27-3）。

图27-3 人工智能与市场营销

27.2.1 人工智能营销

人工智能营销是指利用人工智能技术，如数据收集、数据驱动分析、自然语言处理（NLP）和机器学习（ML），来进行市场分析、目标客户识别、个性化推荐、智能广告投放等营销活动的全过程，如图27-4所示。

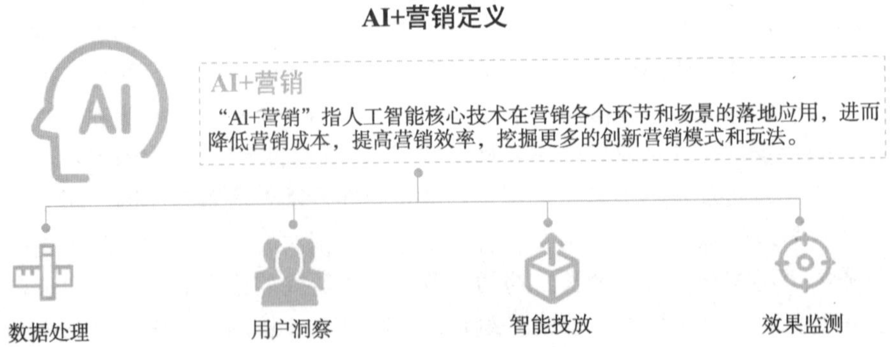

AI+营销定义

AI+营销

"AI+营销"指人工智能核心技术在营销各个环节和场景的落地应用，进而降低营销成本，提高营销效率，挖掘更多的创新营销模式和玩法。

数据处理　　用户洞察　　智能投放　　效果监测

图27-4 人工智能营销定义

与传统营销相比，人工智能营销具有以下特点：（1）数据驱动：通过收集和分析大量用户数据，为企业提供更有针对性的营销策略。（2）自动化决策：利用机器学习算法自动优化营销策略，降低人工成本和提高投放效果。（3）个性化体验：根据用户的兴趣和行为特征，为每个客户提供个性化的产品和服务，以满足客户的个性化需求。（4）实时互动：通过与用户实时互动，实现精准营销和高效转化，以响应瞬息万变的市场和客户需求。（5）多渠道：能够跨多个平台和媒介，自动化执行营销活动和分析，提供一个统一而高效的方式以覆盖更广的客户群体。

27.2.2 人工智能营销的应用场景

人工智能的出现无疑开启了数字营销领域的新篇章。凭借其处理海量数据的能力，人工智能已成为企业不可或缺的工具。人工智能在数字营销中的应用不仅可以优化工作，还可以提高数据分析、用户行为预测甚至内容创作等各个方面的准确性。随着技术的不断进步，营销人员需要了解人工智能如何重新定义传统方法，以便在竞争激烈的市场中保持领先地位。下面是企业利用人工智能实现营销目标的一些示例。

（1）内容创作：OpenAI 的生成式 AI 平台 ChatGPT 于 2022 年 11 月推出，引发了大量新的 AI 用例。用于内容生成的 AI 能够自动创建针对目标受众的营销内容，包括博客文章、社交媒体帖子、电子邮件、视频字幕以及网站文案等，大幅节省了营销团队的时间和金钱。

（2）搜索引擎优化：部署 AI 解决方案以增强搜索引擎优化（Search Engine Optimization，SEO），有助于营销人员提高其网站在搜索结果的非付费部分中的排名，并制定更合理的策略。

（3）客户洞察与个性化推荐：AI 帮助企业智能高效地按各种特征、兴趣和行为划分客户，为每位用户提供定制化的产品或服务推荐，从而提高用户体验和转化率。

（4）智能客服：将客户服务聊天机器人整合进客户服务场景中，AI 聊天机器人可以提供全天候的即时客户支持，解答疑问，提高客户满意度和效率（见图 27-5）。

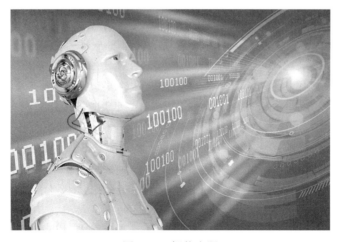

图 27-5　智能客服

（4）智能广告投放：利用深度学习等技术，分析用户数据来自动化广告的购买和投放过程，通过精准定位和个性化广告内容，实现广告的精准投放，降低无效曝光，提高广告效果。

（5）社交媒体营销：运用自然语言处理、情感分析等技术，分析社交媒体上的用户行为和情绪，帮助企业在社交媒体上实现更有效的互动和营销策略调整，增加品牌影响力。

27.2.3 人工智能营销的挑战

人工智能营销虽然在提供精准的消费者洞察、个性化的客户体验以及提高营销效率等方面发挥了巨大作用，但同时也面临着一系列挑战。以下是人工智能营销中遇到的主要挑战。

（1）训练 AI 解决方案：就像人类一样，人工智能需要大量的训练来学习一项新任务。例如，如果想要一个能够以拟人化的方式与客户交谈的 AI 解决方案，企业必须投入大量的时间和资源来训练它。要构建这样的应用程序，需要大量有关客户偏好的数据，并且可能需要专门从事此类培训的数据科学家。

（2）确保数据的质量和准确性：人工智能解决方案的强大程度取决于它所训练的数据质量。无论一个工具在技术上多么先进，都是如此——如果它所训练的数据不准确且不具有代表性，那么它生成的答案和决策将是低质量和无效的。

（3）遵守隐私法：由于人工智能是根据个人客户信息进行训练的，因此必须严格遵守有关法律，保护用户数据安全，避免数据泄露。同时，在收集用户数据时，也要尊重消费者的隐私权利，遵守越来越严格的数据保护法律和条例。

27.3 科技伦理

案例

你发现过大数据杀熟吗？在出行软件上预订同一酒店，不同账号价格不同；使用打车软件，钻石会员价格还高于新会员；购买机票时用 3 个账号，买同一趟航班同一舱位，价格最多相差 900 多元……其实，大数据杀熟并不是我国特产，互联网平台对于用户差别定价的行为早已有之。作为大数据杀熟最早一批的"从业者"，亚马逊早在 2000 年就出现根据潜在客户的人口统计资料、购物记录、上网习惯等进行差别定价的先例。在当时的美国社会造成了巨大影响，亚马逊的 CEO 贝佐斯亲自站出来向公众道歉，并以测试为名搪塞。美国在线旅游巨头 Expedia 旗下的订票网站 Orbitz，在 2012 年也出现过用苹果电脑搜索出来的旅馆价格就是比其他品牌电脑贵的案例。

所谓大数据杀熟，是指一些企业通过掌握消费者的经济状况、消费习惯、价格敏感度等信息，对消费者在交易价格等方面实行歧视性的差别待遇，特别是利用用户不愿轻易更换惯用平台等心理，对老用户收取更高费用。据北京市消费者协会调查，61.21%的受访者认为大数据杀熟主要体现为不同用户享有不同的折扣或优惠，45.76%的受访者认为体现在多次浏览后价格自动上涨。大数据杀熟，实际上是商家在利用消费者的信任和信息不对称套取超额利益，侵害了消费者的权益，背离了公平诚信的价值原则，也违反了相关法律规定。

运用大数据技术，能够发现新知识、创造新价值、提升新能力。大数据具有的强大张力，给我们的生产生活和思维方式带来革命性改变。但在大数据热中也需要冷思考，特别是正确认识和应对大数据技术带来的伦理问题，以更好地趋利避害。

27.3.1　大数据营销中的伦理问题

大数据营销伦理涉及在使用大数据技术进行市场营销活动时，保护消费者隐私、确保数据安全、维护公平竞争等伦理问题。这些伦理问题不仅关系到企业的声誉和消费者的权益，也对社会的信任和法律制度提出了挑战。具体包括：

（1）隐私侵犯：大数据营销中最突出的伦理问题之一是对个人隐私的潜在侵犯。企业为了更好地了解消费者并提供个性化服务，经常收集大量的消费者数据。然而，这种数据收集活动往往超出了消费者的预期，甚至在没有明确同意的情况下处理敏感信息，如健康记录、财务状况等，这种做法引发了对个人隐私保护的严重担忧。

（2）数据安全：数据泄露和安全漏洞是另一个重要的伦理问题。企业不安全的数据存储和传输方式可能使消费者信息面临黑客攻击和未授权访问的风险。不仅是外部威胁，内部的数据管理不善也可能导致敏感信息的泄露。

（3）透明度与许可：许多消费者对企业如何收集、使用和共享他们的数据缺乏清晰的认识，而部分企业也不主动公开其对客户数据的使用情况。缺少透明度和明确的许可机制，消费者很难控制自己的信息。

（4）大数据杀熟：大数据杀熟指的是商家利用大数据技术分析用户的购买历史、浏览行为等信息，对不同用户采取不同的价格策略，通常是对老客户或者频繁购买的用户收取更高的价格，本质上就是不公平的价格歧视行为，如图27-6所示。

图27-6　大数据"杀熟"

27.3.2 大数据营销中的伦理治理

不管是现在还是未来,在大数据营销领域,科技伦理问题都是一个不容忽视的议题。随着大数据技术的广泛应用,如何在挖掘和分析海量消费者数据以提高市场营销效率的同时,确保消费者隐私得到保护、数据安全无虞,并且保持市场的公平竞争,成了业界面临的主要挑战。这些挑战不仅影响到企业的信誉和消费者的直接利益,更触及对社会信任体系和现行法律框架的考验。为了应对这些伦理挑战,大数据营销的伦理治理措施包括:

(1)健全大数据监管机制:建立和完善大数据营销相关的法律法规,明确数据收集、使用和共享的界限,增强数据安全和隐私保护,有效防范侵权行为。

(2)提高公民隐私认知:学校、政府应该加强对公众的个人隐私教育,帮助公民更好地理解自己的数据权利以及相应的保护措施,从而更好地保护个人隐私。

(3)建立数据伦理框架:企业内部应建立数据伦理框架和指导原则,包括数据收集、存储、分析和使用的伦理标准,确保所有活动都符合伦理要求。

(4)加强数据安全措施:企业应采取有效的技术措施保护数据安全,包括加密技术、访问控制和定期安全审计等,防止数据泄露和滥用。

即测即练

自学自测　扫描此码

第 28 章

可持续消费行为

联合利华是一家全球领先的消费品企业,其产品涵盖食品、饮料、清洁剂和个人护理用品,在全球有 127000 名员工,在 190 个国家和地区销售 400 多个品牌(见图 28-1)。

联合利华在其企业介绍中强调,"我们希望为地球和社会做更多有益的事,而不只是减少伤害。我们也希望为世界所面临的社会和环境问题采取行动,同时用我们的产品改善人们的生活"。联合利华在 2010 年提出了"可持续生活计划",该计划的目标是在不增加环境影响的情况下,使企业的业务规模翻倍。到 2020 年,联合利华已经实现了该计划的大部分目标。每年,联合利华都会在可持续行动进展报告中,披露其在实现目标方面取得的进展。其中成果包括:

图 28-1 联合利华

(1)通过其健康和卫生项目惠及 13 亿人。

(2)消费者单次使用联合利华产品所产生的废弃物减少了 32%,并实现所有工厂零废弃物填埋。

(3)联合利华在生产过程中所产生的温室气体排放量减少了 50%,并在其各大市场实现了 100% 可再生电力。

(4)联合利华所有含糖茶饮料的含糖量降低了 23%,且其食品组合中有 56% 已达到公认的高营养标准。

(5)联合利华帮助了 234 万名女性参与改善其自身安全状况,发展技能,或扩展职业机会的项目。同时,联合利华已迈向职场性别平衡发展阶段。在其全球管理职位中,女性占比达 51%。

联合利华的 ESG 环境、社会和企业治理实践不仅提升了企业形象,也帮助其在竞争中取得优势,实现良好的发展。联合利华在中国运营着近 40 个知名品牌,包括多芬、力士、清扬、奥妙、金纺、凡士林、AHC、中华、蓝多霸、家乐、和路雪、梦龙、可爱多、沁园、布鲁雅尔等,为中国 1.5 亿消费者家庭提供生活日用产品和服务。

28.1 营销与企业 ESG 可持续性发展

环境、社会和企业治理(Environmental, Social and Corporate Governance, ESG)(见图 28-2)是企业的一种战略,企业通过设定目标来创造企业价值,这些目标包括识别、

图 28-2　ESG

评估和管理与可持续发展相关的所有企业利益相关者（包括但不限于客户、供应商和员工）和环境的风险和机遇。不同于传统投资对企业财务表现的关注，ESG 的核心理念是关注企业在环境、社会、企业治理三个维度的表现，通过纳入非财务因素去评估企业价值及其在促进经济可持续发展、履行社会责任等方面的贡献。具体来说，ESG 框架涵盖了以下三大范畴：

环境（Environmental）：评价企业是否关注各类环保议题，降低对自然环境的影响，包括气候变化、温室气体排放、废物和污染、生物多样性等。企业主动制定节能减排目标、监测环境数据，有助于避免污染诉讼并提高资源使用效率。

社会（Social）：关注人和社会的权利、福利和利益。在职场中，企业应关心员工安全与健康，确保平等权利和多样性。更广义地说，企业还应为所在社区带来正面影响，改善员工待遇，促进社区友善、安全和可持续发展。

企业治理（Corporate Governance）：判断企业是否合规、合法、恪守道德地管理业务及进行决策。这包括薪酬体系、董事会组成、商业操守、反贪腐、风险控制、信息披露等。良好的企业治理有助于维持企业信誉，吸引投资者、客户和供应商。

ESG 营销对企业和组织至关重要，因为它帮助企业和组织在市场中脱颖而出，吸引具有社会意识的客户。通过 ESG 营销，企业可以展示他们对环境、社会和企业治理的积极影响，提高声誉并建立与利益相关者的信任关系。此外，ESG 营销还可以吸引越来越多寻求可持续性和社会责任的投资者。通过传达企业的 ESG 倡议，展示长远愿景、对利益相关者的承诺以及管理风险的能力，企业表达了对积极影响世界的奉献。在当前竞争激烈的商业世界中，客户越来越具有辨识力和社会意识。现代消费者追求的不仅仅是优质的产品和服务；他们寻找的是与自己价值观相符合，并积极为更美好的世界做贡献的品牌。通过采用 ESG 营销策略，企业可以制定一个独特的销售主张，将其与竞争对手区分开来，促进信任和可信度。

1. ESG 融入营销策略的三个角度

（1）为了将环境目标融入营销策略中，企业必须专注于推广其可持续实践和环境项目。这可能涉及推广环保产品开发、减少废物和碳足迹、利用可再生能源以及支持保护工作。

（2）营销人员可以通过成为多样性、包容性和社会事业的倡导者，将社会目标融入他们的营销策略中。这可以通过与非营利组织合作、推广职场多样性以及发起高社会影响力的活动来实现。分享品牌对社区产生积极影响的故事可以触动顾客的心弦，激励他们支持企业的使命。

（3）为了将企业治理目标融入营销策略中，企业需要专注于透明地传达其道德价值观、企业价值观以及对负责任运营的承诺。这需要与利益相关者进行定期沟通，展示企业的道德决策过程，并采取预防措施防范欺诈和腐败。品牌可以利用其营销努力与受众建立信任，展示它们对正确治理和道德行为的承诺。

2. ESG 营销案例

（1）户外服装品牌 Patagonia 的"别买这件夹克"活动提高了人们对过度消费的认识，并鼓励客户考虑他们的购买行为对环境的影响。通过大力推动客户购买二手产品或避免购买不必要的物品，Patagonia 与其环保意识强烈的客户建立了深厚的联系。

（2）全球管理咨询企业 Accenture（见图 28-3）通过其"可持续商业战略"计划做出承诺，包括减少碳排放、促进多样性和包容性，以及履行企业公民责任。企业的"多元与包容 360"计划使领导层中多样性和代表性增加，促进更具包容性的工作场所文化。通过这些举措，Accenture 的员工参与度增加了 20%，客户满意度提高了 17%，股东价值提高了 20%。此外，自从实施"多元与包容 360"战略以来，Accenture 每年荣登《福布斯》"最佳多元化雇主"榜单。

图 28-3　Accenture

（3）美国零售巨头 Costco 关注可持续发展和道德采购实践（见图 28-4），并作出了承诺。企业在过去几年实施了几项 ESG（环境、社会和企业治理）倡议，包括减少废物和促进可持续农业。根据 Costco 的 2020 年 ESG 报告，"我们的目标是创建一个有益于我们会员、供应商和环境的可持续供应链"。通过这些举措，Costco 的顾客满意度提高了 20%，员工敬业度提高了 15%，股东价值提高了 10%。

图 28-4　Costco

（4）玩具制造商 Mattel 提出为孩子们创造更美好未来的 ESG 倡议（见图 28-5）。该企业的 ESG 计划包括推动可持续性、减少废物，并在工作场所促进多样性和包容性。Mattel 的"可持续性 360"计划试图减少企业的碳足迹，并在整个供应链中推广可持续和社会实践。通过这些举措，Mattel 的客户满意度提高了 10%，员工敬业度提高了 5%，股东价值提高了 5%。

（5）生命科学企业 TermoFisher，通过其"可持续发展战略"计划，承诺到 2050 年实现净零

图 28-5　Mattel

排放，并加入了由科学基础目标倡议（SBTi）领导的"1.5℃商业雄心"活动。这一净零承诺基于近期的气候目标，并使其方法与《巴黎协定》保持一致。通过这些举措，TermoFisher

的效率提高了 20%，收入增长了 10%，股东价值提高了 5%。

28.2 绿色节能消费

绿色节能消费与可持续消费紧密相关，是从满足生态需要出发，以有益健康和保护生态环境为基本内涵，符合人的健康和环境保护标准的各种消费行为和消费方式的统称。绿色节能消费的内容非常宽泛，不仅包括绿色产品，还包括物资的回收利用、能源的有效使用、对生存环境和物种的保护等，可以说涵盖生产行为、消费行为的方方面面，如使用有机产品、清洁可再生能源以及选择对环境零影响或几乎零影响的企业生产的商品，如零废物、零排放汽车、零能耗建筑等。

以下是绿色节能消费的典型领域。

28.2.1 能源领域

能源领域包括可在几乎没有污染的情况下利用自然能源的过程。

（1）晶科能源是行业内首家建成 10GW 以上规模 N 型产品生产线的企业，截至 2022 年第一季度，晶科能源光伏组件全球累计出货量突破 100GW，每年可以生产清洁能源电力约 1300 亿度，减少二氧化碳排放量约 1.3 亿吨，节约标准煤约 5252 万吨，相当于植树约 70.2 亿棵。

（2）比利时布吕热莱特天堂动物园的光伏停车场内约有 7000 个停车位（见图 28-6），安装了 6 万多块光伏电池板，总功率为 20 MW。电池板提供的电力可以满足动物园的用电需求，多余电力可为电动汽车充电，并回馈至公共电网。

图 28-6　光伏停车场

28.2.2 食品领域

对环境影响较小的食品生产需求，推动人们购买更多的有机和本地食品。有机食品通过无化肥和农药的农业生产，以及在更自然条件下饲养的动物生产，避免了密集养殖中常见的药物、抗生素和驱虫剂的常规使用。消费者还可以选择购买本地食品，以减少

"食物里程"的社会和环境影响,即食物在生产和消费之间的距离。这种行为可以了解所吃食物的真实性和产地,既作为社会创新,又作为技术创新。

(1)利乐在欧洲率先推出了新的纸质吸管,用于两款儿童饮料和乳品中。这个吸管由 FSC(森林管理委员会)认证的纸材制成,可以和包装的其他部分一起回收。

(2)可口可乐的植物基 PET 塑料瓶,可以把植物中的天然糖分转化为 PET 的原料。

(3)达能、雀巢饮用水与 Origin Materials 企业合作创建了 NaturALL Bottle Alliance,利用 100%可持续、可再生的材料,如纸板和木屑,生产生物基 PET 塑料瓶。

(4)啤酒品牌科罗娜(见图 28-7),联手墨西哥李奥贝纳推出了一款新的易拉罐,在罐盖和罐底边上新加了一层螺旋圈,消费者只需要将易拉罐垂直相互拧紧,就可以直接带着走,淘汰了包裹啤酒的塑料包装。

(5)麦当劳在 2015 年至 2021 年,通过推广绿色减碳举措,从食品加工到仓储运输的供应链环节共节约用电超过 2.67 亿度,相当于减少碳排放约 15.5 万吨。同期,通过使用更节水的机器和加工设备、污水回收利用等措施,整个供应链共节约用水超过 200 万吨。

图 28-7　科罗娜

28.2.3　时尚领域

纺织和服装行业产生大量污染,并消耗大量资源。衣物产品的不当使用和处置使问题变得更加严重。关心这些环境问题的消费者最好通过慈善或与他们的财务和可持续利用相适应的环保行为来改变他们的行为。消费者可能会关注他们购买衣物的起源和材料,以及它们是否对环境有害。

(1)H&M 集团与宜家联手研究回收面料的化学成分,以保证再生纤维的安全性。此外,自 2012 年启动全商品回收再利用项目以来,至今已经让约 360 万件旧衣的生命得以延续,超过 30 万户家庭得到帮助。

(2)O bag 与环保公益平台噢啦共同发起了旧包换新环保公益活动。消费者可以带上任意品牌、材质、尺寸的旧包到 O bag 全国线下门店参与回收活动。

(3)意大利奢侈羊绒品牌 Malo 推出可持续项目,从米兰和罗马的门店开始,推出过季服装回收再利用服务,帮助服装重获新生,延长使用寿命。

(4)Timberland 与英国时装设计师 Christopher Raeburn 推出环保联名系列,联名系列中的夹克就是由废弃军用降落伞材料制成的。

(5)Louis Vuitton 推出使用可持续 Naia 醋酯纤维素纤维纱线制作的连衣裙,Naia 纱线由天然木浆制成,获得了 USDA(美国农业部)Bio-Preferred 计划认证,从原料到纱线全程可追溯。

28.3　选择正确的绿色营销模型:"一刀切的策略并不存在"

尽管公众意见调查一再显示,当其他条件相等时,消费者更愿意选择绿色产品而不是对环境不友好的产品，但消费者不太可能在传统产品属性上做出妥协，例如便利性、可用性、价格、质量和性能。换句话说，绿色产品必须在这些属性上与非绿色产品相匹配，才能赢得绝大多数消费者的青睐。21世纪初就有企业设计并制造电动汽车，例如福特Think车型。受限于当时的技术，Think车型在行驶50英里后需要充电6小时，这将要求车主大幅改变其驾驶行为，在2002年末，福特被迫宣布放弃这款车型。然而，当制造商能够从根本上提高电池的寿命和降低成本，绿色产品的优势明显体现，特斯拉、比亚迪等新能源车企大获成功。因此，在选择策略之前，企业应该考虑到其所在行业绿色市场的预期规模，以及其在"绿色性"方面与竞争对手的产品区分度。

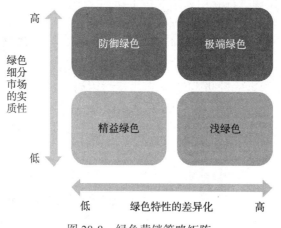

图28-8 绿色营销策略矩阵

下面我们介绍Ginsberg & Bloom[①]提出的"绿色营销策略矩阵"（见图28-8）。在考虑绿色营销战略时，企业需要问自己两组问题。第一组问题包括：企业的绿色消费者群体有多大？企业能否通过提升绿色形象来增加收入？如果消费者认为企业的环保程度不够，企业是否会遭受经济打击？如果有很多消费者对这个问题漠不关心，企业可以继续为其服务并盈利？第二组问题包括：品牌或企业是否能在绿色领域脱颖而出？企业是否有足够的资源、对行业内绿色意义的理解以及最高管理层对绿色的内在承诺？企业能否在这个方面击败竞争对手，或者有些企业已经在绿色领域站稳了脚跟，与它们在环保问题上竞争是否会非常昂贵？

根据这些问题的回答，企业应该考虑以下其中一种策略。

1. 精益绿色（Lean Green）

精益绿色企业不太倾向于通过绿色倡议来进行宣传或营销。相反，它们希望通过积极的环保活动来降低成本、提高效率，从而创造出低成本的竞争优势，而非仅仅是绿色的优势。这些企业通常寻求长期的发展方案，遵守法规，但并不将绿色市场视为实质性的利润机会。精益绿色企业通常不愿意大肆宣传其环保活动或绿色产品属性，因为它们担心可能会被要求达到更高的标准，而且并不总能做到或者与竞争对手有所区别。

---

① Ginsberg, J. M., & Bloom, P. N. Choosing the right green marketing strategy[J]. *MIT Sloan Management Review*, 2004, 46(1): 79-84.

可口可乐企业可以被看作是一个精益绿色企业的例子。尽管该企业已经大量投资于各种回收活动和包装修改，但大多数消费者并不知晓这一点。虽然可口可乐对环境问题非常重视，但在大多数情况下，它选择不去宣传这些努力。其中一个原因可能是因为该企业的目标市场广泛，品牌知名度高。如果可口可乐将其环保努力直接与整体品牌联系起来，那么它可能会面临着所有产品都被贴上绿色标签的风险。此外，通过宣传其绿色营销努力，可口可乐可能实际上会给自己带来更多的损失而不是好处。额外的审查可能会导致公众揭示之前未知的其他问题。因此，对于精益绿色企业来说，将环境问题狭窄地与一个品牌联系起来是更为安全的方式，就像可口可乐对其 Odwalla 品牌所做的那样。

2. 防御绿色（Defensive Green）

防御绿色企业通常将绿色营销视为一种防范措施，用于应对危机或对竞争对手行动的回应。它们追求增强品牌形象并减轻损害，认识到绿色市场细分对其至关重要且具有营利性，不能承受失去这些利益的风险。尽管它们的环保倡议可能是真诚而持久的，但它们推动和宣传这些倡议的努力通常是零散和暂时的，因为它们通常无法在绿色方面与竞争对手有所区别。过度推广绿色度将是浪费的，会制造出无法实现的期望。

防御绿色企业可能会采取一些行动，比如赞助较小规模的环保活动和项目。如果它们受到活动人士、监管机构或竞争对手的攻击，它们肯定会通过公共关系和广告努力来捍卫自己的环境记录。但是，除非它们发现能够基于绿色度获得可持续的竞争优势，否则它们不会发起明显的、重大的绿色宣传活动。

例如，巨型服装零售商 Gap Inc. 经常被视为社会责任企业，关心其 Gap、Banana Republic 和 Old Navy 店铺的工人和顾客的福祉。在环境方面，该企业长期以来一直提倡节能和减少废物，并且其企业总部被描述为可持续建筑的典范。企业在其网站上提到了这些活动，但并没有过多对外公开宣传。Gap 被指责与门多西诺红木企业有关系，一些活动人士批评 Gap 对加利福尼亚北部 350 平方英里的木材土地的可持续性计划不够充分。这一活动可能会给 Gap 带来重大打击，因为其大部分目标市场都关注环境问题。Gap 通过一种审慎、较为低调的方式应对了这一攻击，解释说门多西诺红木企业是与 Gap 完全分开的企业。所有的风波都是暂时的，到了 2000 年，原定在该企业旧金山总部举行的一次抗议活动只吸引了 7 名抗议者。

3. 浅绿色（Shaded Green）

浅绿色企业致力于长期、系统性的环保流程投资，这需要大量的财务和非财务承诺。他们认为绿色是一个机会，可以开发出创新的产品和技术来满足需求，从而获得竞争优势。尽管他们有能力在绿色度上真正区别自己，但选择不这样做，因为它们可以通过强调其他属性来获得更多利润。这些企业主要宣传提供给客户的直接、具体的好处，并通过主流渠道销售产品。环境利益被认为是次要因素。

以丰田普锐斯为例，被宣传为"环保先进、燃油高效的混合动力车"。然而，在 2000 年首次于美国市场推出时，丰田并没有强调其环保特性。重点是燃油效率——消费者会在汽油上花费更少的钱,并在加油站花费更少的时间。普锐斯减少空气污染仅仅是额外的好处。这种宣传对那些能够帮助消费者节省周期性支出的产品特别有效,节能家电就是另一个例子。

4. 极端绿色（Extreme Green）

极端绿色企业将环境问题完全融入业务和产品生命周期流程中,从一开始就以绿色度为主要推动力量。它们实践全生命周期定价方法、全质量环境管理,并致力于制造环保产品。这些企业通常为小众市场提供服务,并通过精品店或特殊渠道销售产品或服务。

典型的极端绿色企业包括 The Body Shop、Patagonia 和位于马里兰州贝塞斯达的 Honest Tea。Honest Tea 是天然食品行业中增长最快的有机茶企业之一,其社会责任已融入其身份和宗旨中。从制造到营销,如其可生物降解的茶包、有机成分和社区合作所示。Honest Tea 品牌的价值基于真实性、诚信和纯净度。尽管如此,相对而言,这类企业并不多见。

Ginsberg & Bloom 建议对企业自身的绿色流程以及高层管理对环保的承诺进行审慎的审视,确定消费者是否准确地感知了企业及其竞争对手的环保程度。如果营销人员认为可以通过大力宣传环保的方式使品牌脱颖而出,那么浅绿色或极端绿色策略就是可行的。但如果相对于竞争对手变得更加环保的成本似乎很高,那么采取精益绿色或防御绿色策略将更合理。

即测即练

自学自测　　扫描此码

第 13 篇

全球化的营销管理：顺与逆

在上一篇中，我们从可持续发展的角度进一步了解了营销管理；从人工智能与科技伦理的角度，我们讲解了营销与社会责任、人工智能与市场营销、科技伦理；从可持续消费行为的角度，我们介绍了营销与企业 ESG 可持续性发展、绿色节能消费、绿色消费模型等知识。而这一篇我们将聚焦更富时代性、更大范围的营销管理。

从时代角度来看，进入 21 世纪后，我们开始迈入由数据驱动的营销革命。随着全球互联网用户在 2024 年达到近 53 亿，以及社交媒体用户超过 50 亿的背景下，企业对消费者数据的获取和分析能力达到了前所未有的高度。新技术如人工智能、大数据、量子计算和生物科技正在重塑市场营销的每一个角落，从消费者行为分析到个性化营销策略的实施。例如，通过大数据分析，企业可以精确预测消费者的购买行为，而人工智能技术则可以帮助企业实现自动化和个性化的客户服务。量子计算、生物科技的进步，更是为营销人员提供了了解消费者偏好的全新视角。这些变革不仅展示了技术如何推动营销策略的进步，也对营销人员提出了新的挑战和机遇。在本篇中我们将结合案例讨论更多新兴技术对营销领域的塑造。

从营销管理范围的变化来看，随着全球化的加速发展，企业面临的市场竞争已突破国界，变为全球性的挑战与机遇并存的舞台。21 世纪初，互联网和移动通信技术逐渐普及，信息的流通和交换变得前所未有的便捷，全球贸易和投资的增长速度迅猛。在这一时代背景下，企业也必须重新审视和构建其全球市场策略，以适应不断变化的环境。全球化不仅促进了技术创新，还推动了消费需求的国际化，要求企业在全球范围内考虑不同文化和地区消费者的特定需求。例如，麦当劳和宜家在全球扩张过程中，不仅保持了品牌的全球一致性，还通过产品和服务的本地化调整成功吸引了不同地区的消费者。此外，社交媒体和电子商务平台的兴起改变了消费者的购物习惯，为企业提供了直接触达全球消费者的新渠道。这一背景下，探讨顺全球化过程中的营销策略，对于企业把握全球化带来的机遇及应对挑战具有重要意义。通过深入分析和实践，企业可以更好地理解全球市场的动态，制定有效的营销管理策略，实现在全球市场的成功布局。

而另一方面，从经济发展角度来看，全球化导致了贫富差距扩大和就业机会在地理上的重新分配，从而引起了一部分人的不满，更导致一些国家采取保护主义政策来保护本国经济。从文化角度来看，全球化带来的文化同质化引发了对本土文化保护的需求。种种因素交织在一起，又推动了"逆全球化"现象的发展。逆全球化的兴起又对企业的国际营销策略构成了新的挑战，迫使企业重新思考其全球扩张的策略。在本篇的最后一章节中，我们将深入探讨在逆全球化趋势下，企业如何通过增强产业链的弹性和韧性，采取更加灵活多变的营销策略来应对不断变化的市场环境。通过实际案例分析，如耐克在新冠疫情期间通过调整供应链策略和优化数字化供应链成功缓解疫情影响，展示了企业在面对全球化逆流时，如何通过技术创新、本土化策略和社交媒体等工具有效应对，从而在全球市场中保持竞争优势。此外，本章还探讨了逆全球化趋势对未来全球经济结构和营销策略可能产生的长期影响，为企业如何在不确定的全球经济环境中制定前瞻性战略规划提供了深刻见解。

本篇中我们将围绕以上三个方面，探究新兴技术与世界格局下营销管理发生了什么变化，又将迎来怎样的机遇与挑战。

第 29 章

顺全球化过程的营销

29.1 全球范围的竞争

随着全球化的发展，市场竞争已不再局限于国家边界，而是逐渐演变成一个全球性的舞台。20世纪末至今，全球化的步伐加速，世界贸易组织（World Trade Organization，WTO）的推进、跨国协议的签订、互联网的普及共同催化了国际贸易和投资的显著增长。全球化的发展历程也塑造了今日企业的运营和竞争环境，影响着企业的市场策略和营销活动。

在过去的几十年中，国际贸易和投资的增加促进了市场的多元化和消费者需求的国际化。全球化不仅使得产品和服务跨越国界流通，也使得企业必须考虑到不同文化和地区消费者的特定需求。麦当劳餐厅、索尼相机、星巴克咖啡、宜家家具……来自不同国家的商品可能出现在一个小小的商场中，而一个小小的产品上可能有十几种语言的说明标签。技术进步，尤其是在信息技术和通信领域的突破，是推动全球化的另一个重要因素。互联网和移动通信技术的普及打破了信息传播的壁垒，缩短了世界的距离，使得即时通讯和实时数据交换成为可能。这对企业的营销策略也产生了深远的影响。例如，社交媒体的兴起使得企业可以直接与全球消费者互动，实现精准营销和即时反馈。亚马逊等电子商务平台则改变了消费者的购物习惯，使得企业无须在多个国家设立实体店铺就能触达全球客户。

在全球化的大潮下，企业也面临着前所未有的竞争压力和机遇。地域的限制被打破，企业可以将商品轻松销往全球各地，但文化的差异却成了无法轻易逾越的鸿沟。在一个国家或地区畅销的产品在另一个地区可能就失去竞争力。全球范围内的竞争不仅推动了技术革新，也促使企业重新思考和构建它全球市场策略。这一趋势对营销管理提出了新的要求，强调了在不断变化的市场环境中保持敏捷和适应性的重要性。

在全球化的推动下，不乏许多大型企业依靠自身核心硬实力和有效的全球营销策略来实现国际影响力的扩大。例如，苹果公司凭借其创新的技术和创新性的设计，在全球范围内确立了其产品的领导地位。而耐克则通过赞助世界级的体育活动和顶尖运动员，提升了其品牌的可见度，并强化了消费者与品牌之间的情感联系。这些公司的成功可以归功于它们在全球供应链管理、产品创新以及品牌建设方面的策略。然而，全球市场竞争不仅仅是大公司的机遇。其中，宜家就是一个通过全球化策略获得成功的典型例子（见

图 29-1）。通过标准化的产品设计和优化的供应链，宜家实现了成本控制和价格优势。而宜家在全球扩张的过程中，始终注重产品的本土化调整，以适应不同地区消费者的实际需求。无论是调整床铺尺寸以适配欧洲紧凑的居住空间，还是在亚洲推出符合当地饮食习惯的厨房用品，宜家能够确保其产品在全球各地区的市场都能找到一席之地。

图 29-1　宜家家居

但如何在全球化和本土化之间找到平衡，在保留品牌特色的同时实现本土化、差异化也是企业在全球竞争中的重要命题，而星巴克就是一个很好的范例。在世界各地推广其标志性的咖啡和饮品，打造专属品牌的"小资"调性的同时，还通过推出符合当地口味的特色饮品和食物来迎合本地市场。这种战略不仅帮助星巴克在全球市场中保持一致的品牌形象，也能满足不同市场的特定需求，这是其取得全球性成功的重要因素。

在全球市场竞争中，挑战与机遇并存。从事全球营销的公司经常会在世界的某一国家或地区遇到不熟悉的情况，同时迎来与过去完全不同的竞争方式。特斯拉进军中国市场时所面临的局面就是一个典型的例子（见图 29-2）。特斯拉不仅需要应对与中国本地汽车品牌的竞争，还必须适应中国特有的市场环境和消费者偏好。通过建立本地化的制造工厂和销售网络，特斯拉不仅显著降低了成本，还通过迎合本地市场需求，成功地在中国市场获得了坚实的立足点。

图 29-2　特斯拉

在全球化的市场竞争中，企业更需要灵活调整其营销管理策略以适应不断变化的环境。企业需要对全球市场趋势有敏锐的洞察力，并结合对本地市场多样性的深入理解来制定策略。在这个过程中，消费者行为的深入洞察、持续的产品和服务创新，以及强有力的品牌战略都将是企业赢得市场竞争的关键。

29.2　顺全球化下的营销管理

在上一节中我们介绍了许多全球化市场竞争带来的机遇与挑战，也介绍了许多成功的范例。而在全球化的大潮中，市场营销的理论也正在经历深刻的变革。例如，传统的全球营销模式强调统一的市场策略和标准化的营销组合，在顺全球化的今天，已不再完全适用。随着文化差异的显现和地方市场的多样性，企业在推广其产品和服务时，必须更加精细地平衡全球统一性与地方特色性的关系。这种新的营销模式，旨在实现"思维全球化、行动当地化"，需要企业具备跨文化的敏感度和对当地市场的深入理解。

随着全球化的发展，全球营销战略（Global Marketing Strategy，GMS）的概念也逐渐形成。它的起源可以追溯到国际贸易的早期形式，但它作为一种系统化战略的概念，主要是在20世纪下半叶随着跨国公司的兴起和全球化进程的加快而逐渐发展起来的。随着时间的推移，国际市场间的壁垒逐渐降低，信息技术的进步使得各国市场更加互联互通，企业开始寻求更广阔的市场范围以实现规模经济。这一过程中，全球营销战略成为企业扩大市场份额、提高竞争力和实现持续增长的关键工具。全球营销战略的核心在于发现营销计划和项目可被延伸到全球各地的程度，同时识别和执行必要的地方化调整。这样的战略考虑到了全球市场参与度、营销组合的标准化与当地化程度以及竞争行动的集成度。企业需要评估其在主要世界市场上的活动范围，并决定其产品、价格、促销和分销策略的标准化与当地化程度。

全球营销战略中有三个与营销管理相关的维度，包括营销活动集中度、营销活动协同度和竞争行动集成度。其中一个不容忽视的关键维度是营销活动集中度。这涉及与营销组合相关的活动是在一个国家进行还是在多个国家统筹进行。这不仅影响企业如何在全球各地规划和执行营销策略，也关系到如何确保这些活动在不同市场中的协同效应。

对于像可口可乐这样的全球品牌而言，营销活动集中度体现在它如何制定统一的营销信息，并将其适当地调整以适应全球各地的市场。例如，其全球标志性的红色和动感的波浪线已成为全球识别度极高的品牌元素。可口可乐在全球范围内的广告活动通常会集中在这些核心视觉元素上，保持品牌形象的一致性。然而，在实施这些广告活动时，企业会根据当地市场的特定文化和价值观进行调整。例如，在美国，可口可乐的广告可能会突出个人成就和自由的主题，而在亚洲市场，它的广告可能会更加侧重于家庭和团体的和谐。此外，可口可乐的营销活动也展示了其在全球范围内的集中度。例如，可口可乐在全球性体育赛事，如世界杯足球赛和奥运会上的赞助活动，是全球统一的，但可口可乐会在不同国家利用这些全球性事件推出本地市场特定的促销活动。再比如，在产品的包装上，可口可乐经常会在全球范围内使用统一的包装设计，但也会在特定地区推出限量版的包装，以纪念当地的重要节日或事件，这也是其营销活动集中度的体现。通过这种方式，可口可乐在保持全球统一品牌形象的同时，也能够尊重和响应地方市场的多样性和独特性。这种在全球和地方之间平衡营销活动的策略，不但加强了可口可乐作为全球品牌的地位，而且提升了其在各个地区市场的相关性和吸引力。通过集中和统一的全球营销活动，可口可乐确保了其信息的连贯性和品牌价值的传递，同时，通过地方化的调整，又能够与不同市场中的消费者建立紧密的联系。

竞争行动集成度是指一家公司在全球市场上如何协调和集成其各地的竞争策略，以形成一个统一的竞争前线。这包括公司在不同市场中的定位、产品发展、广告活动、价格策略以及对竞争对手反应的协调。一个高度集成的竞争行动策略意味着公司能够在全球范围内有效应对竞争，同时保持品牌形象的一致性和市场定位的连贯性。一个突出的例子是星巴克，这家美国咖啡连锁店在全球市场中的表现体现了竞争行动集成度的重要性。星巴克成功地将其核心产品——咖啡——和独特的顾客体验全球化，同时在不同市场中采用了调整后的策略来应对当地的竞争。在全球范围内，星巴克保持了其高品质咖啡和一致的品牌体验，这是其全球竞争策略的核心。无论是在纽约、上海还是伦敦，顾客都能预期到相似的环境，如棕黑色的装修风格、缓缓播放的爵士乐等。这种全球统一的品牌形象和产品质量是星巴克竞争行动集成度的关键要素。

总的来说，当我们谈论顺全球化下的营销管理时，企业在全球市场上的成功往往取决于其如何平衡标准化与当地化的营销组合。标准化提供了品牌一致性和运营效率，而当地化则确保产品和服务能够与特定地区的消费者需求和文化价值观相匹配。企业不再仅仅追求全球统一的营销策略和标准化的营销组合，而是越来越强调在全球一体化和地方多样性之间找到平衡。这种变化要求企业不仅需要具备全球视野，也需要具备对地方市场深刻的理解和敏感性。通过实现"思维全球化、行动当地化"的策略，企业能够更有效地应对全球化带来的复杂挑战，同时抓住不断变化的市场机遇。

29.3　如何决定是否进入某个市场？

在前两节中我们探讨了全球化市场竞争中营销管理在理论与实践中的一些变化，展现了全球化为各企业发展带来的新的机遇。而在这样的背景下，决定是否进入某个市场就成了企业扩张战略中的一项重要决策。这个决策过程不仅涉及对潜在市场的深入分析，还包括对企业自身能力和全球战略目标的充分考量。本节将基于实际的营销管理理论和实践，探讨企业如何做出这一关键决策。

在探讨企业是否进入某一市场的战略之前，我们先来讨论一个与之相关的概念——全球市场细分。自20世纪60年代以来，全球市场细分的概念就受到了营销界的广泛关注。观察家们发现，尽管不同国家的消费者在地理和文化上存在差异，但他们对某些产品或广告创意的反应可能具有惊人的一致性。例如，早期就有人指出，欧洲市场在接受国际性广告创意上存在着成熟、半成熟以及乡巴佬式的差异。这种发现提示营销人员，全球市场并非一个单一的实体，而是由多个不同反应的消费者群体组成。随着时间的推移，全球化趋势使得不同国家的消费者群体之间的界限变得越来越模糊。莱维特教授40

年前就提出了一个论点，认为新的消费者群体可能在许多国家的市场中出现，如对寿司、油炸鹰嘴豆饼或比萨饼的需求可能会在全世界任何地方产生。这种消费多元化和子市场同步的趋势，为营销经理提供了占据一个或几个全球规模子市场的良机。

而这种全球市场细分的前提是，企业需要在不同国家和地区找出具有相同需要和愿望的消费者。然而，即使找到了数量可观的比萨饼爱好者，但这并不意味着他们喜欢的食物完全相同。达美乐比萨饼在不同国家的配料差异正是对这一点的完美体现。这一现象强调了企业在决定进入某个市场时，需要对目标市场进行深入的文化和消费习惯分析。但在评估市场潜力与选择目标或细分市场的过程中，营销经理也应该提防市场细分过程中的潜在风险。例如，过分渲染个别国家市场的规模和短期吸引力，或是因为竞争对手的行动而盲目进入某个市场，都可能导致战略失误。因此，在决定是否进入某个市场时，企业需要综合考量市场的当前规模和预期增长潜力、竞争态势，以及与公司总体目标的兼容性，确保所选择的市场与企业的长期战略目标一致，同时具备实现成功的可行性。

在理解了全球市场细分的重要性后，企业就将面临如何将这些洞察应用于实际决策的挑战，这就要求企业进一步深化对目标市场的分析。企业在考虑进入新市场时，首先需要对自身的长期战略目标进行明确。这些目标可能包括扩大品牌影响力、探索新的收入来源，或是利用新市场的成本优势。只有当潜在市场的机遇与企业的战略目标相匹配时，进入该市场的决策才能得到正当化。这一点使得企业在面对全球化机遇时，能够有的放矢，而不是盲目跟随市场潮流。

更进一步，企业需要对目标市场进行综合评估，这包括但不限于对市场需求、竞争环境、文化差异、政治和法律环境的深入分析。例如，了解目标市场的消费者需求是否与企业现有产品线相符，竞争对手的情况如何，市场进入是否面临高额的关税或复杂的法律法规。这些分析能够帮助企业评估进入新市场的可行性和潜在风险，确保决策的科学性和合理性。与此同时，市场的文化因素同样不容忽视。正如前文提到的，即使是全球普遍受欢迎的产品，如比萨饼，在不同的文化背景下也需要进行适当的本地化调整。这种对文化差异的敏感性和适应能力，是企业成功进入新市场的关键。

在完成上述全面的市场评估后，企业需要对收集到的信息进行综合分析，判断进入该市场是否符合企业的长期战略，是否能够为企业带来预期的增长和收益。这一决策过程既需要依赖于数据和事实分析，也需要对市场趋势和消费者行为有敏锐的洞察力。通过将全球市场细分的洞察应用于实际的市场选择决策中，企业能够在全球化的竞争中找到适合自身发展的机遇。这种基于深入分析和全面评估的决策过程，确保了企业能够在正确的时间、以正确的方式进入正确的市场，从而实现其全球扩张的战略目标。

29.4　市场进入模式

如何有效地进入新市场，不仅是企业扩大业务范围的关键，也是在激烈的国际竞争中立足的基石。在这个过程中，市场进入模式成为企业制定战略时不可或缺的工具。在接下来的内容中，我们将深入探讨这些模式，揭示它们的机制、优势、劣势，以及如何在不同情境下做出最佳选择。

出口是最初级也是最直接的市场进入模式。它分为两种主要形式：直接出口和间接出口。直接出口意味着企业直接与海外客户进行交易，这要求企业拥有处理国际销售和物流的能力与资源。这种形式的优点在于企业能够更好地控制销售过程、直接建立客户关系，并收集市场反馈，但同时也要承担更高的成本和管理负担。间接出口，则是通过国内的中间商或出口商将产品卖到国外市场。这种形式对企业而言，减轻了进入新市场的负担，因为中间商负责所有与出口相关的复杂事务，包括市场营销、物流安排，甚至售后服务。这样，企业可以在不直接面对国际市场风险的情况下，试探性地进入新市场。然而，这也意味着较低的利润空间和对市场的控制力减弱，因为企业需要依赖第三方来完成销售过程。

许可经营和特许经营是企业进入国际市场的两种重要模式，它们为企业提供了一种相对低风险的国际化路径。这两种模式虽然有相似之处，但在控制权、应用范围和合作方式上存在明显差异。

许可经营是一种商业安排，其中一方（许可方）允许另一方（被许可方）在一定期限内使用其品牌、专利、技术或其他知识产权来生产或销售商品。这种模式对于希望通过较小的投资快速进入新市场的企业来说，是一种吸引人的选择。然而，这种模式的一个潜在缺点是许可方可能会失去对品牌形象或技术的完全控制，如果被许可方的操作不当，可能会损害整个品牌的声誉。Adobe 是许可经营模式的一个典型例子。通过将其软件产品（如 Photoshop 和 Illustrator）授权给个人和企业用户，Adobe 能够在全球范围内快速扩张其市场。这种许可不仅使 Adobe 能够收取许可费用，还通过持续的软件更新和技术支持保持了其对产品质量和品牌形象的控制。通过这种方式，Adobe 成功将其业务扩展到了世界各地，同时保持了其作为创新软件开发商的领先地位。

而特许经营则是许可经营的一种特殊形式，它不仅包括品牌、商标和技术的使用权，还包括企业的运营模式、管理系统和持续的支持服务。在特许经营模式中，特许方（加盟总部）通常会对加盟商的业务进行较为严格的控制和指导，以确保服务或产品的一致性和质量。这种模式特别适用于那些对品牌形象和客户体验有高度要求的服务行业。麦当劳是全球特许经营模式成功应用的代表。通过特许经营，麦当劳能够快速扩展其全球业务，同时保持对产品质量、服务标准和品牌形象的严格控制。麦当劳向加盟商提供全面的培训、运营手册和持续的支持，确保无论在世界哪个角落，顾客都能享受到相同品质的产品和服务。这种模式不仅为麦当劳带来了广泛的国际市场覆盖，也为加盟商提供了成功经营的机会。

合资企业和全资子公司是企业在国际市场扩张中常用的两种较为深入的进入模式。这两种模式在控制权、风险承担、投资规模和市场深度方面有着本质的不同。

合资企业是指两个或多个企业根据合同协议，共同出资在一个国家成立新的企业，共享该企业的管理权、风险和利润。这种模式允许企业充分发挥各自的优势，如一方提供技术，另一方提供市场知识或当地资源等，从而降低进入新市场的障碍和风险。沃尔沃汽车与中国汽车制造商吉利的合资是一个成功的例子。2010 年，吉利收购了沃尔沃汽车，此后双方在中国成立了合资企业，利用吉利在中国市场的深厚根基和沃尔沃在安全和环保技术上的先进经验，共同开发适合中国及其他新兴市场的汽车产品。这种合作不仅加快了沃尔沃的市场扩张，也提升了吉利在高端汽车市场的品牌形象。

全资子公司则是指母公司100%拥有的在海外成立的公司。这种模式提供了对海外业务最完整的控制，包括生产、销售和分销等所有环节，使企业能够全面实施自己的策略和标准。然而，建立全资子公司需要较大的初始投资和较高的运营风险，企业需要独自承担市场和政治风险。星巴克在中国市场的扩张中，选择成立全资子公司作为其市场进入和扩张的主要模式。通过这种模式，星巴克能够在中国市场快速扩张，同时保持对品牌、产品质量和顾客体验的完全控制。这使得星巴克能够确保其全球品牌形象的一致性，同时对产品进行本地化调整以适应中国市场的特殊需求。虽然这种模式涉及较大的前期投资和运营风险，但星巴克通过深入了解中国文化和消费者偏好，成功在中国市场获得了显著成长。

合资企业和全资子公司各有优、缺点。合资企业通过合作降低风险和成本，便于快速进入市场并利用当地伙伴的资源；而全资子公司虽投资大、风险高，但能确保对业务的完全控制和利润最大化。选择哪种模式，企业需要根据自己的战略目标、资源能力以及对目标市场的理解来综合考量。

而在选择市场进入策略时，企业必须考虑多种因素，如上一节所介绍的目标市场的文化、法律环境、经济状况以及自身的资源和战略目标。进行细致的市场研究，评估潜在风险，以及制定明智的战略定位是成功进入新市场的基础。

即测即练

第 30 章

逆全球化过程的营销

30.1 国际产业链弹性与营销

在过去几十年里，全球化被视为世界经济的主要驱动力，通过降低贸易壁垒、促进资本流动以及加强国际合作等，为世界各国带来了前所未有的经济增长和繁荣。然而，近年来，随着全球经济格局的复杂化和多极化，以及一系列国际政治、经济事件的发生，逆全球化的趋势开始浮现，并对全球经济一体化的进程产生了影响。

经济全球化在带来增长和机遇的同时，也暴露出了一些深层次的问题和挑战。例如，全球化进程中的不平等问题日益凸显，一些国家和地区享受到了全球化的红利，而另一些地区则感受到了工作岗位流失和产业空心化的压力。这种不平衡的发展，尤其在2008年全球金融危机之后，导致部分民众和政府对全球化的质疑和反思。一方面，随着全球交流的加深，不同文化和价值观之间的冲突也变得更加明显。一些国家和地区开始担忧本土文化的丧失以及国家主权的削弱，这促使部分国家和地区开始采取保护主义（见图 30-1）措施来捍卫自身的文化和政治独立。另一方面，随着世界多极化趋势的加强，一些大国也开始重新考虑其在全球化中的战略利益，推行更为自主的经济政策和对外战略，以保护其国家安全和经济利益。

图 30-1 保护主义壁垒

在这些因素的综合作用下，全球经济一体化进程开始放缓，甚至出现了部分地区的逆全球化现象。贸易保护主义的抬头、跨国投资的减少、国际合作的阻碍等现象，不仅对国际贸易和产业链造成了显著影响,也迫使企业重新考虑其全球运营策略,寻求更为灵活和更具韧性的全球布局,以应对不断变化的国际经济环境。

在逆全球化的浪潮中,企业所面临的营销挑战促使它必须进行策略性的调整,特别是在市场定位、品牌建设和消费者行为分析等方面。例如,随着贸易壁垒的提高和消费者偏好的地区化,单一的全球化营销策略将不再有效。企业也开始认识到,深入了解和适应本土市场的需求和文化是获得成功的关键。品牌建设也因逆全球化而面临新的挑战。企业开始意识到,强化与消费者之间的情感联系和文化共鸣变得尤为重要。通过讲述与本地市场紧密相关的品牌故事,企业能够在消费者心中树立独特且亲切的品牌形象。这种策略不仅帮助企业在本土市场站稳脚跟,也为品牌的全球化战略打下了坚实的基础。对消费者行为的分析在逆全球化趋势下也变得更加复杂和重要。企业必须投入更多资源来研究不同市场中消费者的购买行为、偏好以及如何受到当地社会文化的影响。这种深入的市场洞察能够帮助企业更准确地预测市场趋势,制定出更有效的营销策略。而为了适应市场变化并与消费者保持紧密联系,企业也纷纷转向数字营销、本土化策略和社交媒体等工具。其中,数字营销使企业能够跨越地理空间的限制,以更低的成本触达更广泛的消费者群体。社交媒体平台则成了企业与消费者进行双向交流的重要渠道。通过社交媒体,企业不仅可以实时分享品牌资讯和促销活动,还可以收集消费者的反馈和建议,进而优化产品和服务。

在这样的背景下,产业链弹性就显得尤为重要。产业链弹性是指在面对各种市场变化和外部冲击时,产业链能够迅速恢复正常运作的能力,确保产品和服务的持续供应。由于全球化的产业链越来越复杂,同时也越来越容易受到地缘政治紧张、自然灾害、健康危机等多种因素的影响,产业链弹性在今天的经济环境中就变得格外重要。产业链弹性不仅关乎企业能否在危机中维持运营,还关系企业能否在危机之后快速恢复,甚至利用危机中出现的新机遇实现转型和成长。

产业链弹性的核心在于其多维度的特性,它覆盖了供应链管理,从供应商的选择和管理、生产流程的灵活性,到库存管理和物流优化的各个方面。在供应商的选择管理方面,企业需要建立一个多样化的供应商网络,避免对单一供应商的过度依赖,以减少潜在的供应风险。同时,通过与供应商建立紧密且互利的合作关系,企业可以确保在供应链中快速传递信息和资源,以应对突发事件。在生产流程上,弹性体现在企业能够根据市场需求的变化,快速调整生产计划和产品设计。这种灵活性不仅要求企业拥有高效的生产设备和技术,还需要企业具备灵活的工作流程和强大的数据分析能力,以便实时监控市场动态并做出响应。库存管理和物流优化也是产业链弹性的关键组成部分。通过采用先进的库存管理系统和物流技术,企业可以在保证服务水平的同时,最小化库存成本和运输时间。此外,采用可持续的物流策略不仅有助于降低环境影响,还能提升企业在消费者心中的形象。

在逆全球化的趋势下,强化产业链弹性不仅能够帮助企业减少风险,还能够抓住市场变化带来的新机遇。以新冠疫情为例,这场全球性的危机对许多企业的供应链造成了前所未有的冲击。然而,那些拥有较高产业链弹性的企业却能够更快地适应这种变化,甚至在危机中寻找到新的商机。例如,全球知名的运动品牌耐克,在疫情初期就迅速调整其供应链策略，通过加大对电商渠道的投资，并优化其数字化供应链，成功缓解了疫情对其零售业务的影响。耐克还通过灵活调整其产品线，迅速推出了更多适合居家健身的产品，满足了市场的新需求。这不仅帮助耐克减少了疫情带来的负面影响，还加强了其市场领导地位。

而要增强产业链的弹性，企业可以采取多种策略。其中，多元化供应链是一个重要方向。这意味着企业不应过度依赖单一供应商或市场，而应通过建立多元化的供应来源来分散风险。例如，日本汽车制造商在2011年日本大地震后，就开始寻求其零部件供应链多元化，以减少未来可能的供应中断风险。地缘政治风险评估为当今企业提高产业链弹性所采取的常用措施。企业需要对其全球运营的每个环节进行地缘政治风险的评估，包括贸易政策、政治稳定性等因素，以制定相应的风险管理措施。例如，特斯拉在面对美中贸易摩擦以及疫情带来的供应链不确定性时，通过在关键市场建立本地化生产基地的方式，提高了其产业链的弹性。其上海超级工厂的建立，不仅使特斯拉能够有效规避贸易战带来的关税问题，也能确保疫情期间满足中国乃至全球市场的需求。此外，技术创新仍然是增强产业链弹性的重要手段。企业可以利用数字化转型、人工智能等先进技术来优化供应链管理，提高效率和灵活性。这不仅包括自动化生产线上的应用，也包括在物流、库存管理等方面的创新。例如，全球最大的电商平台亚马逊就利用其先进的物流技术，实现了对供应链的高度控制和优化。这些策略对营销活动产生了深远的影响。在市场定位方面，企业通过调整供应链策略，能够更快地响应本地市场的需求，实现更精准的市场定位。在产品策略调整方面，企业可以利用供应链的灵活性，快速推出符合本地市场需求的新产品，增强市场竞争力。

在逆全球化的趋势下，企业需要积极寻找方向与措施来增强产业链弹性来应对外部环境的不确定性。通过多元化供应链、地缘政治风险评估、技术创新等策略，企业不仅能够降低运营风险，还能够捕捉市场变化带来的新机遇，从而在全球市场中保持竞争优势。

30.2 国内产业链韧性与营销

在当前的全球经济环境下，逆全球化的趋势显著地影响了企业的国际运营和策略。贸易壁垒的建立、国际合作的减少以及全球政治经济的不稳定，均对企业的全球产业链构成了前所未有的挑战。在这种背景下，与国际产业链弹性相辅相成的，是国内产业链韧性的概念及其对企业战略的重要性。

国内产业链韧性与国际产业链弹性之间存在着本质的联系和区别。国际产业链弹性主要关注企业如何在全球范围内应对和适应市场变化与外部冲击，强调的是跨国运营的灵活性和可适应性。这包括如何通过多元化的国际供应商网络、地缘政治风险评估以及利用全球市场的机遇来优化企业的全球布局。相比之下，国内产业链韧性更侧重于本土市场，强调企业如何利用国内资源、本土供应商合作以及本土化生产策略来提高产业链的稳定性和自给自足的能力。这种韧性使企业能够在面临全球供应链中断或国际市场波动时，依然保持生产与供应的连续性，从而保障本土市场的稳定发展。国内产业链韧性的关键在于深化国内供应链的整合与优化，强化本土供应商网络，提高生产和物流的灵活性。通过加强与国内供应商的合作，不仅可以提升供应链的稳定性，还能够促进本土经济的发展。此外，国内产业链韧性还涉及本土化生产策略的实施，即调整和优化生产线以适应本土市场的需求，增加对本土原材料的使用，以及开发符合本地消费者偏好的产品和服务。

国内产业链韧性的提升，还能带动企业营销策略的本土化创新。通过深耕本土市场，企业能够更精准地把握消费者需求，快速响应市场变化。本土化的产品和服务创新，不仅能够满足消费者的个性化需求，还能增强消费者对品牌的认同感和忠诚度。例如，一些消费电子品牌在本土市场推出了符合当地文化和使用习惯的定制化产品，通过这种方式巩固了其在本土市场的竞争地位。此外，企业通过投资本土社会责任项目，如教育、环保和社区发展等，能够进一步提升其品牌形象和社会影响力。这种以社会责任为导向的营销策略，不仅有助于构建企业与本土社区的良好关系，也为企业的长期发展奠定了坚实的社会基础。

在逆全球化的背景下，提升产业链韧性不仅要求企业优化其供应链管理，更需要通过营销策略的创新来加强与本土市场的联系，实现更深层次的市场渗透和品牌忠诚度的提升。在这一过程中，产品本土化和服务创新成为两大主要策略。

产品本土化的核心在于深入挖掘和理解本土消费者的深层需求和文化背景，进而开发出能够与本土消费者产生共鸣的产品。这一过程远远超出了简单的产品调整或包装变化，它要求企业进行全方位的市场研究，包括文化习俗、消费偏好、地方特色等多个维度，确保产品能够贴合本土市场的实际需求。例如，肯德基在中国推出的早餐菜单包括豆浆、油条和粥，这些都是中国传统的早餐食品，通过这种方式肯德基成功吸引了大量本土消费者。除了餐饮行业，电子品消费、时尚、化妆品等行业也在积极实践产品本土化策略。比如，全球化妆品品牌欧莱雅在亚洲市场推出了针对亚洲女性肤质的化妆品系列，通过这种细分市场策略，欧莱雅成功捕获了巨大的市场份额。

服务创新是提升产业链韧性的另一个关键方面。服务创新是指在传统服务模式的基础上，运用新技术和新理念，为消费者提供更加个性化、高效便捷的服务体验。这种创新不仅体现在产品销售的前端，更渗透到了售后服务、客户关系管理等多个环节。在数字化转型的大背景下，企业可以利用先进的信息技术来提供更加个性化、便捷的服务。例如，通过物联网技术的应用，智能家居能够为消费者提供远程控制、智能推荐、故障预警等服务，极大地提升了产品的附加值和用户体验，同时，企业也在不断探索通过社交媒体、虚拟现实等新兴平台和技术，来增强与消费者的互动和沟通，从而建立更加紧密和持久的客户关系。中国的支付宝和微信支付通过提供便捷的移动支付服务，彻底改变了中国消费者的支付习惯，同时也为小微企业提供了强大的数字化营销工具。在服务创新方面，还可以看到一些企业通过建立社区平台来增强与消费者的互动。比如，宜家在中国推出了宜家会员俱乐部，通过线上线下相结合的方式，为会员提供家居设计咨询、家居知识讲座等增值服务，有效提升了消费者的品牌忠诚度。

以海尔集团的"零距离"营销策略为例，海尔集团作为一个全球领先的家电品牌，通过其创新的"零距离"营销策略，巧妙地增强了国内产业链的韧性，进一步巩固了在本土市场上的竞争地位。这一策略的核心在于深化与消费者之间的直接互动，让他们成为产品开发、生产到销售全过程的参与者。这种模式的实施，显著提升了海尔对市场需求的响应速度和消费者满意度，进而加强了品牌忠诚度。

海尔构建了多渠道的直接互动平台，包括社交媒体、官方网站和线下体验店，这些平台不仅让消费者有机会表达自己的需求和反馈，也让海尔能够实时捕捉市场的最新动态（见图30-2）。例如，海尔在设计一款新的冰箱产品时，正是基于消费者在这些平台上提出的建议，增设了一个可调节温度的独立酒柜区域，这一创新受到了市场的热烈欢迎。通过这种消费者参与的产品开发模式，海尔不仅能够更精准地满足市场需求，还能够快速地将这些需求转化为实际的产品特性，从而缩短了产品上市的周期。这种高度灵活和响应迅速的生产系统，为海尔在变化多端的市场环境中提供了强有力的支持。以海尔的智能洗衣机为例，这一系列产品的开发过程充分体现了消费者参与的重要性。从在线论坛到社交平台，海尔积极收集消费者对智能家电的期待和需求，并根据这些反馈调整产品设计。这种策略不仅使得产品功能更加丰富、操作界面更加友好，还确保了产品能够精准地满足市场需求，进而获得了消费者的广泛认可。

图30-2　海尔

在逆全球化的趋势下，企业必须采取更加灵活多变的营销策略来应对不断变化的市场环境。通过产品本土化和服务创新，企业不仅能够增强产业链的韧性，更能在本土市场上建立起强大的竞争优势。这些策略的成功实施，依赖于企业对本土市场深入的理解和对消费者需求的洞察。

30.3　未来展望

在逆全球化的浪潮下，全球经济和营销策略的未来走向成了众多企业和市场分析师关注的焦点。逆全球化，作为一个反向于全球经济一体化的过程，主要体现在贸易保护主义的抬头、跨国投资的减少、国际合作的阻碍等方面。这些现象不仅改变了全球市场的结构，也对国际营销策略提出了新的挑战。

逆全球化在未来很可能不仅仅是一个短暂的现象，而是可能对未来的全球经济结构和营销策略产生长期的影响。例如，随着逆全球化趋势的发展，全球市场的结构将开始发生变化。贸易壁垒的提升导致了市场分割的加剧，使得原本开放的全球市场变得碎片化。这种变化迫使企业重新评估其国际营销策略，特别是在市场选择、产品定位和价格策略等方面。再比如，贸易壁垒的提升也意味着企业可能需要在特定国家或地区内生产商品，以规避高额的关税和进口限制。这不仅增加了企业的运营成本，也限制了企业快速响应全球市场变化的能力。同时，国家间合作的减少对企业的全球扩张和国际市场进入策略构成了挑战。在全球化的高峰期，国际合作为企业进入新市场提供了便利条件，包括贸易便利化、投资自由化等。然而，逆全球化趋势下的国际合作减少意味着企业在进入新市场时可能面临更多政治和法律上的障碍。这不仅影响了企业的市场扩张速度，也增加了市场进入的不确定性。逆全球化趋势还加剧了国际市场的不确定性。政治因素、经济政策的变化以及贸易战等都可能在短时间内改变市场环境，使得企业在进行国际营销时需要更加关注风险管理和灵活应对策略。为了应对这种不确定性，企业可能需要增加对本土市场的依赖，强化本土化策略，或者寻找多元化市场以分散风险。

而企业面对这种不确定性，需要更加灵活和前瞻性的战略规划，以适应未来可能的市场变化。国际贸易壁垒的增加、跨国投资的减少和全球供应链的重构等变化要求企业重新考虑其全球扩张策略，同时也为本土化和区域市场提供了新的机遇。本土化策略的核心在于产品本土化、服务本土化和营销活动本土化三个方面，使企业更贴合本土市场的需求和文化特征，从而提升消费者的满意度和对品牌的忠诚度。

产品本土化是指根据目标市场消费者的文化习惯、生活方式和需求定制产品设计和功能的过程。这一策略的成功实施能够显著提高产品的市场接受度和竞争力。例如，全球快消品牌在进入不同国家市场时，会根据当地消费者的口味偏好调整其食品配方，或者根据当地气候条件改进其产品的储存方式和包装。通过这样的本土化调整，企业不仅能够更好地满足本地消费者的实际需求，还能够增强消费者对品牌的认同感。服务本土化要求企业在提供服务过程中充分考虑本土文化和消费习惯，从而提供更加个性化和符合本地期待的服务。例如，在一些重视家庭文化的国家，零售企业可以提供家庭式的购物体验和服务，如儿童娱乐区域、家庭购物优惠等，来吸引家庭消费者。在服务本土化过程中，企业还可以利用本土化的社交媒体和营销活动来加强与消费者的沟通和互动，提高服务的可达性和亲和力。营销活动本土化是指企业在制定营销策略和执行营销活动时，深入考虑本土市场的文化特性、节日习俗和消费心理。通过创造与本土文化紧密相关的营销内容和活动，企业可以更有效地与目标消费者建立情感链接。例如，利用当地的重要节日或文化事件作为营销活动的契机，推出特别版产品或限时优惠，不仅能够激发消费者的购买兴趣，还能增强品牌的本土形象。通过这三个方面的本土化策略，企业可以在逆全球化的趋势中找到新的增长点。本土化策略使企业能够更加精准地满足不同市场的特定需求，提升消费者的满意度，从而增强消费者对品牌的忠诚度。

另外，在这种不确定的全球经济环境下，创新将始终是企业保持竞争力的关键。产品、服务和营销手段的创新，可以帮助企业开拓新市场、满足消费者的多元化需求和提升品牌形象。例如，苹果公司通过不断地产品创新和技术革新，成功地在全球市场上保持了其领先地位。同时，企业也需要探索可持续发展和绿色营销等新兴趋势，以构建未来的竞争优势。丰田汽车公司通过推广混合动力，不仅响应了全球环保趋势，也成功地开拓了新的市场领域。

而随着5G、物联网、区块链等技术的进步和消费者行为的变化，未来营销可能会出现新的模式和趋势。企业需要通过敏捷营销、个性化营销来快速响应市场变化。社交媒体和内容营销成为连接企业和消费者的重要桥梁，帮助企业建立与消费者之间更加紧密的关系。例如，宝洁公司通过在社交媒体上发布与消费者生活相关的内容，成功地提升了品牌的亲和力和消费者的参与度。

以特斯拉为例（见图30-3），该公司通过不断地技术创新和营销策略调整，成功引领了全球电动汽车的发展趋势。特斯拉不仅通过其高性能的电动汽车产品吸引消费者，还通过建立超级充电网络、提供无忧售后服务等增值服务，创造了独特的消费者体验。此外，特斯拉还积极利用社交媒体进行品牌营销，其CEO埃隆·马斯克的个人品牌影响力也为特斯拉带来了巨大的市场关注。

图30-3　特斯拉

另外，消费者行为的变化也是推动企业创新的重要因素。随着数字化生活方式的普及，消费者对产品和服务的期待越来越高，他们不仅追求高质量的产品，更在乎产品背后的品牌价值、社会责任和个性化体验。因此，企业需要通过深入的市场研究和消费者洞察，不断创新产品和服务，以满足消费者的多元化需求。此外，社交媒体的兴起为企业提供了与消费者直接交流的平台，企业可以利用这一平台进行品牌营销、收集消费者反馈和进行市场预测，从而更快速地响应市场变化。面对逆全球化的挑战，企业需要在营销策略上进行创新和调整。例如，通过跨界合作开拓新的市场和消费者群体，利用众筹营销和社区营销增强与消费者的联系，以及运用实时数据和消费者洞察实现个性化营销，企业可以在不确定的市场环境中保持竞争力，实现可持续发展。未来的营销策略将更加注重消费者体验和参与，以及品牌与消费者之间的互动和连接。

逆全球化浪潮下，企业面临全球市场结构和营销策略的巨大变化。为应对这些挑战，企业需强化本土化策略，灵活调整战略规划，确保在变化的全球经济环境中保持竞争力。

即测即练

自学自测　扫描此码

教师服务

感谢您选用清华大学出版社的教材！为了更好地服务教学，我们为授课教师提供本书的教学辅助资源，以及本学科重点教材信息。请您扫码获取。

▶▶ 教辅获取

本书教辅资源，授课教师扫码获取

▶▶ 样书赠送

市场营销类重点教材，教师扫码获取样书

 清华大学出版社

E-mail: tupfuwu@163.com
电话: 010-83470332 / 83470142
地址: 北京市海淀区双清路学研大厦 B 座 509

网址: https://www.tup.com.cn/
传真: 8610-83470107
邮编: 100084